改訂版

ビジネスデータの分析リテラシーと活用

Excelによる初級・中級データサイエンス

［編著］寺島和夫

［著］西岡久充・文能照之・小林正樹
伊藤伸一・栢木紀哉・日野和則
野間圭介

同文舘出版

改訂版はしがき

本書の初版を発刊して１年半余りが経過した。その間，販売部数を順調に伸ばすことができ，ここに改訂版を送り出す機会を得ることができたことを大変ありがたく思っている。

改訂版では，初版の基本的なコンセプトを踏襲しつつ，テキストとしてのこれまでの利用経験に基づき，以下の点について一層の充実を図った。

▶第１章の拡充

本書の大きな特徴は，具体的なデータの分析に入る前に，前提となる背景知識の必要性の観点から第１章において，分析対象である企業の役割や企業活動についての基礎的知識の提示と，その理解を促し定着させるための実践的な課題を設けた。また，その基礎的知識と第２章以降の学修内容との関連性についても取り上げている。それらに加えて，第２章以降で対象とするデータの種類・範囲と利用するExcelの機能について説明することで，本書の性格をより鮮明なものにした。

▶第２章と第３章の入れ替え・拡充

初版の第２章では，分析の基本的な考え方と分析ステップを紹介し，Excelの基礎的学習へと進むように構成したが，分析例の紹介でExcelを利用していることから，Excelの基本的な利用方法を取り上げている旧３章の“Excelリテラシー”は第２章へ，旧２章の“分析リテラシー”は第３章へ入れ替えた。併せて，第３章では，可能な限りグラフを用いて分析内容の理解を促すように配慮した。

その他にも，次のような点について変更を加えた。

▶課題と提供データとの関係をより明確にするため，利用するデータについての標記の統一や，本文中の数式を見やすく工夫

▶紙幅の都合上，“第Ⅴ部”の第13章の“2. 予測評価”の割愛

本書が，読者の学修と理解の促進に一層有用になることを願っている。

2021年12月

編著者　寺島　和夫

はしがき

情報化をめぐる変化はいつの時代もめまぐるしい。特に2000年代に入ってからはインターネットだけでなく，スマートフォンやSNSの普及，IoTやクラウド化の進展，ビッグデータ，人工知能，自動運転など，デジタルデータを基盤とした社会への移行，すなわちデジタルトランスフォーメーション（DX）化が急速に進みつつある。ビジネスにおいても，これまでの中心的課題である経営情報による意思決定に対する支援が，より柔軟で信頼性の高いものになるだけに留まらない。例えば，IoT化による工場や建設機械などの遠隔操作の広がり，消費者の購買履歴や好み・特性等に基づくターゲティング広告の精度の向上，ネットワークとデータを駆使したマッチング型の新サービス開発など，経営活動とデータの結びつきがますます広範になるとともに強固なものになりつつある。

時代は，ビジネスにおける価値創造の源泉が従来の石油資源やモノづくり中心から，デジタルデータの連携や分析中心へとシフトしつつある。各種のカード，インターネット上の検索や購入履歴・メール・SNS等の利用，さらに各種のセンサーなどを通じて大量に集められたビッグデータを資源として，目的に応じて効果的に分析・処理することで，価値ある情報やサービスなどの商品が生み出される。このようなデジタル化の潮流を背景として，コンピュータのハードウェアおよびソフトウェアの進展に加えて，データの分析・処理については，近年データサイエンス（データ科学）に注目が集まっている。しかしながら，その分野での日本の人材育成の遅れが多方面で指摘され，とりわけデータを適切・効果的に扱うことのできる人材育成が喫緊の課題とされている。

本書の前身である『Excelによる経営データの分析と活用』（以下，前著）では，EUC（エンド・ユーザー・コンピューティング）が注目されるとともに，インターネットを通してデータが流通し入手可能な時代にあって，読者が自ら必要なデータを入手・加工・分析し，新たな活動に反映させることのできる能力（情報活用力）の向上を目指していた。その基本的なコンセプトは本書においても変わることはないというより，むしろ前述のような時代背景および次に示すような筆者らのこれまでの教育経験に基づいた学生の質的な変化，アクティブ・ラーニング等の新しい教育手法の観点から全面的に内容を刷新したのが本書である。学生の質的な変化に関しては，例えば，Excel2016では“おすすめグラフ”，“統計グラフ”を用いるとヒストグラムやパレート図もメニューから簡単に作成することができる。そこで求められるのはその場に適したグラフを選択し，その意味を正しく理解して使いこなすことのできる能力であるが，その点に不安を感じるのが現状である。また，高校において教科「情報」が必修化されたことで，情報リテラシー能力の向上が期待されたが，我々の研究では能力の向上よりむしろ低下傾向さえみられる状況にある。また，携帯端末の普及に伴い，タッチタイピングができる学生も減少している。

このような問題意識およびビッグデータの時代，そしてデータサイエンスが注目される（分析力がより求められる）時代への対応という面からも，前著の構成と内容を全面的に見直したのが本書である。本書の主要な特徴として，次の点を挙げることができる。

▶ビジネスデータ分析の学修にあたり，その準備として関連知識や基礎的な能力が修得できるように「第Ⅰ部　リテラシー編」（企業活動とデータ分析，分析リテラシー，Excelリテラシー）を設けたこと

▶データサイエンスの学修の基本と位置づけられる統計を，「第Ⅲ部　統計編」（ヒストグラムと正規分布，確率分布の利用，変量間の関連性）として独立させたこと

その際，統計学の理論の詳細ではなく，実際にビジネスや研究で利活用する場合を想定して，基本的な視点とExcelではどのように利用すればよいかについて取り上げたこと

▶「第Ⅲ部　統計編」以外でも，各章節には例題だけでなく，できるだけ読者が自ら調べた結果について考察したり，話し合いを通してより理解を深めたりする形式の課題を掲載するように努めたこと

▶各節は，読者の理解の促進に繋がるように，基本的に「手法の解説」「Excelでの処理」「例題」「課題」の順に見出しを付けた形式でできるだけ統一したこと

▶第4～8章では，理解や利用しやすさに配慮して「外食チェーンアンケートデータ」を共通データとして用いたこと

▶ Excelのバージョンについては，執筆時点で最新のOffice365を用いたこと

▶本書では実践的なデータ分析力の育成という観点から，数百件～千件を超える中規模データの分析も対象としていること

▶本書では，本文に加えて次の2種類のデータをWebから提供するようにしたこと

・例題・課題のデータ（「外食チェーンアンケートデータ」，POSデータなど）

・課題の解答例（解答例を示す場合）

これらのデータは同文舘出版(株)のWebサイト〈http://www.dobunkan.co.jp/books/detail/003214〉から入手可能です。また，必要に応じて随時追加する場合があります。

以下では，本書の大まかな構成と各章の概略を紹介しておく。

「第Ⅰ部　リテラシー編」（第2～3章）ではExcelを用いてデータ分析を進めるにあたってぜひ知っておいてほしい点を中心にまとめている。

「第Ⅱ部　データ編」（第4～5章）では実際のデータ分析の場面で求められる多量のデータをどのように扱うかについて，データの所在から取り込み，そしてデータベースとしての処理について詳しく取り上げた。

「第Ⅲ部　統計編」（第6～8章）では，まずヒストグラム・正規分布の特性を理解したうえで，統計的な検証および因果関係について，ビジネスの現場だけでなく研究成果のとりまとめも想定して取り上げている。

「第Ⅳ部　実践編」「第Ⅴ部　発展編」（第9～13章）では，販売，生産，そして会計の各部門での実践的なデータ分析とその利用について取り上げた。特に第13章では，POSデータの分析について応用的な例を取り上げた。

最後に，厳しい出版環境にもかかわらず出版を引き受けていただきました同文舘出版株式会社に厚くお礼申し上げます。また，原稿枚数が予定を大きく上回ったり，たび重なる変更にもかかわらず快く対応いただきました市川良之氏をはじめ同社専門書編集部の皆様に心より感謝申し上げます。

2020年2月

編著者　寺島　和夫

目　　次

第Ⅱ部　データ編

第Ⅲ部　統 計 編

第Ⅳ部　実 践 編

第V部　発 展 編

ビジネスデータの
分析リテラシーと活用

—Excelによる初級・中級データサイエンス—

第 I 部
リテラシー編

第1章

企業活動とデータ分析

本書でこれから学んでいく“ビジネスデータ分析”が目指すところは，単にExcelを使って計算結果を求めたり，グラフを作成できたりすればいいというものではない。例題や課題ができればいいということでもない。実際のビジネス上の問題や課題を発見し，必要なデータを用いて解決に結びつけることのできる分析スキルを修得することである。

そのためには，Excelについての知識やスキルに加えて，社会・経済・産業・ビジネスなどについての広範で多様な背景知識や観察力・発想力なども求められる。“ビジネスデータ分析”はそれらを基盤として成り立つ総合力なのである。

本章では，そのような視点に立って，次章以降で“ビジネスデータ分析”を学んでいくにあたって，その予備的知識として次の4点を取り上げている。

① 学修の対象である企業が社会においてどのような役割を担っているのか

② 個々の企業ではどのような活動や業務が行われているのか

③ “ビジネスデータ分析”が企業の活動や業務とどのように関わっているのか

④ 本書におけるデータの分類と本書が対象とするデータとExcelの機能

これらが，次章以降での学修において少しでも実社会やビジネスシーンでの“ビジネスデータ分析”のスキル向上に役立つことを期待している。

1. 現代社会と企業
—社会における企業の役割とその広がり—

本節では，企業の役割について“生産と消費の分離”の視点から検討してみる。

我々は今，基本的に大変便利で快適な経済生活を営んでいる。日々，好きな食べ物を味わったり，好みの服を着こなしたり，旅行やレジャーを楽しんだりしている人が多いのではないだろうか。このような豊かな消費生活は，“生産と消費の分離”によりもたらされているところが大きいと考えられる。生産者によって適時・適量で効率的に生産された商品やサービスが，流通を通して必要とする消費者に効率的に届けることができる社会的な仕組み（図 1-1 参照）に支えられている。生産と消費が分離しているのが，現代社会の大きな特徴である[1)]。

その社会的な仕組みを支えているのが，多数の組織（企業）である。例えば，生産者は，自動車・家電製品・衣料・食品・住宅など消費者が，日々の生活で必要とする多様な製品を集中的・効率的に生産している。その結果，消費者との間にはいろいろな隔たり（生産者と消費者が異なる人的隔たり，生産地と消費地が異なる場所的隔たり，生産と消費の時点が異なる時間的隔たり，そして生産量と消費量が異なる量的隔たり等）ができるが，流通はそれらの隔たりを卸売業，小売業，運輸業等の連携により取り除く（効果的に接合する）役割を果たしている。企業は生産や流通の分野だけでなく，多くの企業が必要とする運輸・情報通信・金融・保険といった商品・サービスを提供する企業も多く存在すると共に，消費者の日常生活に深く結びつく飲食・理美容・教育・医療などの商品・サービスを担う企業も多数存在している（図 1-1 参照）。

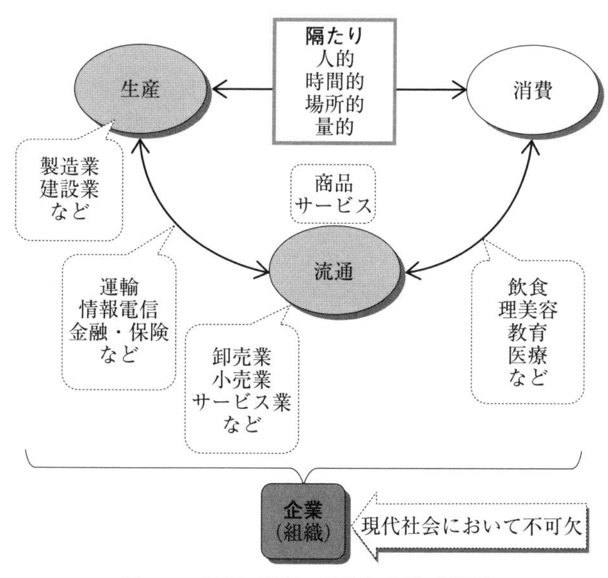

図 1-1　生産・流通・消費と企業（業種）

以上のように生産・流通・消費という視点からとらえた場合，組織（企業）は現代社会を支える不可欠な存在である。そのため，現代社会は“組織社会”と呼ばれることもある（以下，組織を「企業」とする）。

これらの企業は，一般にその取り扱う商品やサービスによって“業種”に分類されている。「日本標準産業分類」[2] では大分類として20の業種を設けているが，図1-1ではそのうち生産に関わる主な業種として“製造業”“建設業”を，流通に関わる主な業種として“卸売業”“小売業”“サービス業”などを関連付けてみた。なお製造業（大分類）はさらに中分類として食料品，繊維，印刷，輸送用機械器具など20以上の業種に細分化されている。卸・小売業についても各種商品，繊維，飲食料などの中分類が設けられている。さらに小分類，細分類と段階的に定義されている[3]。

このように生産・流通・消費の仕組みは，多様で多数の企業によって支えられている。ちなみに，日本における企業数は減少傾向にあるものの約386万社[4]（2016年）に上っている。そのうち製造業は約38万社，建設業は約43万社を数え，併せて全体の約21％を，卸・小売業は約84万社（約22％）を占めている。

これらの企業は，1社だけで成立しているのではなく，多くの企業と連携しながら活動している。一例として，コンビニエンスストア（以下，「コンビニ」と表記）を考えてみよう。コンビニは表面的に見れば小さな店舗に消費者が求める商品・サービスを的確に品揃えし効率的な販売を行っているビジネスであるが，少し掘り下げてみると多くの仕組みや結びつきによって成り立っていることが分かる。例えば，コンビニでは殆どの店はフランチャイズチェーン[5]という経営形態をとっている。これは店舗所有者（個人事業者あるいは会社）がその経営にあたるのだが，契約によって本部（フランチャイザー）の加盟店（フランチャイジー）になり，店舗運営のノウハウや商品の仕入れを本部に大きく依存する方式である。両者は，スーパーバイザーと情報ネットワークにより結ばれている。スーパーバイザーは本部と担当加盟店の間に入り定期的に巡回して双方に必要な情報を伝えたり，売上に基づいた商品構成，陳列，販売促進策などの改善や店員の接客サービスを指導するなど店舗の運営を支えている。また，POSシステムや情報端末等により加盟店と本部は結ばれ，売上データや発注データなどが本部に送信されている。このように本部との繋がり・関係性が前提としてある。また，店舗について考えてみると建物だけでなく，店内の陳列棚，冷凍や冷蔵ケース，POS レジなどの什器・備品等々，多様な事業者がかかわっていることが推測できる。また，販売する商品について考えてみると，コンビニでは１店当たり 3,000 ～ 3,500 アイテムが標準的な品揃えだと言われているが，それぞれの商品に生産者の存在があるし，商品が決まった時間に納入されるには，物流や配送を担当する事業業者も関わっている。また，コンビニでは宅配や振り込み，チケットの購入など様々なサービスも提供しているが，それらについても多くの企業との関わりがある。従業員の確保や資金繰りなどでも人材会社や金融機関との関わりもあろう。このように，企業は多くの企業との繋がりの中で事業を行っている。

課題 1-1

先に見たように企業は「日本標準産業分類」に基づいて大分類，中分類等と分類されている。それを確認したうえで，大分類の製造業，小売業に着目して，その中であなたにとって関心のある業種（細分類）を選んでみなさい。

表 1-1 にその業種の細分類コード，業種名，業種を選択した理由を書き込んで，その業種内での売上高上位３社の企業名，年間売上高を調べて記入しなさい。

隣の人などとグループを組んで，各自の結果について紹介しあい，気づいた点などについて話し合ってみなさい。

表 1-1　企業調べフォーム１

産業区分	業　　種	順位	企業名	売上高（億円，年）
産業大分類 E 製造業	細分類コード （　　　　　　　）	1		
	業種名 （　　　　　　　）	2		
	業種を選択した理由 （　　　　　　　）	3		

産業区分	業　　種	順位	企業名	売上高（億円，年）
産業大分類 I 小売業	細分類コード （　　　　　　　）	1		
	業種名 （　　　　　　　）	2		
	業種を選択した理由 （　　　　　　　）	3		

2. 経営活動と業務
―企業の仕組みと活動内容―

前節では，多様な業種の企業が現代社会の“生産と消費の分離”を支えていること，そして企業は多くの人や企業と関連を持ちながら商品・サービスを提供していることを知った。

本節では，個々の企業がどのような仕組みでどのような活動（業務）を行っているのかについて概略を見てみる。企業の活動（業務）については業種によって大きく異なると思われるが，本節では製造業（原材料の仕入れ→製造→販売のプロセスから成る）を想定している。

一般的に，企業はまず資本金や借入金などで資金を調達し，事業に必要な経営資源（ヒト，モノ，カネ，情報）を確保するとともに，それらが市場ニーズに対して効果的で効率的に対応できるように固有の仕組みを作りあげている（図 1-2 参照）。

図 1-2 では，企業活動を縦・横の 2 方向で捉えている。

縦方向：事業展開のための経営資源を組織内でうまく結びつけることで効率的な活動を可能にし，投下資本を利益に結び付ける仕組みであること

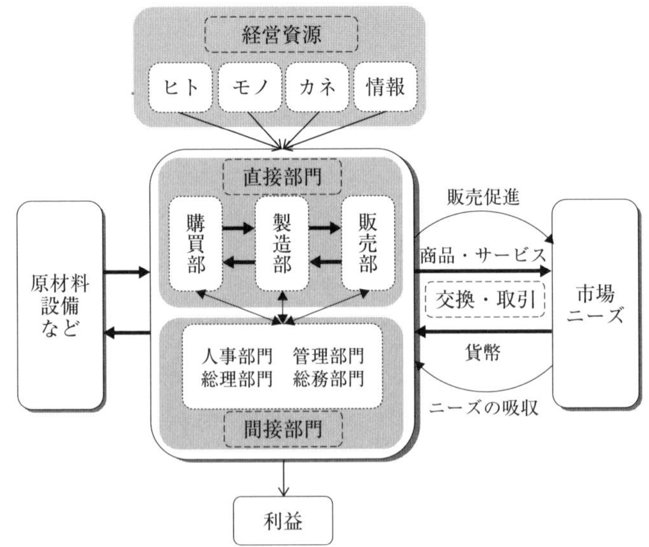

図 1-2　企業活動と組織の仕組み

横方向：市場ニーズに合った商品・サービスを開発・生産・提供（市場への効果的な対応）することで市場での活発な交換・取引を実現し，収益に結び付ける仕組みであること

また図1-2では，企業内部に設けられる部署には次の2種類があることも示している。

直接部門：企業にとって直接収益を生み出す業務（仕入れ・生産・販売の各プロセス）を担当する“購買部”“製造部”“販売部”などの部署

間接部門：直接部門の業務が円滑に進むように側面から支援する“人事部門”“経理部門”“総務部門”などの部署

このような企業活動の基本形として，ポーターは価値連鎖（価値を生み出す主活動の連鎖とそれを支援する活動）としてとらえている（図1-3参照）。

次に，各部門内ではその目的に応じて様々な業務が行われている。例えば，製造部門では次のようなものを挙げることができる。

▶受注や販売計画に対応した生産計画の作成

▶生産に必要な人員の確保

▶生産に必要な原材料の発注

▶生産活動の進捗（納期）管理，品質の管理など

販売部門の業務としては，次のようなものを挙げることができる。

▶販売計画の作成と進捗管理

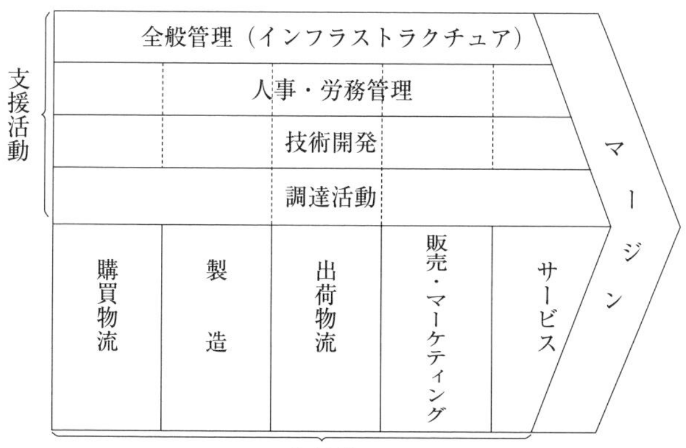

（出所）　M.E. ポーター『競争優位の戦略』（ダイヤモンド社，1985年），p.49.

図1-3　価値連鎖の基本形

▶顧客からの注文への対応（見積もり，在庫の引き当て，生産指示など）

▶出荷・納品（納期管理）

▶請求・代金回収など

各部門で業務を遂行するにあたっては，PDCA サイクル（Plan：計画立案→ Do：実施→ Check：評価→ Action：改善）で進められることが多い。その際，必ず何らかの判断や決定を伴う。

例えば，販売部で来期の販売計画（Plan）を立てる場合を考えてみると，過去の売上高の推移や市場環境の変化，競合相手の動き，天候などの気候変動といった情報収集に基づく予測と共に，商品，顧客，営業マン等のそれぞれの評価（意思決定）を行う必要がある。また，売上の進捗管理（Check）にあたって売上が目標を下回っている場合には，その原因の追求とともに陳列，価格，宣伝広告手段の変更など必要な対応策（意思決定）を決める必要があろう。同様に製造部門でも生産計画（Plan）を立てる，それに基づく生産の実施，計画に対する進捗管理（Check）をするといった各業務の遂行にあたって様々な判断や決定が伴う。また，生産の計画には原材料の所要量，発注時期などの決定も必要になる。

前節および本節では，現代社会を支える企業について産業・業種，企業活動の仕組み，そして企業の業務活動について概観してきた。

本書の「Ⅳ実践編」（第 9 ～ 11 章）「Ⅴ発展編」（第 12 ～ 13 章）ではそれら企業の業務活動に関連したテーマをいくつか取り上げ，手法の解説とともに Excel をどのように適用すればよいのかについて具体的に取り上げていく。業種の観点（図 1-1 参照）からは多くの人にとってなじみの深い外食レストラン，コンビニや百貨店などの小売業ならびに製造業を，また企業活動の観点（図 1-2 参照）からは次のような業務やテーマを取り上げている。

▶販売動向の分析・予測・販売計画の作成（第 9 章）

▶部門評価，ABC 分析（パレート分析）（第 9 章）

▶需要予測，在庫管理，発注（第 10 章）

▶生産計画，輸送計画，人員配置計画（第 10 章）

▶経営分析，損益分岐点分析，キャッシュ・フロー（第 11 章）

▶設備投資（第 12 章）

▶ POS データによる消費行動特性の分析（デシル分析，RFM 分析，バスケット分析）（第 13 章）

3. ビジネスデータの分析 —より優れた意思決定のために—

前節でみたように企業の各部門では企画や計画の作成，その実行，進捗のチェックなど，様々な業務が行われているが，それらには必ず何らかの判断（意思決定）を伴う。その際，“スピーディで信頼性の高い判断（より優れた意思決定)”が求められることになる。

データ分析はその“より優れた意思決定”を支える活動である。そこでは経営活動の事実を記録した売上，在庫をはじめとした様々なデータを目的に応じて加工することで判断（意思決定）に役立つ意味（情報）を抽出し，より優れた意思決定（意思決定に伴う不確実性を減らす）に役立つことを目指している。意思決定に求められるのはタイムリー性や的確性などであるが，分析ではデータ（事実の記録）を目的に応じた処理を通して判断・意思決定に役立つ有益な情報や知識に昇華させることでそれに応えようとするものである。

例えば，原材料や商品の仕入れ業務においてどのタイミングでいくつ発注すべきかという場面では，経験と勘に基づく知見に加えて，過去の発注実績や販売状況，品切れや売れ残りの発生状況，品切れによる機会損失や売れ残りによる廃棄コスト，今後見込まれる競争環境の変化，といった諸データの分析により，より的確で無駄の少ない発注が可能になるのである。

このようなデータ分析に基づく判断・決定の有効性を左右するのは，データそのものの量と質，データを処理するソフトウェアの性能，そしてそれらを利用する人の知識・解釈といった総合力に依存すると考えられる。最近では，データの収集が容易な時代を迎えていること，大量のデータを処理するソフトウェアも進歩してきていることもあって，データ分析やデータサイエンスが重視されるようになってきている。

しかしながら，データとソフトウェアがあれば誰もがデータ分析を有効に行えるかというと，必ずしもそうとは言えない。分析を効果的に行うには，分析目的に適したデータが利用可能であることに加えて，ユーザーに次のような点が求められるであろう。

▶分析の前提として問題点や課題についての認識に基づく目的意識を有していること

▶分析目的，対象組織や業務内容に関連する背景知識を豊富に有していること

▶データ分析に必要な統計的な知識と適用力を備えていること

▶ Excelなどの分析ツールを使いこなすスキルを有していること

このような力を備えた人が，データ分析を行った結果に対して，その特徴を抽出し，適切な解釈をすることで効果的な対応が可能になると考えられる。

したがって，データ分析は極めて総合的な力量が求められる。その点を理解して，いろいろなことに関心を持ち，体験もしながら本書での学修をより効果的なものにしていただきたい。

4.　データの種類と本書の対象

前項までデータ分析にあたってはExcelに対する理解に加えて，経済・社会・企業など多様な背景知識が必要であることを述べてきたが，もう一点重要な点がある。それは，分析対象となるデータそのものに対する理解も求められるということである。

見かけは数字であっても，計算に適するものと適さないものがあり，データの種類によって利用できる分析方法も異なるのである。さらに，数字でないデータもある（表1-2参照）。

表1-2　本書におけるデータの捉え方

<table>
<tr><th></th><th colspan="3">種類</th><th colspan="4">データ特性</th><th colspan="5">演算適合性</th></tr>
<tr><td rowspan="7">データ</td><td colspan="3"></td><td>区分</td><td>大小関係</td><td>等間隔性</td><td>原点</td><td>集計</td><td>加算</td><td>減算</td><td>乗算</td><td>除算</td></tr>
<tr><td rowspan="4">数値データ
（数値のみで表されたデータ）</td><td rowspan="2">量的データ</td><td>比例尺度</td><td>○</td><td>○</td><td>○</td><td>○</td><td>○</td><td>○</td><td>○</td><td>○</td><td>○</td></tr>
<tr><td>間隔尺度</td><td>○</td><td>○</td><td>○</td><td>×</td><td>○</td><td>○</td><td>○</td><td>×</td><td>×</td></tr>
<tr><td rowspan="2">質的データ</td><td>順序尺度</td><td>○</td><td>○</td><td>×</td><td>×</td><td>○</td><td>×</td><td>×</td><td>×</td><td>×</td></tr>
<tr><td>名義尺度</td><td>○</td><td>×</td><td>×</td><td>×</td><td>○</td><td>×</td><td>×</td><td>×</td><td>×</td></tr>
<tr><td rowspan="2">文字データ
（数値データを除くデータ）</td><td colspan="2">項目名データ
（限られた項目名のみで表されたデータ）</td><td>○</td><td>×</td><td>×</td><td>×</td><td>○</td><td>×</td><td>×</td><td>×</td><td>×</td></tr>
<tr><td colspan="2">文字列データ
（項目データ以外の文字データ）</td><td>×</td><td>×</td><td>×</td><td>×</td><td>×</td><td>×</td><td>×</td><td>×</td><td>×</td></tr>
</table>

注意1）「数値データ」は「定量データ」と呼ばれることもある。
「文字データ」は「定性データ」と呼ばれることもある。

注意2)　表中の「データ特性」の“○”は各特性を“満たす”,“×”は“満たさない”ことを表している。
表中の「演算適合性」の“○”は“適する”,“×”は“適さない”ことを表している。
ただし，これらは分かりやすさを優先して基本的な点を大まかにまとめたものである。

注意3)　“順序尺度”,“名義尺度”,“文字データ”については演算適合性（集計を除く）を“×”としているが，これらのデータについても利用する統計手法等によっては計算の対象となることもある。

本書では，まずデータを数値のみで表された「数値データ」と数値以外で表された「文字データ」に大きく分類する。

このうち「数値データ」は一般的に，その特性によって次の4つの尺度に区分される。

▶比例尺度：すべてのデータ特性を満たしている数値データ
例）金額，身長，体重など
四則演算が可能

▶間隔尺度：データ間が等間隔を保証されている数値データ。ただし，原点が任意に決められている。
例）温度，時刻，日付など
加減算が可能

▶順序尺度：大小関係を表す数値データ（1と2，2と3などのデータ間の間隔が等間隔とはいえない）
例）売上ランキングなど，順位を表すデータ
四則演算には使えない

注）アンケート調査などで「1. 悪い，2. やや悪い，3. 普通，4. やや良い，5. 良い」のような選択肢を見ることがある。これは順序尺度（質的データ）に分類されるが，各選択肢が等間隔であることを前提とすれば，間隔尺度（量的データ）とみなすこともでき，例えば「悪い」を1点，「良い」を5点のように得点換算することも可能となる。

▶名義尺度：区別（分類）することのみが可能な数値データ（大小関係や，データ間の間隔が保証されない数値データ）

例）性別（1：男，2：女），都道府県番号（1：北海道，2：青森県……），学籍番号など

便宜的に数値を割り振っているデータのため，四則演算には使えない。

「文字データ」については，本書では次の2つに分けて考える。

▶項目データ：あらかじめ決められた項目名のみで表される文字データ

例）好みの料理（和食，洋食，中華），来店手段（徒歩，自転車，バイク，自動車）など

項目名による区分（分類）が可能。このデータに番号を割り付けたもの（例：1和食，2洋食，3中華など）が名義尺度となる。

▶文字列データ：項目データ以外の自由に表現された文字列のデータ

これらのデータ区分のうち，本書が対象としているのは次の各データである。

▶数値データ（4つの尺度全て）

▶文字データ（項目名データに番号を付けて，名義尺度としている）

なお，文字列データの分析（テキストマイニング）については，本書では扱っていない。

これらのデータを分析するにあたって，本書で取り上げる主な Excel の機能は表 1-3 の通りである。

表 1-3　本書で取り上げる主な Excel のデータ分析機能

本書で取り上げる主な Excel のデータ分析機能		主に取り上げている章
データの取得	ファイルを開く，インポート	第4章
関数	統計関数，論理関数，検索／行列関数，財務関数など	第2章など
セル参照	相対参照・絶対参照など	第2章など
グラフ	棒グラフ，線グラフ，円グラフ，散布図など	第2章など
フィルター	検索・抽出	第5章
ピボットテーブル（テーブル）	並べ替え，単純集計，クロス集計，条件付き集計など	第5章
データ分析	基本統計量，サンプリング，各種統計的検定，相関分析，回帰分析など	第6,7,8章
予測	What-If 分析（シナリオ），予測シート	第10,12章

お断り）マクロ機能，VBA(Visual Basic for Application) については，本書では扱っていない。

課題 1-2

課題1-1で調べた企業について，売上高だけでなく，表1-3を参考に自分で関心をもってさらに調べてみよう。

調べた結果を比較検討し，気付いた点をまとめてみなさい。

隣の人などとグループを組んで，各自の結果について紹介しあい，話し合ってみなさい。

表 1-4　企業調べフォーム 2

業種	業種コード，業種名 （　　　　　，　　　　　）		
順位，企業名／項目	順位，企業名 (1：　　　　)	順位，企業名 (2：　　　　)	順位，企業名 (3：　　　　)
本社所在地			
資本金			
売上高			
経常利益			
従業員数			
株価（年月日）			
株式時価総額			
企業の強み			
気づき			

課題 1-3

課題1-2で調べた企業情報の各項目について，それぞれがどのデータの種類に該当するかについて検討してみなさい。

表 1-5　課題 1-2 の調査項目とデータの種類

課題 1-2 の各項目	データの種類 （数値，文字）	データの種類 （量，質，項目，文字列）	数値データの尺度 （比例，間隔，順序，名義）
業種コード，業種名			
順位，企業名			
本社所在地			
資本金			
売上高（年）			
経常利益（年）			
従業員数（年）			
株価（年月日）			
株式時価総額			
企業の強み			
気づき			

（注）

1）財には最終消費者を対象とする消費財と，企業間で取引される生産財があるが，ここでは消費財を念頭に置いている。取引の視点からは，生産財は企業間取引 B2B（Business to Business）であるのに対して，消費財は B2B に加えて企業と消費者間の取引 B2C（Business to Consumer）も含まれる。

2）日本標準産業分類（平成 25 年 10 月改定）の大分類については，例えば次を参照のこと。
〈http://www.soumu.go.jp/toukei_toukatsu/index/seido/sangyo/H25index.htm〉

3）日本標準産業分類の中分類，小分類，細分類については，例えば次を参照のこと。
〈http://www.soumu.go.jp/toukei_toukatsu/index/seido/sangyo/02toukatsu01_03000044.html#e〉

4）『日本の統計 2019』第 7 章企業活動 産業別企業等数と売上（収入）金額（平成 26 年），〈https://www.stat.go.jp/data/nihon/07.html〉

5）（社）日本フランチャイズチェーン協会の Web ページを参照すると，コンビニだけでなく，多くの企業がこの方式を採用していることなどがわかる。コンビニ（正会員）についての月別店舗売上高，店舗数などの資料も入手することが可能である。
〈https://www.jfa-fc.or.jp/particle/34.html〉

第2章

Excelリテラシー

1. Excelについて

Excel とは Microsoft が提供する表計算ソフトウェアであり，データの集計や整理，分析などを行うことができる。ここでは，後述の章で必要となる Excel の知識や操作について解説する。

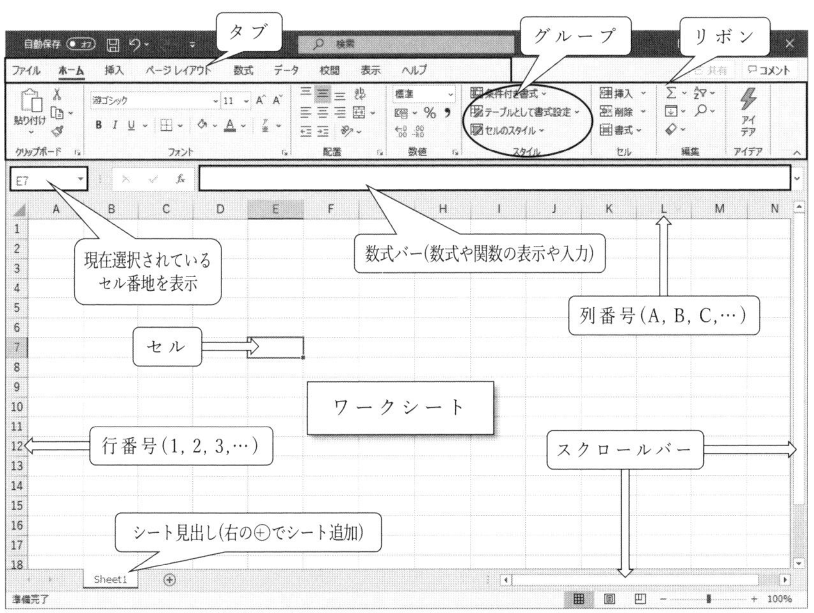

画面 2-1　Excel の画面

(1) Excel の画面レイアウト

Excel を起動し，［空白のブック］（あるいは［新規］→［空白のブック］）を選択すると，画面 2-1 が開く。各マスから成る格子状のシートは「ワークシート」と呼ばれる。各マスは「セル」と呼ばれ，行と列の組み合わせの「セル番地」で構成される。例えば，E 列の 7 行目はセル番地 E7（以降はセル E7 と呼ぶ）となる。1 つのセルには数値，文字，数式，関数を入力できる。

Excel の主要な用語などは，画面 2-1 の通りである。

(2) データの入力

セルへデータを入力するには，入力したいセルを選択し，文字や数値を入力する。［ホーム］→［フォント］グループで文字の種類や大きさ・色・太字・斜体，セルの色や罫線を調整したり，［配置］グループで文字の配置変更やセルの結合を行ったり，［数値］グループで表示形式を変えたりすることができる。

例題 2-1

画面 2-2 のようにデータを入力しなさい。さらに画面 2-3 の各種機能を使用して体裁を整えなさい。

	A	B	C	D	E	F	G	H	I
1	支店別売上高集計表（昨年度）								
2									
3	支店	第1期	第2期	第3期	第4期	合計	平均	構成比	
4	札幌	1,600	1,800	2,200	1,900				
5	仙台	1,400	1,500	1,800	1,700				
6	東京	2,100	2,200	2,500	2,400				
7	名古屋	1,700	1,600	2,000	1,800				
8	大阪	1,800	2,100	2,000	2,000				
9	福岡	1,500	1,700	1,800	1,900				
10	合計								
11								（単位：千円）	
12									

画面 2-2　データの入力

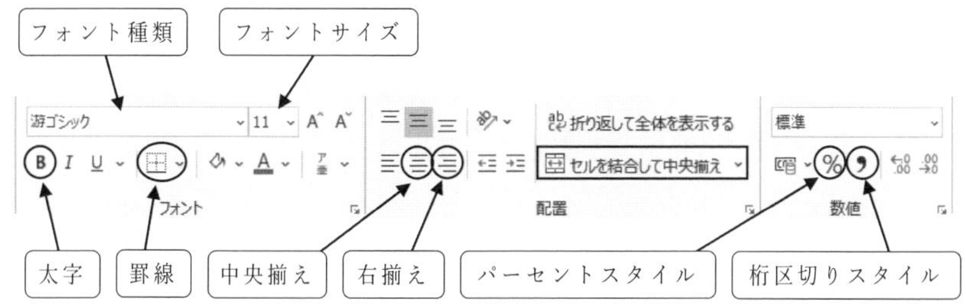

画面 2-3　フォントなどを変更する機能

解答例

手順 1)　各セルに文字や数値を入力する。1 行目と 11 行目は A 列に入力する。

手順 2)　セル A1 から H11 まで（以降はセル範囲 A1：H11 と呼ぶ）を選択し，フォントの種類を“游ゴシック”，サイズを“11”に設定する。

手順 3)　セル範囲 A3：A10 を選択し，[B]（太字），[中央揃え] に設定する。同様にセル範囲 B3：H3 も [B]，[中央揃え] に設定する。

手順 4)　セル範囲 A1：H1 を選択し，[セルを結合して中央揃え] をクリックする。フォントのサイズを“14”，[B] に設定する。同様にセル範囲 A11：H11 を選択し，[セルを結合して中央揃え] → [右揃え] に変更する。

手順 5)　セル範囲 B4：E9 を選択し，[,]（桁区切りスタイル）を設定する。

手順 6)　罫線を引くため，セル範囲 A3：H10 を選択し，[罫線] 右側の [∨] → [格子] を設定する。

(3) 行・列のサイズ変更，挿入と削除

セルに文字や数値を入力した際，セル内にすべてが収まりきらない場合がある。画面 2-4 のセル B2 はセルをはみ出して文章が表示され，セル B4 と C4 は数字が切れて表示されている（実際はセル B4 には“1.234567891”，C4 には“2.345678912”が入力されている）。そのような場合には，文字を折り返して全体を表示するように設定したり，行の高さや列幅を変更したりする必要がある。

例題 2-2

画面 2-4 について，画面 2-5 のように①セル C4 の数値がすべて表示されるように列幅を調整，②セル B2 の文字を折り返してセル内で全体を表示するよう設定，

③ B列の幅を“12”，4行目の高さを“30”に設定しなさい。

	A	B	C	D	E	F	G	H	I	J
1										
2		長い文字や数値を入力した場合，全部が収まりきらない場合がある								
3										
4		1.234568	2.345679		1E+08		####			
5					1E-08					
6										
7										
8										
9										
10										

セルに大きい数値が入り，セルの幅が狭い場合，“E”を含む数値が表示されることがある。これを「指数表記」という。

セルに大きい数値が入り，セルの幅が狭い場合，“####”と表示されることがある。

画面 2-4　収まりきらない文字や数値

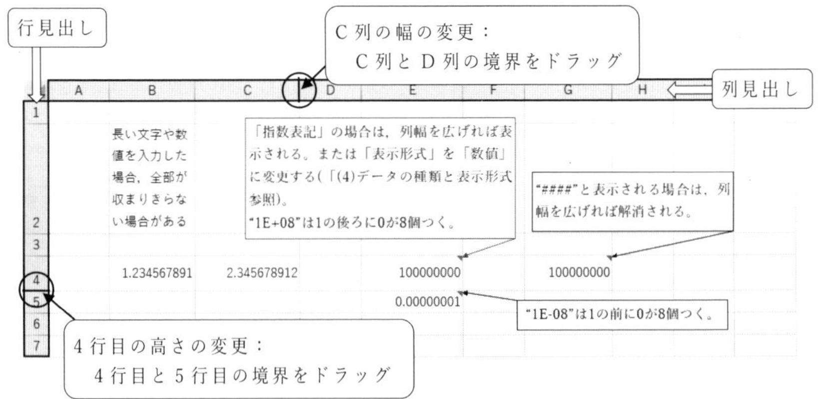

画面 2-5　行の高さや列幅の変更

解答例

手順 1)　C列の幅を変更するには，列見出しのC列とD列の間の境界をドラッグし，すべての数値が表示されるように右にセルを伸ばす。

手順 2)　セルB2を選択し，［ホーム］→［折り返して全体を表示する］（画面2-3参照）をクリックすれば，セルB2内で文字が折り返される。

手順 3)　列見出しBをクリックすれば，B列全体が選択されるので，その状態で右クリックし，ダイアログボックスの［列の幅］に“12”を入力する。同様に行見出し4をクリックすれば，4行目全体が選択されるので，その状態で右クリックし，ダイアログボックスの［行の高さ］に“30”を入力する。

行や列の挿入や削除についても，上の手順3とほぼ同様の手続きで行うことができる。行や列の挿入は，挿入したい行や列の1つ後の行見出し，列見出しをクリックした後，右クリックし，ダイアログボックスの［挿入］を選択する。行や列の削除は，削除したい行見出し，列見出しをクリックした後，右クリックし，ダイアログボックスの［削除］を選択する。

 (4) データの表示形式

データの集計や整理，分析を行うためには Excel についての理解を深めるだけでなく，データの種類などについても少なからず理解していなければならない（データの種類については「第Ⅰ部 リテラシー編 第1章 企業活動とデータ分析」の「4. データの種類と本書の対象」を参照)。

Excel ではセルの値の表示形式がいくつか用意されており，セル毎に設定することができる。［ホーム］→［数値］→［標準］右側の「∨」を開くと，画面 2-6 のように複数の表示形式があらわれる。さらに，［その他の表示形式］→［セルの書式設定］にて，より細かな設定が可能である。各データの種類に応じて，セルの値の表示形式を変えておくことも大切である。

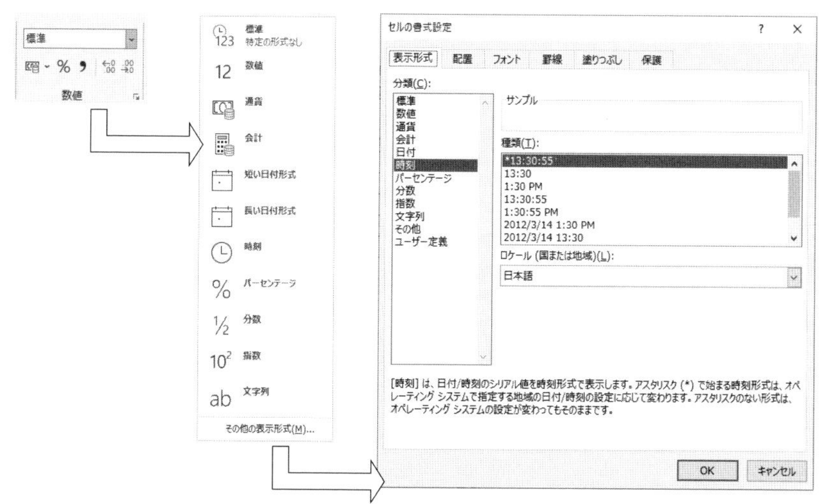

画面 2-6　データの表示形式

2. 表計算

Excelの最も基本的で代表的な機能が表計算機能である。Excelのワークシート上にデータが入力されていれば，それらを縦，横，自由自在に極めて容易に計算することができる。

(1) 数式・関数とセル参照

Excelでは，セルにあらかじめ計算式や条件式を入力しておくことで，自動的に計算や参照を行うことができる。この場合，「数式」を記述して値を求める方法と「関数」を利用する方法の2つがある。数式はセルの参照や四則演算などの利用に限られるが，数式のみの計算には限界がある。そこで関数という，あらかじめExcelに用意されている数式を用いて，効率的に複雑な計算や目的の処理を行うことができるようになっている。

数式をセルに入力する際のルールとして，まず“=”を半角で入力し，その後に計算式（足し算や引き算，掛け算，割り算など）を半角で入力する。関数も数式と同様に“=”から始め，関数を入力後，各関数に必要な引数（各関数の後に続くカッコ内）を指定して処理を行う。

例題 2-3

画面2-7のようにセルF4にセル範囲B4：E4までの合計を求めなさい。まずは数式を使用して求め，その後関数を使用して求めなさい。

解答例

①数式の場合

手順）　セルF4を選択し，“=B4+C4+D4+E4”と入力する。

補足）　セルB4やC4，D4，E4はキーボードから入力しなくとも，マウスで各セル番地をクリックして選択することもできる。

②関数の場合

手順）　セルF4を選択し，“=SUM（B4：E4）”と入力する（SUMは指定した範囲に含まれるすべての数値を合計する関数）。

補足）　引数の「(B4：E4)」はキーボードから入力しなくとも，指定の範囲をマウスでドラッグして選択することもできる。

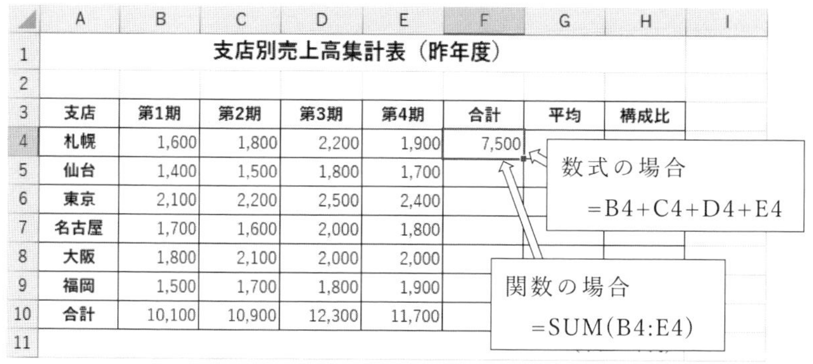

	A	B	C	D	E	F	G	H	I
1	支店別売上高集計表（昨年度）								
2									
3	支店	第1期	第2期	第3期	第4期	合計	平均	構成比	
4	札幌	1,600	1,800	2,200	1,900	7,500			
5	仙台	1,400	1,500	1,800	1,700				
6	東京	2,100	2,200	2,500	2,400				
7	名古屋	1,700	1,600	2,000	1,800				
8	大阪	1,800	2,100	2,000	2,000				
9	福岡	1,500	1,700	1,800	1,900				
10	合計	10,100	10,900	12,300	11,700				
11									

画面 2-7　数式・関数の入力

数式や関数内の“+”や“：”は「演算子」と呼ばれ，「算術演算子」「比較演算子」「文字列演算子」「参照演算子」の 4 種類がある。演算子は数式や関数で使用することになる。

画面 2-7 のセル F4 の数式“=B4+C4+D4+E4”や関数“=SUM（B4：E4)”は各セルを「参照」しているといい（これを「セル参照」と呼ぶ），セル範囲 B4：E4 の各数値をセル F4 に読み込んで計算している。例えば，セル B4 の数値を 1,600 から 2,000 に変更すると，それと連動してセル F4 の合計の値も 7,500 から 7,900 に変わることになる。つまり，「セル参照」によってデータの修正などの手間が軽減されることも Excel のメリットである。

ここで，画面 2-7 のセル F4 に“=1600+1800+2200+1900”と直接数値をキーボード入力しても同様の結果 7,500 を得ることができる。しかし，この方法では，セル範囲 B4：E4 のどこかの数値が変更になった場合に，それをセル F4 に反映させることができない。そのため数式や関数を使用する際にはセル参照を用いることが基本となる。

さらに，数式と関数での求め方を比較した場合，求められる解は当然同じとなるものの，数式の方が計算の項目が増えるほど，入力に手間がかかったり，人為的なミスが増加したりするのは想像できるであろう。そこで可能な限り関数を使用して計算することを薦める。

 (2) オートフィルと相対参照

Excel には連続するデータ入力や数式入力などの手間を軽減するために「オートフィル」と呼ばれる機能がある。例えば，同じ文字や数値を連続して入力

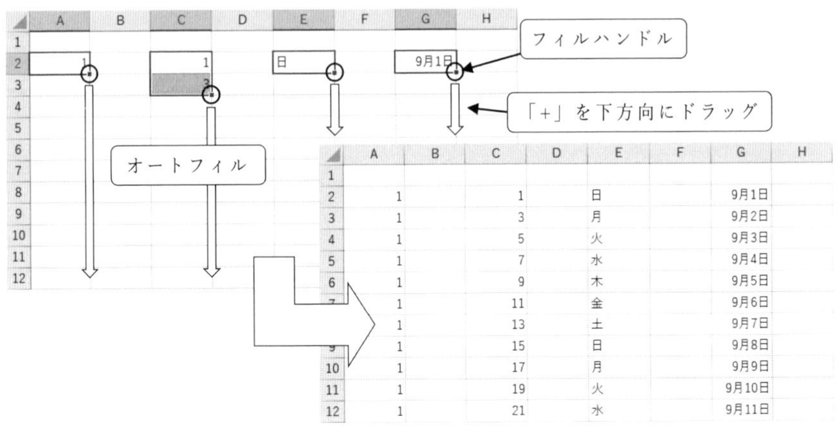

画面 2-8　データ入力のオートフィル機能

したかったり，連続する曜日や日付などを入力したりする場合には便利である。画面 2-8 の丸で囲んだ部分を「フィルハンドル」と呼ぶ。フィルハンドルにマウスポインタを合わせて（マウスポインタが「+」に代わる），入力したい方向にマウスをドラッグすれば連続したデータを入力することができる。例えば，画面 2-8 のように同じ数値の入力（A 列）だけでなく，規則性のある数字の入力（C 列），曜日（E 列）や日付（G 列）の入力なども可能である。

さらにオートフィル機能は，同じ計算や処理を繰り返す数式や関数のコピーも可能である。その場合，オートフィルの元となるセル番地を基準として，参照先のセルが自動的に変化していく。これを「相対参照」と呼ぶ。次の例題 2-4 で相対参照について説明する。

例題 2-4

画面 2-9 のようにセル F4 の数式をオートフィル機能によって，セル範囲 F5：F9 までコピーし，各支店の合計を求めなさい。

解答例

手順）セル F4 を選択し，フィルハンドルにマウスポインタを合わせ，セル F9 までドラッグする。

補足）各セルの関数を確認すると，セル F4 では“=SUM（B4：E4）”であった関数が，セル F5 では“=SUM（B5：E5）”となり，行番号が増えていることがわかる。このようにセル F4 を基準として，参照先のセルが自動的に変化することを「相対参照」と呼ぶ。

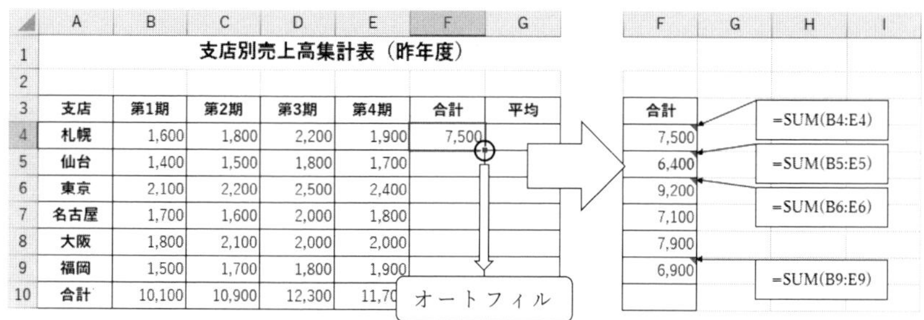

	A	B	C	D	E	F	G
1	支店別売上高集計表（昨年度）						
2							
3	支店	第1期	第2期	第3期	第4期	合計	平均
4	札幌	1,600	1,800	2,200	1,900	7,500	
5	仙台	1,400	1,500	1,800	1,700		
6	東京	2,100	2,200	2,500	2,400		
7	名古屋	1,700	1,600	2,000	1,800		
8	大阪	1,800	2,100	2,000	2,000		
9	福岡	1,500	1,700	1,800	1,900		
10	合計	10,100	10,900	12,300	11,70		

画面 2-9　数式のオートフィル機能

(3) 絶対参照

「相対参照」は参照先のセルが自動的に変化するが，処理によっては，参照するセルを固定したい場合もある。そのような場合は「絶対参照」を使用する。絶対参照の設定は，指定のセル番地部分に“$”をつける。その際，キーボードで直接“$”を入力しても良いが，キーボードの［F4］キーを利用するのが便利である。絶対参照には，行か列のどちらかを固定する方法と行と列両方を固定する方法があり，表 2-1 に［F4］キーを利用した絶対参照の設定方法をまとめる。

表 2-1　絶対参照の設定方法

［F4］キーを押す回数	内　容	表示例
1 回	行・列両方の固定	$F$8
2 回	行のみ固定	F$8
3 回	列のみ固定	$F8
4 回	固定しない（相対参照）	F8

例題 2-5

画面 2-10 のようにセル H4 に札幌支店の構成比を求め，数式をオートフィル機能によって，セル範囲 H5：H9 までコピーし，各支店の構成比を求めなさい。なお，構成比は小数第 1 位までのパーセント表示にしなさい。

	A	B	C	D	E	F	G	H	I
3	支店	第1期	第2期	第3期	第4期	合計	平均	構成比	
4	札幌	1,600	1,800	2,200	1,900	7,500	1,875	=F4/F10	
5	仙台	1,400	1,500	1,800	1,700	6,400	1,600		
6	東京	2,100	2,200	2,500	2,400	9,200	2,300		
7	名古屋	1,700	1,600	2,000	1,800	7,100	1,775		
8	大阪	1,800	2,100	2,000	2,000	7,900	1,975		
9	福岡	1,500	1,700	1,800	1,900	6,900	1,725		
10	合計	10,100	10,900	12,300	11,700	45,000	11,250		
11								（単位：千円）	

画面 2-10　構成比の計算

解答例

手順 1)　セル H4 に札幌の構成比（札幌の売上合計÷全体の売上合計）を求めるため，“=F4/F10”を入力する。

手順 2)　オートフィル機能を使用してセル範囲 H5：H9 に数式をコピーする。

その結果は画面 2-11 のようにコピーした範囲がすべて“#DIV/0!”とエラー表示となる。この原因は「相対参照」と「絶対参照」の違いを考慮しなかったことにある。

セル H4 には“=F4/F10”を入力したが，セル H5 にコピーされた数式を見ると，“=F5/F11”となっている。数式の分子の行番号がセル F4 からセル F5 に変わったことに伴い，分母の行番号もセル F10 からセル F11 に変わってしまっている。セル H5 に構成比を求める際の正しい数式は，“=F5/F10”でなければならない。つまり分母は「相対参照」ではなく，どの数式からも同じセルを参照するように固定する「絶対参照」にしなければならない。

手順 3)　セル H4 の“=F4/F10”の F10 を絶対参照にするため，セル H4 を編集状態（数式が入力されたセルを選択して，ダブルクリックか数式バーで編集可能）にし，数式内の F10 の前後，あるいは F と 10 の間にカーソルを移動する。そして，キーボードの［F4］を 1 回押すと，画面 2-12 のように，“=F4/$F$10”となる。あるいはこの例題の構成比は 10 行目だけが固定されれば良いので，［F4］キーを 2 回押して“=F4/F$10”としても同様の結果が得られる。その後，セル範囲 H5：H9 までオートフィルで数式をコピーすれば，画面 2-11 のようなエラーにはならず，正しい構成比が求められる。

手順 4)　構成比をパーセント表示にするため，セル範囲 H4：H9 を選択し，［ホーム］→［%］（パーセントスタイル）をクリックする。さらに小数第 1 位まで表示するために，［小数点以下の表示桁数を増やす］を 1

	A	B	C	D	E	F	G	H
3	支店	第1期	第2期	第3期	第4期	合計	平均	構成比
4	札幌	1,600	1,800	2,200	1,900	7,500	1,875	0.166667
5	仙台	1,400	1,500	1,800	1,700	6,400	1,600	#DIV/0!
6	東京	2,100	2,200	2,500	2,400	9,200	2,300	#DIV/0!
7	名古屋	1,700	1,600	2,000	1,800	7,100	1,775	#DIV/0!
8	大阪	1,800	2,100	2,000	2,000	7,900	1,975	#DIV/0!
9	福岡	1,500	1,700	1,800	1,900	6,900	1,725	#DIV/0!
10	合計	10,100	10,900	12,300	11,700	45,000	11,250	
11							（単位：千円）	

=F4/F10
=F5/F11
=F6/F12
=F9/F15

画面 2-11　構成比のオートフィル結果（エラー表示）

	A	B	C	D	E	F	G	H
3	支店	第1期	第2期	第3期	第4期	合計	平均	構成比
4	札幌	1,600	1,800	2,200	1,900	7,500	1,875	=F4/$F$10
5	仙台	1,400	1,500	1,800	1,700	6,400	1,600	
6	東京	2,100	2,200	2,500	2,400	9,200	2,300	
7	名古屋	1,700	1,600	2,000	1,800	7,100	1,775	
8	大阪	1,800	2,100	2,000	2,000	7,900	1,975	
9	福岡	1,500	1,700	1,800	1,900	6,900	1,725	
10	合計	10,100	10,900	12,300	11,700	45,000	11,250	
11							（単位	

オートフィル

構成比
16.7%
14.2%
20.4%
15.8%
17.6%
15.3%
100.0%

画面 2-12　構成比の絶対参照の設定

回クリックする（画面 2-12）。

(4) 移動と複写

Excelのワークシートにデータを入力，計算した後で，それらの内容を移動したり，複写（コピー）したりする必要が生じることがある。その場合，主として，①ドラッグ&ドロップ，②カット（切り取り）&ペースト（貼り付け），③コピー（複写）&ペースト（貼り付け）の方法がある。

ドラッグ&ドロップは，移動元のセル範囲を選択し，選択範囲の枠線にマウスをあわせ（ポインタが移動ポインタに変わる），マウスの左ボタンをクリックしたまま移動させる方法である（画面 2-13）。カット&ペーストは，移動元のセル範囲を選択し，［ホーム］→［切り取り］の後，移動先に［貼り付け］する方法である（画面 2-13）。コピー&ペーストは，複写元のセル範囲を選択し，［ホーム］→［コピー］でセルを複写し，複写先に［貼り付け］する方法である。なお，［切り取り］［コピー］［貼り付け］などはマウスの右クリックからも実行できる。

	A	B	C	D	E	F	G	H
1	支店別売上高集計表（昨年度）							
2								
3	支店	第1期	第2期	第3期	第4期	合計	平均	構成比
4	札幌	1,600	1,800	2,200	1,900	7,500	1,875	16.7%
5	仙台				1,700	6,40		
6	東京				,400	9,20		
7	名古屋					7,10		
8	大阪					7,90		
9	福岡					6,90		
10	合計	1				45,000	11,250	100.0%

①ドラッグ＆ドロップ

1)移動元のセル範囲を選択

2)選択範囲の枠線にマウスを合わせる

3)移動先までマウスの左ボタンをクリックして移動

②［切り取り］と［貼り付け］

1)移動元のセル範囲を選択

2)［ホーム］→［切り取り］

3)移動先で［貼り付け］

画面 2-13　セルの移動

また，ワークシートそのものを複写することもできる。シート見出しの上でマウスを右クリックし，［移動またはコピー］→「シートの移動またはコピー」ダイアログボックスにて［コピーを作成する］にチェックを入れれば，ワークシートがコピーされる（画面 2-14）。

さらに一度作成した表と同じような表を作ることもある。この場合もコピー&ペーストを使うと便利であるが，［貼り付け］には，いくつかの形式が用意されている（画面 2-15）。一般的な［貼り付け］以外に，数式のみの貼り付けや値のみの貼り付けなど，適宜貼り付けたい形式に合わせて［貼り付け］を実行すると良い。

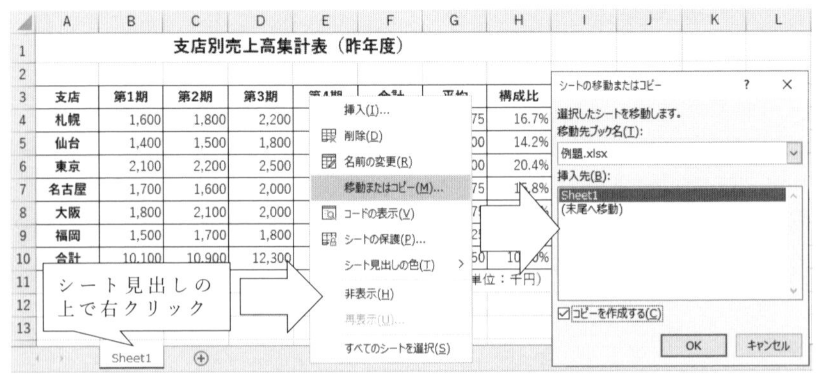

画面 2-14　ワークシートの複写

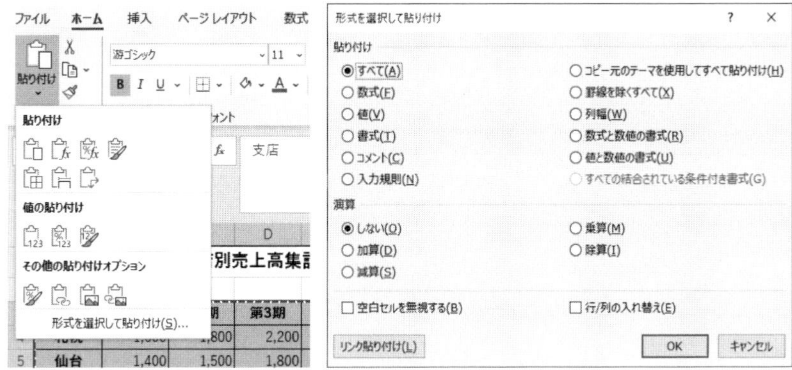

画面 2-15　貼り付け形式

例題 2-6

画面 2-12 まで作成したワークシートを複写し，複写先のデータを表 2-2 のデータに修正しなさい。なお，画面 2-16 のように複写元のワークシート名を「昨年度」，複写先のワークシート名を「今年度」とし，「今年度」ワークシートの 1 行目の「(昨年度)」を「(今年度)」に変更しなさい。

解答例

手順 1)　画面 2-14 の通り，ワークシートを複写する。

手順 2)　複写先に表 2-2 のデータを入力し，1 行目の「昨年度」を「今年度」に変更する。

手順 3)　複写元のワークシート名を「昨年度」にするため，シート見出し「Sheet1」上で右クリックし，［名前の変更］を選択し，「昨年度」に変更する。同様に複写先のワークシート名を「今年度」に変更する。

表 2-2　今年度のデータ

支店	第 1 期	第 2 期	第 3 期	第 4 期
札幌	1,500	1,700	2,000	2,000
仙台	1,500	1,700	1,800	2,000
東京	2,500	2,300	2,400	2,600
名古屋	1,600	1,600	1,800	1,900
大阪	1,700	1,800	2,100	2,300
福岡	1,600	1,600	1,700	1,600

	A	B	C	D	E	F	G	H	I
1	支店別売上高集計表（今年度）								
2									
3	支店	第1期	第2期	第3期	第4期	合計	平均	構成比	
4	札幌	1,500	1,700	2,000	2,000	7,200	1,800	15.9%	
5	仙台	1,500	1,700	1,800	2,000	7,000	1,750	15.5%	
6	東京	2,500	2,300	2,400	2,600	9,800	2,450	21.6%	
7	名古屋	1,600	1,600	1,800	1,900	6,900	1,725	15.2%	
8	大阪	1,700	1,800	2,100	2,300	7,900	1,975	17.4%	
9	福岡	1,600	1,600	1,700	1,600	6,500	1,625	14.3%	
10	合計	10,400	10,700	11,800	12,400	45,300	11,325	100.0%	
11								（単位：千円）	
12									
13									

今年度　昨年度

画面 2-16　ワークシートの複写

3.　グラフ

Excelの最も代表的な機能は表計算機能であるが，その結果を可視化してわかりやすく表現することも重要である。Excelでは入力されたデータや表計算結果をもとに容易にグラフを作成することができる。グラフの作成については，その目的に応じて最適なグラフを選択することが大切である。表2-3にその一例を示す。

グラフを作成するには，グラフ表示したいデータと項目を指定し，［挿入］→［グラフ］グループから作成したいグラフを選択する。

表 2-3　目的に応じたグラフの種類

グラフ	目　　的
棒グラフ	量の大小の違いを見る（比較する）
折れ線グラフ	量の推移（変化）を見る
円グラフ	構成比（割合）を見る
散布図	2種類のデータの関係を見る

例題 2-7

画面2-16から，今年度の①各支店別の売上高をあらわす「積み上げ縦棒グラフ」，②支店別の構成比をあらわす「円グラフ」を作成しなさい。

解答例

①「積み上げ縦棒グラフ」の作成

手順 1)　グラフに表示したいデータと項目（セル範囲 A3：E9）を選択する（画面 2-17）。

手順 2)　［挿入］→［グラフ］→［縦棒／横棒グラフの挿入］→［積み上げ縦棒］（画面 2-17）で暫定的なグラフが作成される（画面 2-18）。

手順 3)　作成されたグラフをクリックすると，タブに［グラフのデザイン］と［書式］が表示される。［グラフのデザイン］→［グラフのレイアウト］グループでグラフ要素を追加したり，グラフのレイアウトを変更したり，［グラフスタイル］グループでスタイルを変更したりすることができる。ここでは，凡例（第 1 期，第 2 期，・・・）をグラフの下側から右側へ変更する。［グラフ要素を追加］→［凡例］→［右］を選択すれば，凡例が移動する。なお，画面 2-18 の［グラフ要素］からリボンの［グラフ要素を追加］，［グラフスタイル］からリボンの［グラフスタイル］と同様の処理を行うこともできる。

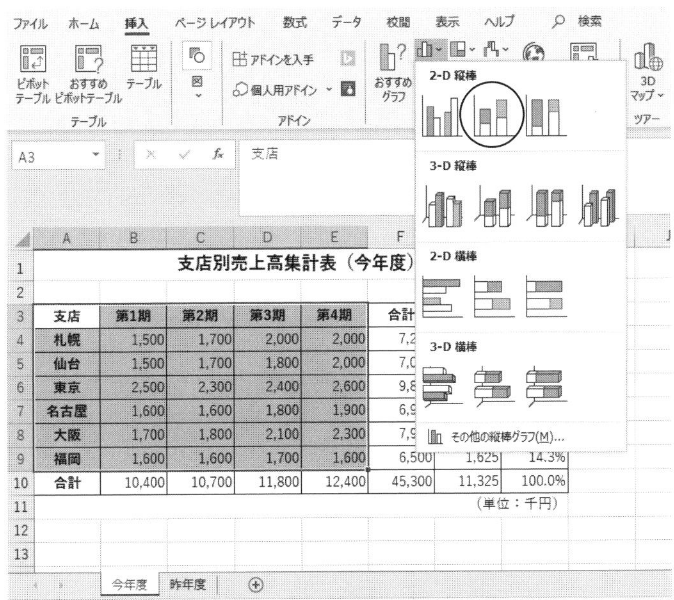

画面 2-17　データ指定とグラフの挿入

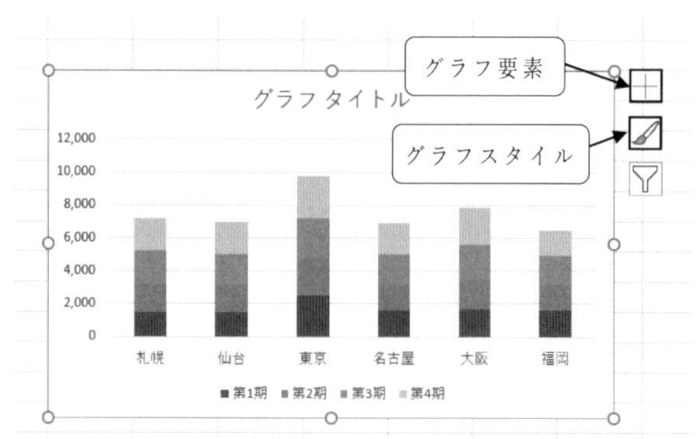

画面 2-18　暫定的なグラフ

手順 4)　グラフ内の「グラフタイトル」をクリックして，タイトルを「支店別売上高」に変更する。

手順 5)　Y 軸は金額をあらわしているが，単位が千円のため，[軸ラベル] を挿入して単位を記載しておく。[グラフ要素を追加] → [軸ラベル] → [第 1 縦軸] を選択すれば，軸ラベルがグラフに追加されるので，「軸ラベル」を「(千円)」に変更する。さらに [ホーム] → [配置] → [方向] で文字を縦書きにすることも可能である（図 2-1)。

ところで，データ範囲を指定してグラフを作成したにもかかわらず，イメージとは異なるグラフが作成されることがある。原因は様々であるが，行と列の指定が反対になっていることが比較的多いように思われる。その場合は，グラフをクリックして [グラフのデザイン] → [行／列の切り替え] を実行すれば修正される。また [データの選択] からより詳細なデータの選択（設定）を行うこともできる。

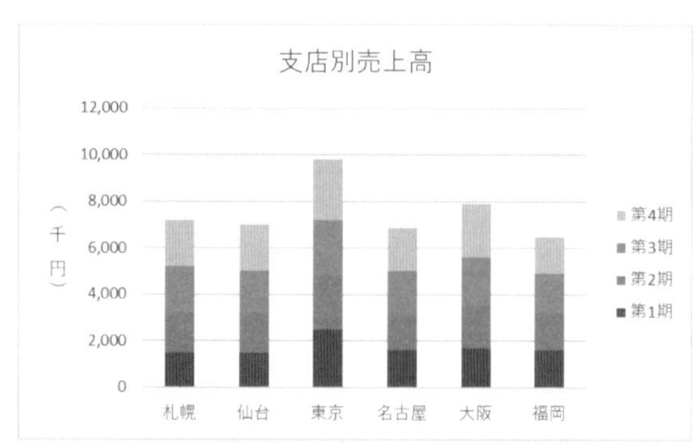

図 2-1　完成したグラフ（支店別売上高)

②「円グラフ」の作成

手順1)　グラフに表示したいデータと項目を選択する。データは，画面2-16の構成比（セル範囲H4：H9），項目は支店（セル範囲A4：A9）を使用する。今回選択するデータと項目は，それぞれA列とH列であり，一括して範囲選択することができない。そのような場合は，まずセル範囲A4：A9を選択した後，キーボードの［Ctrl］を押しながら，セル範囲H4：H9を選択すれば，離れたデータ範囲を指定することができる（画面2-19）。

手順2)　［挿入］→［円またはドーナツグラフの挿入］（［グラフ］グループ）→［円］をクリックすれば，暫定的なグラフが作成される。

手順3)　作成された円グラフの中に，［クイックレイアウト］を使用して凡例およびパーセントを表示させるように設定する。作成された円グラフをクリックすると，タブに［グラフのデザイン］と［書式］が表示される。［グラフのデザイン］（［グラフのレイアウト］グループ）→［クイックレイアウト］→［レイアウト1］を選択すると，円グラフの中に凡例とパーセントが表示される。

手順4)　手順3の状態ではグラフ内のパーセントが整数で表示されている。ここでは表と同様に小数第1位まで表示する。グラフの凡例やパーセントが表示されている箇所をクリックすると，すべての凡例とパーセント部分が四角で選択されるので，その状態で右クリックして，［データラベルの書式設定］を選択する（画面2-20）。画面2-20のように画面右側に［データラベルの書式設定］が表示されるので，［表示形式］の［カテゴリ］を“パーセンテージ”，小数点以下の桁数を“1”に設定すれば，小数第1位までパーセントが表示される。

手順5)　グラフ内の「グラフタイトル」をクリックして，タイトルを「支店別売上構成比」に変更する（図2-2）。

	A	B	C	D	E	F	G	H	I
3	支店	第1期	第2期	第3期	第4期	合計	平均	構成比	
4	札幌	1,500	1,700	2,000	2,000	7,200	1,800	15.9%	
5	仙台	[illegible]	[illegible]	[illegible]	[illegible]	7,000	1,750	15.5%	
6	東京	2,500	2,300	2,400	2,600	9,800	2,450	21.6%	
7	名古屋	[illegible]	[illegible]	[illegible]	[illegible]	[illegible]	1,725	15.2%	
8	大阪	[illegible]	[illegible]	[illegible]	[illegible]	[illegible]	[illegible]	17.4%	
9	福岡	[illegible]	[illegible]	[illegible]	[illegible]	[illegible]	1,625	14.3%	
10	合計	10,400	10,700	11,800	12,400	45,300	11,325	100.0%	
11							（単位：千円）		

①セル範囲A4：A9を選択
②キーボードの［Ctrl］を押したまま，
セル範囲H4：H9を選択

画面2-19　離れたデータ範囲の指定

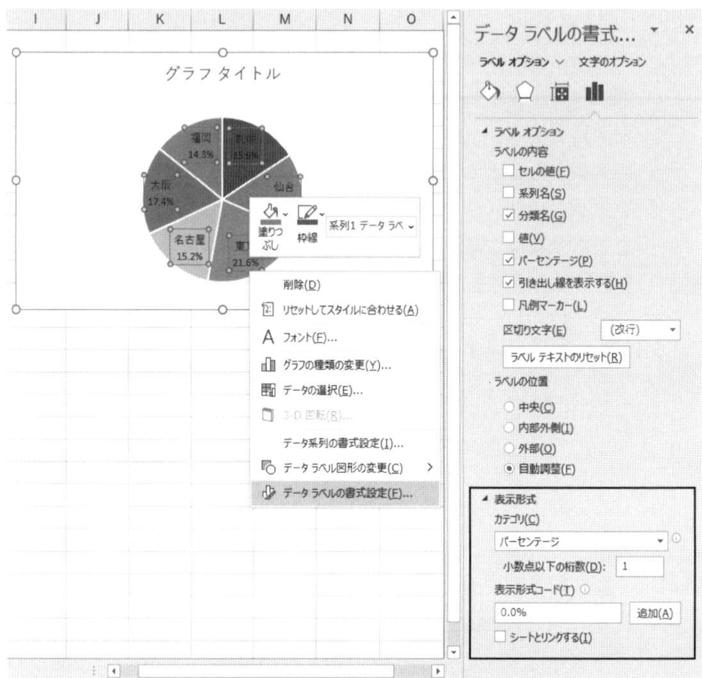

画面 2-20　データラベルの書式設定

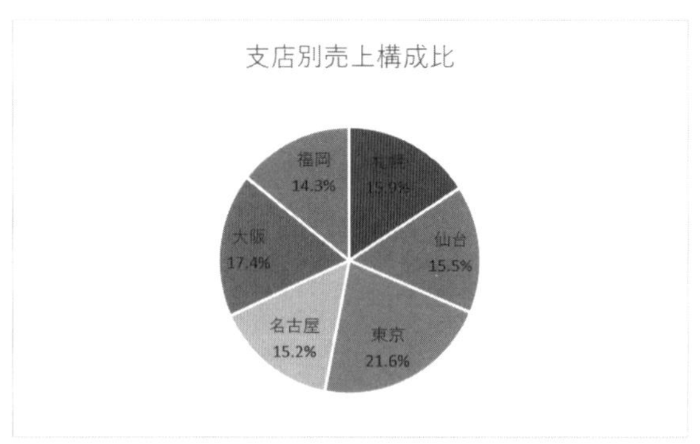

図 2-2　完成したグラフ（支店別売上構成比）

4. 印　刷

印刷では，表計算の結果やグラフを出力する。またプリンタではなく PDF などのファイルに出力することもできる。印刷の範囲として，作業中のワークシートやブック全体（すべてのワークシート），あるいは選択した部分のみの指定が可能である。印刷は，［ファイル］→［印刷］を選択し，画面 2-21 のような印刷画面で行う。画面右側にプレビュー，左側に設定画面があり，［印刷］アイコンをクリックすれば良いのだが，Excel の場合は，Word などと比べて最終的な印刷範囲の調整が必要となる場合が多い。

例題 2-8

画面 2-16 の表とそれを元に作成した図 2-1 と図 2-2 のグラフを，A4 用紙縦方向 1 枚に印刷しなさい。また画面 2-16 の表のみを，A4 用紙横方向 1 枚に 130%に拡大して印刷しなさい。

解答例

手順 1）A4 用紙縦方向で印刷するため，ワークシートにて画面 2-16 の表，図 2-1 と図 2-2 のグラフをそれぞれ縦に並べて配置する。

手順 2）［ファイル］→［印刷］を選択し，印刷画面（画面 2-21）にて用紙が A4，印刷方向が縦方向になっていることを確認する。

手順 3）プレビューを確認し，A4 用紙縦方向 1 枚に収まっていないようなら，ワークシートに戻り，グラフの配置などを調整して，再度印刷プレビューを確認する。

手順 4）グラフなどを調整したにもかかわらず，どうしても A4 用紙縦方向 1 枚に収まらないようなら，［拡大縮小の設定］で［シートを 1 ページに印刷］などを試して，1 枚に収まったことを確認して，［印刷］アイコンをクリックする。

手順 5）画面 2-16 の表のみを A4 用紙横方向 1 枚にサイズを拡大（130%）して印刷するため，ワークシートの表の部分のみ（セル範囲 A1 : H11）を選択する。

手順 6）［ファイル］→［印刷］を選択し，印刷画面（画面 2-21）にて用紙を A4，印刷方向を横方向に設定する。さらに，［作業中のシートを印刷］→［選択した部分を印刷］に変更すれば，プレビュー画面には画面

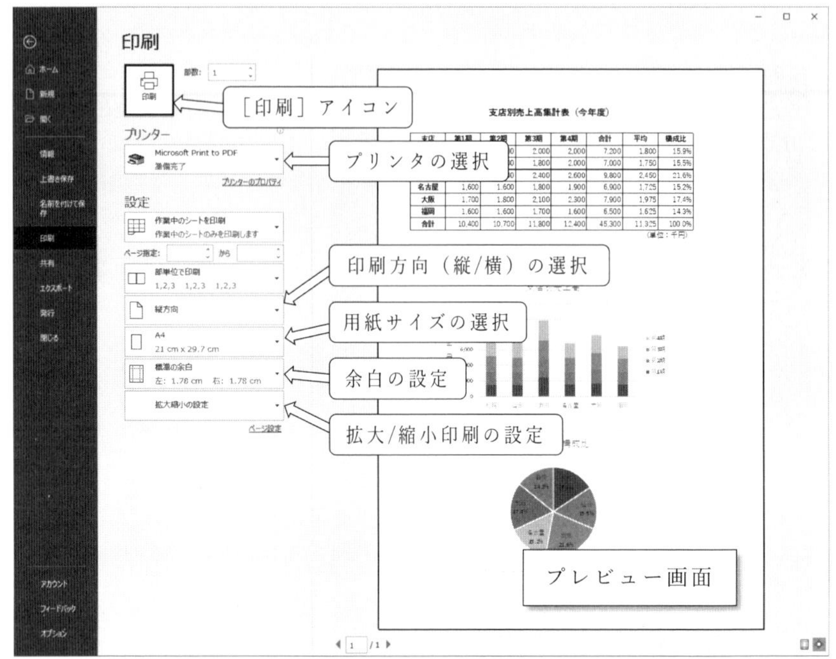

画面 2-21　印刷画面

2-16 の表のみが表示される。

手順 7)　［拡大縮小の設定］→［拡大縮小オプション］を選択し，画面 2-22 のように［拡大／縮小］を“130%”に指定して［OK］をクリックする。さらに画面 2-22 の［余白］にて［水平］や［垂直］にチェックを入れておけば，用紙の中央に表を印刷することができる。

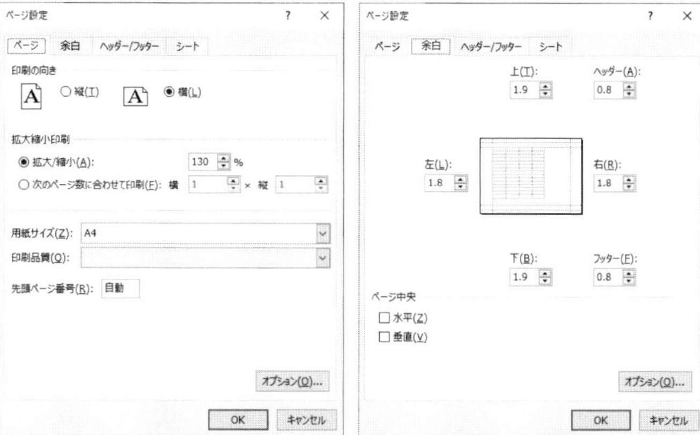

画面 2-22　拡大縮小印刷などの設定

5. 関　　数

関数の一例を画面2-23に示す。画面2-23（関数の挿入ダイアログボックス）は，［数式バー］左の［*fx*］をクリックするか，［数式］→［関数の挿入］をクリックすることで表示される。関数は450種類以上が用意されており，［関数の分類］にしたがって10個のカテゴリで整理されている。あらかじめ利

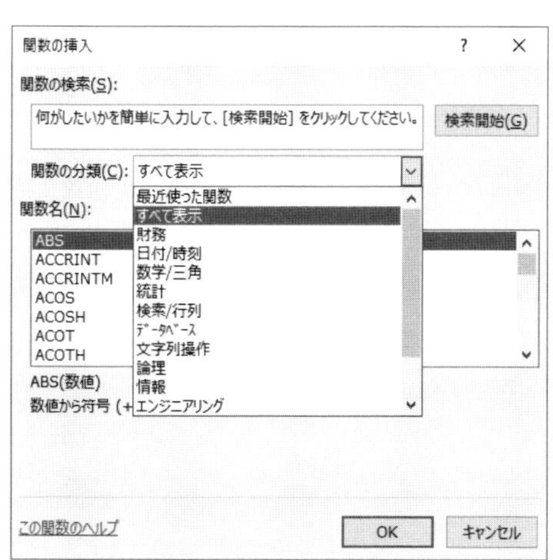

画面 2-23　関数の挿入

用したい関数名がわかっている場合は，［関数名］の中から使用する関数を選択する。利用したい関数がわからない場合は，［関数の検索］を活用すれば，関連する関数を見つけ出すことができる。

「2.(1) 数式・関数とセル参照」にて関数の使用方法は説明したが，関数の入力方法は，関数ダイアログボックスを利用する方法とキーボードから直接入力する方法がある。「2.(1) 数式・関数とセル参照」で説明した方法は後者であるが，前者を活用すればさらに容易に関数を入力することができる。

以下では代表的な関数について説明する。

(1) 統計関数

統計関数は，様々なデータの全体的な特徴を捉える時に利用する。特に使用頻度が高いと思われる関数を表 2-4 に示す。なお，標準偏差については，条件によって使用する関数が異なってくるので注意が必要である。

表 2-4　主な統計関数

関数の種類	内　容	書　　式
AVERAGE	平均値(算術平均)を算出	AVERAGE (数値 1, 数値 2, …)
MEDIAN	中央値を算出	MEDIAN (数値 1, 数値 2, …)
STDEV.S	標準偏差を算出	STDEV.S (数値 1, 数値 2, …)
MAX	最大値を算出	MAX (数値 1, 数値 2, …)
MIN	最小値を算出	MIN (数値 1, 数値 2, …)

例題 2-9

画面 2-16 のセル G4 にセル範囲 B4：E4 までの平均値を求めなさい。

解答例

手順 1)　セル G4 を選択し，［数式バー］左の［*fx*］をクリックする。［関数の挿入］ダイアログボックスの［関数の分類］から“統計”，［関数名］から“AVERAGE”を選択して［OK］をクリックする。

手順 2)　関数ダイアログボックスの［数値 1］にセル範囲 B4：E4 までをドラッグで指定し，［OK］をクリックする（画面 2-24)。

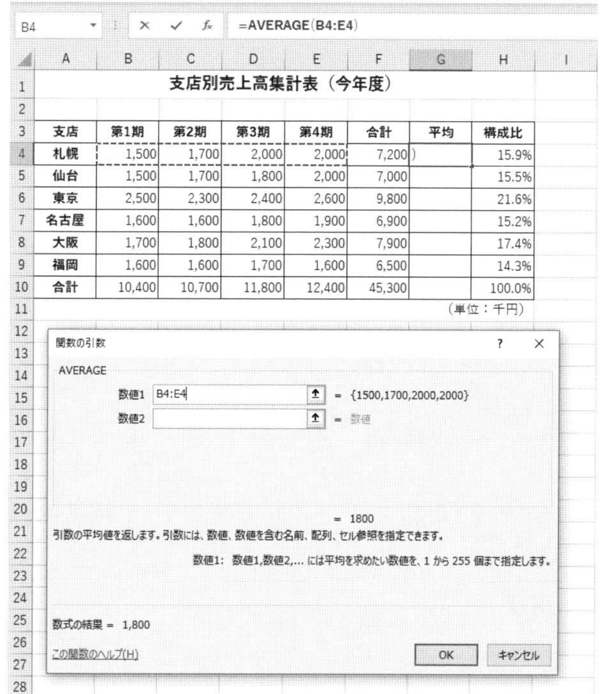

支店	第1期	第2期	第3期	第4期	合計	平均	構成比
札幌	1,500	1,700	2,000	2,000	7,200	)	15.9%
仙台	1,500	1,700	1,800	2,000	7,000		15.5%
東京	2,500	2,300	2,400	2,600	9,800		21.6%
名古屋	1,600	1,600	1,800	1,900	6,900		15.2%
大阪	1,700	1,800	2,100	2,300	7,900		17.4%
福岡	1,600	1,600	1,700	1,600	6,500		14.3%
合計	10,400	10,700	11,800	12,400	45,300		100.0%

画面 2-24　関数の指定方法

(2) 論理関数

最も代表的な論理関数は，IF 関数である。IF 関数を利用すれば，指定する論理式に該当するものと該当しないものを分類することができる。利用方法は，「IF（論理式，真の場合，偽の場合）」の書式に基づき引数を指定すれば良い。このとき，論理式は演算子を用いて，セルの文字や数値がある特定の条件を満たすか否かが判別できるものを作成する。

例題 2-10

画面 2-16 のワークシート「今年度」の I 列に各支店の昨年度と今年度の売上高を比較して，増えていれば“増”，減っているもしくは変化がなければ“減”と表示しなさい。

解答例

手順1）ワークシート「今年度」のセル I3 に“増減”と入力し，太字に設定する。

手順2）セル I4 を選択し，［数式バー］左の［*fx*］をクリックし，関数の挿入ダイアログボックスを開く。［関数の分類］で“論理”，［関数名］で“IF”を選択し，［OK］をクリックする。今年度の売上高から昨年度の売上高を引き，0 より大きければ“増”，それ以外ならば“減”と表示させれば良いので，論理式は“○○支店の今年度の売上高－○○支店の昨年度の売上高＞0”とあらわすことができる。そして，真の場合は“増”で，偽の場合は“減”となる。

手順3）関数の引数ダイアログボックスの［論理式］に，まず今年度の札幌支店の売上高（セル F4）を選択（マウスでクリック）し，続いてキーボードで“-”を入力し，ワークシート「昨年度」に移動して，昨年度の札幌支店の売上高（セル F4）を選択（マウスでクリック）する。昨年度の売上高は異なるワークシートを参照しているので“昨年度!F4”と表示される。最後にキーボードで“＞0”（0 より大きい）を入力する。そして［値が真の場合］には“"増"”，［値が偽の場合］には“"減"”とキーボード入力し，［OK］をクリックする（画面 2-25）。

手順4）セル範囲 I5：I10 までオートフィル機能を使ってセル I4 の数式をコピーする。I 列をすべて［中央揃え］に設定する（画面 2-26）。

補足）IFS 関数を使用しても同様の結果を得ることができる。IF 関数では，条件が複数になる場合，関数を多重しなければならないが，IFS 関数では 1 つの関数で表現することができる。利用方法は，「IFS（論理式 1, 論理式 1 が真の場合, 論理式 2, 論理式 2 が真の場合, …)」の書式に基づき引数を指定する。なお，どの条件も満たさない場合には，IFS 関数の最後に「IFS（論理式 1, 論理式 1 が真の場合, 論理

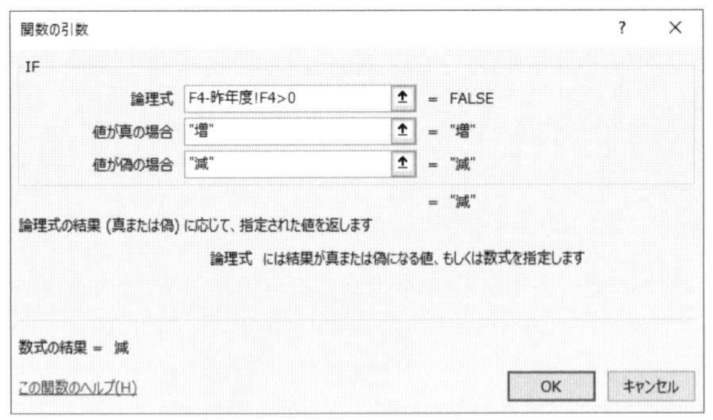

画面 2-25　IF 関数の指定方法

支店別売上高集計表（今年度）

支店	第1期	第2期	第3期	第4期	合計	平均	構成比	増減
札幌	1,500	1,700	2,000	2,000	7,200	1,800	15.9%	減
仙台	1,500	1,700	1,800	2,000	7,000	1,750	15.5%	増
東京	2,500	2,300	2,400	2,600	9,800	2,450	21.6%	増
名古屋	1,600	1,600	1,800	1,900	6,900	1,725	15.2%	減
大阪	1,700	1,800	2,100	2,300	7,900	1,975	17.4%	減
福岡	1,600	1,600	1,700	1,600	6,500	1,625	14.3%	減
合計	10,400	10,700	11,800	12,400	45,300	11,325	100.0%	増

（単位：千円）

=IF(F4-昨年度!F4>0,"増","減")

=IF(F5-昨年度!F5>0,"増","減")

=IF(F10-昨年度!F10>0,"増","減")

今年度　昨年度

画面 2-26　入力された IF 関数

式 2, 論理式 2 が真の場合, …, TRUE, その他の場合)」と引数を指定すれば良い。セル I4 に上述の IF 関数と同様の結果を求めたければ, “=IFS（F4- 昨年度 !F4>0, "増", F4- 昨年度 !F4<=0, "減")” あるいは, “=IFS（F4- 昨年度 !F4>0, "増", TRUE, "減")” と入力する。

(3) 検索／行列関数

検索／行列関数の中で良く使用されるのは, VLOOKUP 関数である。VLOOKUP 関数とは画面 2-27 のように特定のデータに対応する値を検索して抽出する関数である。これを使えば, わざわざ手動で検索することなく, 既にあるリストの中から必要なデータのみを抽出することができるようになる。利用方法は,「VLOOKUP（検索値, 範囲, 列番号, 検索方法)」の書式に基づき引数を指定する。

例題 2-11

画面 2-27 のように VLOOKUP 関数を利用して, 東京支店の今年度売上と昨年度売上と増減を抽出しなさい。

解答例

手順 1)　セル K3 から N3 までに画面 2-27 の通り文字を入力, 太字設定し, セル K4 に東京と入力する。

手順 2)　セル L4 に, セル範囲 A4 : I9 で, セル K4（東京）を検索値（特定のデータ）として, 今年度の売上合計（6 列目）を抽出する。なお, 引数の最後の「検索方法」は省略もできるが, “TRUE” と入力すれば, 検索値に一致しなくても近似値を抽出する。“FALSE” と入力すると

支店別売上高集計表（今年度）

支店	第1期	第2期	第3期	第4期	合計	平均	構成比	増減
札幌	1,500	1,700	2,000	2,000	7,200	1,800	15.9%	減
仙台	1,500	1,700	1,800	2,000	7,000	1,750	15.5%	増
東京	2,500	2,300	2,400	2,600	9,800	2,450	21.6%	増
名古屋	1,600	1,600	1,800	1,900	6,900	1,725	15.2%	減
大阪	1,700	1,800	2,100	2,300	7,900	1,975	17.4%	減
福岡	1,600	1,600	1,700	1,600	6,500	1,625	14.3%	減
合計	10,400	10,700	11,800	12,400	45,300	11,325	100.0%	増

（単位：千円）

支店	今年度売上	昨年度売上	増減
東京	9,800	9,200	増

左のリストあるいは，ワークシート「昨年度」から「東京」に対応する今年度売上高，昨年度売上高，増減を抽出

今年度　昨年度

画面 2-27　VLOOKUP 関数の例

完全に一致するデータを抽出し，一致するデータがない場合はエラー（“#N/A”）となる。ここでは完全一致の“FALSE”を選択する。セル L4 を選択し，［数式バー］左の［*fx*］をクリックし，関数の挿入ダイアログボックスを開く。［関数の分類］で“検索／行列”，［関数名］で“VLOOKUP”を選択し，［OK］をクリックする。

手順 3)　VLOOKUP ダイアログボックスで，画面 2-28 のように入力（選択）する。

手順 4)　セル M4 には，ワークシート「昨年度」のリストから昨年度売上を抽出する。セル M4 にダイアログボックスか，数式メニューバーから“=VLOOKUP（K4, 昨年度!A4：H9, 6, FALSE)”を入力する。

手順 5)　セル N5 には，ダイアログボックスか，数式メニューバーから“=VLOOKUP（K4, A4：I9, 9, FALSE)”を入力する。

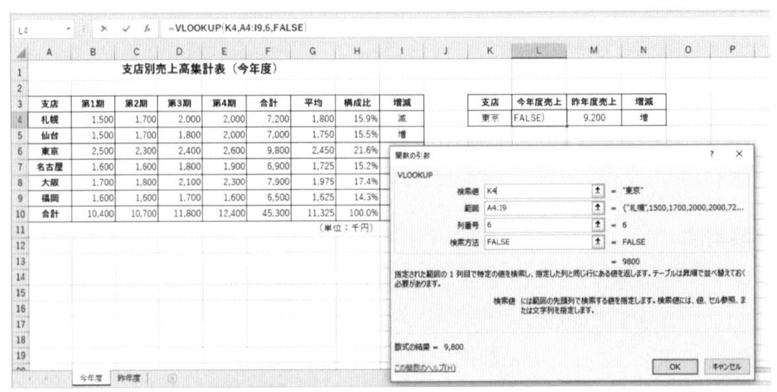

画面 2-28　VLOOKUP の指定方法

 (4) 関数の組み合わせ

これまでは，関数を単独で使用してきたが，Excelでは複数の関数を組み合わせて使用することもできる。画面2-28ではVLOOKUP関数を使用して東京の売上高などのデータを抽出したが，例えば画面2-28のセルK4を“東京”から“京都”へ変更してみる。京都のデータはないのでエラーの“#N/A”が表示される。これを関数の組み合わせによって，“#N/A”を“データなし”と表示するように設定する。

例題2-12

画面2-28でセルK4にリストにない支店が入力された場合に，“データなし”と表示するように設定しなさい。

解答例

手順1）画面2-28で使用したVLOOKUP関数に加えて，IFERROR関数を使用する。利用方法は，「IFERROR（値，エラーの場合の値)」の書式に基づき引数を指定する。値の部分には画面2-28で指定したVLOOKUP関数が入り，エラーとなった場合は“データなし”を表示する。セルL4に既に入力されているVLOOKUP関数はIFERROR関数と組み合わせて使用するので，“VLOOKUP（K4, A4：I9, 6, FALSE)”をクリップボードにコピーする。

手順2）セルL4の［数式バー］左の［*fx*］をクリックし，関数の挿入ダイアログボックスを開く。［関数の分類］で“論理”，［関数名］で“IFERROR”を選択し，［OK］をクリックする（画面2-29)。

手順3）IFERRORダイアログボックスで［値］に手順1でコピーしたVLOOKUP関数を［貼り付け］する。［エラーの場合の値］には“"データなし"”とキーボード入力する。

手順4）同様にセルM4にはダイアログボックスか数式メニューバーから“=IFERROR（VLOOKUP（K4, 昨年度!A4：H9, 6, FALSE), "データなし")”を入力する。

手順5）同様にセルN5にはダイアログボックスか数式メニューバーから“=IFERROR（VLOOKUP（K4, A4：I9, 9, FALSE), "データなし")”を入力する。

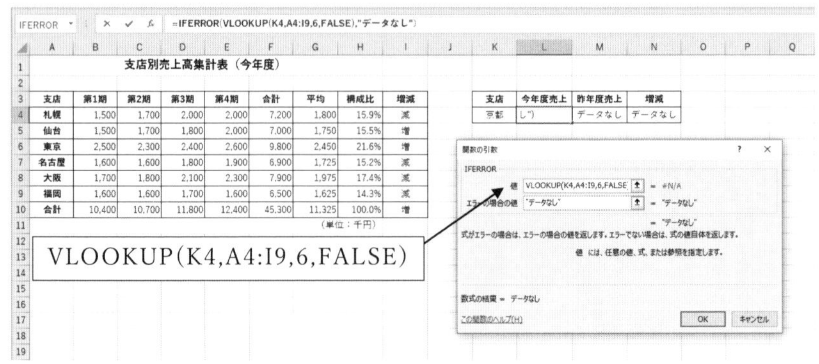

支店	第1期	第2期	第3期	第4期	合計	平均	構成比	増減
札幌	1,500	1,700	2,000	2,000	7,200	1,800	15.9%	減
仙台	1,500	1,700	1,800	2,000	7,000	1,750	15.5%	増
東京	2,500	2,300	2,400	2,600	9,800	2,450	21.6%	増
名古屋	1,600	1,600	1,800	1,900	6,900	1,725	15.2%	減
大阪	1,700	1,800	2,100	2,300	7,900	1,975	17.4%	減
福岡	1,600	1,600	1,700	1,600	6,500	1,625	14.3%	減
合計	10,400	10,700	11,800	12,400	45,300	11,325	100.0%	増

（単位：千円）

支店	今年度売上	昨年度売上	増減
京都	し")	データなし	データなし

画面 2-29　VLOOKUP 関数と IFERROR の組み合わせ

6. 分析ツール

複雑な統計分析などを行う場合，上述した関数を利用することも可能であるが，「分析ツール」と呼ばれるアドインを利用すれば，より簡単に結果を得ることができる。ただし，最初に「分析ツール」アドインをインストールしておく必要がある。後述の章で利用することになるので，インストール方法と使用方法を説明する。

分析ツールをインストールするには，タブの［ファイル］から，画面左下の

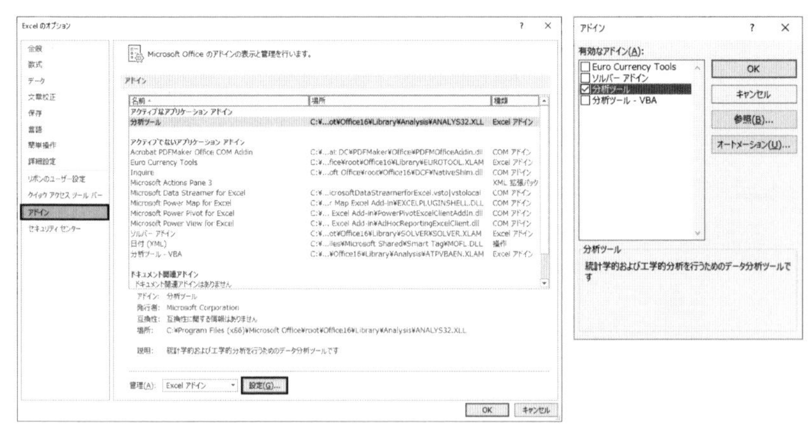

画面 2-30　「分析ツール」のインストール

［オプション］を選択し，Excelのオプションダイアログを開く。画面2-30左の［アドイン］を選択し，［設定］をクリックする。アドインダイアログボックスが開くので，［分析ツール］にチェックを入れて［OK］をクリックすれば，インストールが完了する。

インストールが完了すれば，タブの［データ］に［データ分析］が表示されるようになる。これをクリックすれば，データ分析ダイアログボックスが開き(画面2-31)，ここからいくつかの分析ツールを使用することができる。

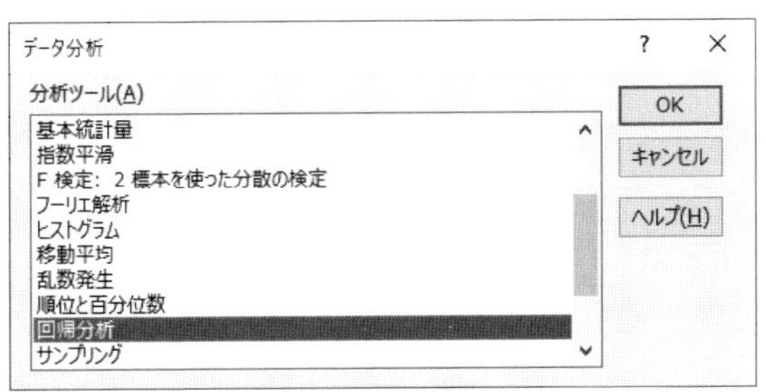

画面2-31　データ分析ダイアログボックス

ただし，分析ツールについては，出力された結果と元のデータは連動していないことに注意する必要がある。つまり，元のデータを参照していないため，元のデータを変更したとしても，出力結果に反映されることはない。

課題2-1

画面2-32のようにワークシート「今年度」のJ列にワークシート「昨年度」に対する伸び率（昨年度と同様なら0.0%とする）を求めなさい。そして，K列にJ列の伸び率が5%以上なら“A”，−5%以上5%未満なら“B”，−5%未満なら“C”と表示するよう設定しなさい。

支店別売上高集計表（今年度）

支店	第1期	第2期	第3期	第4期	合計	平均	構成比	増減	伸び率	評価
札幌	1,500	1,700	2,000	2,000	7,200	1,800	15.9%	減	-4.0%	B
仙台	1,500	1,700	1,800	2,000	7,000	1,750	15.5%	増	9.4%	A
東京	2,500	2,300	2,400	2,600	9,800	2,450	21.6%	増	6.5%	A
名古屋	1,600	1,600	1,800	1,900	6,900	1,725	15.2%	減	-2.8%	B
大阪	1,700	1,800	2,100	2,300	7,900	1,975	17.4%	減	0.0%	B
福岡	1,600	1,600	1,700	1,600	6,500	1,625	14.3%	減	-5.8%	C
合計	10,400	10,700	11,800	12,400	45,300	11,325	100.0%	増	0.7%	B

（単位：千円）

支店	今年度売上	昨年度売上	増減
名古屋	6,900	7,100	減

今年度　昨年度

画面2-32　解答例

第3章

分析リテラシー

1. 分析の実施にあたって

(1) 分析とは

第１章の「企業活動とデータ分析」で，企業活動により生み出される様々なデータを活用することにより，今後の活動に役立てることの大切さを学修した。本章では，第４章以降の学修を進めるにあたって重要となる基本的事柄を確認しておこう。

まず，分析とはいったい何だろうか。本書でも幾度となくこの言葉が登場する。広辞苑（第６版 p.2511）によると，「分析とは，①ある物事を分解して，それを成立させている成分・要素・側面を明らかにすること，②［化］物質の検出・特定，また化学的組成を定性的・定量的に識別すること，③［論］㋐概念の内容を構成する諸徴表を要素に分けて明らかにすること，㋑証明すべき命題から，それを成立させている条件へ次々に遡ってゆく証明の仕方」，と記されている。

これを踏まえ本書における分析とは，即座に判断できない事象やデータの集まりなどを，幾つかの要素等によって分類することで特徴を見出し，それらが構成される要素や要因を解明すること，としよう。

(2) 分析にあたり必要なこと

①　問題意識

現在，私たちは非常に多くの情報に囲まれている。総務省統計局のホームページでは，日本の人口，企業数や消費支出など，実に多くのデータが提供されている。また，インターネットを活用すれば，ありとあらゆる情報の閲覧や収集が可能となっている。このように身の回りには数多くの情報が飛び交い，それを活用することでビジネスチャンスを発見し，新たな事業にチャレンジする起業家や新規事業に着手する企業が存在している。なぜ，彼らはそれができるのだろうか。逆説的な表現になるが，新たな起業や新規事業に着手したくてもできない者との違いは何処にあるのだろうか。もちろん，一般的な人に比べ行動力に優れているであろうが，それだけで十分とはいえない。より大切なことは，明確な問題意識を持つことである。問題意識を持つことで，実現したいことが明確になり，そのための準備を進めることできるのである。

このような問題意識は，起業家やビジネスパーソンだけに求められるものでなく，現代社会に暮らす我々も持ち続けなければならないことである。

②　数値を見る眼

もう１つ重要なことは，数値を見る眼を養うことである。ここでは，数値を見る眼とは何か，どのように数値を捉えれば良いのかを学ぼう。

単に数値を眺めていても数値は何も語ってはくれないが，注意深く見ることにより，幾つかの規則性や特徴がみられる。具体的には，次に示す事項は基本的な数値の見方なので理解しておく必要がある。

1)　**傾向変動（トレンド）**：長期間にわたる基本的な変動傾向を指し，上昇（増加）傾向にあるのか，それとも下降（減少）傾向にあるのかを示すもの。人口増加やGDPの成長など，大きな傾向を捉える際に有効である。

2)　**循環変動（サイクル）**：一定ではないが，周期的に繰り返される上下変化を示すもの。景気循環のように３～10年程度の周期で繰り返し起こるもの。傾向変動が一方向であるのに対し，上昇と下降の動きが含まれる。

3)　**季節変動（シーズナル）**：通常は１年を周期とし季節ごとに繰り返される変化を示すもの。日本には四季があり，春の桜や秋の紅葉観賞のために観光地に多くの方が出かける姿を見かける。１年を周期とした変動のパターンをみることで特徴が明らかになる。

4)　**不規則変動（ノイズ）**：これは，上記３つの変動以外の変化を示すもので，自然災害の発生による変動や，明確に説明できないような変動をいう。

それでは，幾つかの具体的な事例で数値からどのようなことがわかるのかみてみよう。

画面3-1は，1998年から2018年までの日本の人口推移を5年間隔で示したものである。これから，どのようなことが読み取れるだろうか。日本の人口は，1998年の126,486千人から2018年に126,443千人と，この20年間，殆ど変化は見られない。しかしながら，細かく年齢階級別にみると，65歳以上が増加し，他は減少していることがわかる。ただ，この表を眺めてわかるのはここまでで，詳細な特徴を捉えるにはこれらの数値を活用し実際に計算をする必要がある。

	A	B	C	D	E	F	G	H
1			日本の人口推移					
2						（単位：千人）		
3		年 齢 階 級	1998年	2003年	2008年	2013年	2018年	
4		総数	126,486	127,619	127,692	127,298	126,443	
5		15歳未満	19,059	17,905	17,176	16,390	15,415	
6		15～64歳	86,920	85,404	82,300	79,010	75,451	
7		65歳以上	20,508	24,311	28,216	31,898	35,578	
8		（出所）総務省「人口推計」。						

画面3-1　日本の人口推移

例題3-1

画面3-1のデータを使用し，20年間の人口推移がわかるよう趨勢比を求めなさい（趨勢比の詳細は，次項の「(3) 主な分析手法と内容」を参照のこと）。また，各年の年齢階級の構成割合を求めなさい。

解答例

20年間の動きを捉えるには，時系列の変化がわかるように値を求めるのが望ましい。そこで，ここでは1998年の値を基準（100.0）とし，その後，どのような動きがあるのかをみることとする。

手順1）　C，D，E，F，G列の各列の右列に計算式を記入するため，列をそれぞれ1列挿入する。列の挿入は，Ctrlキーを押しながら，マウスで列番号をD，E，F，Gと1つずつクリックし，マウスの右ボタンで［挿入］を選択すればよい。

手順2）　その後，1998年の年齢階級が各々100.0となるように計算式を入力する。具体的には，セル番地D4に式“= C4/$C4*100”を入力する。割る数のC4を絶対参照としているのは，この式を他のセル番地にコピーすることを考慮し，後の作業を簡略化するためである。

手順3)　手順2で入力した式を，セル範囲D5：D7にコピーする。

手順4)　手順3でD列に基準となる値の準備ができたら，セル範囲D4：D7の式を，セル範囲F4：F7，H4：H7，J4：J7，L4：L7にそれぞれコピーする。すると，画面3-2の上段の表に示す値が得られる。65歳以上が1998年の100.0から2018年には173.5と大幅に増加しているのに対して，15～64歳は86.8に，15歳未満は80.9にまで減少していることがわかる。

次に，上記で計算式を記入したセル番地等を活用して，各年別に年齢階級の割合（構成比）をみてみよう。

手順1)　セル範囲B3：L7の値をセル範囲B10：L14にコピーする。

手順2)　セル番地D11に構成比を求める式“=C11/C$11*100”を入力する。

手順3)　セル番地D11に入力した式を，セル範囲D12：D14にコピーした後，セル範囲D11：D14の式を，セル範囲F11：F14，H11：H14，J11：J11，L11：L14にそれぞれコピーすればよい。画面3-2の下段の表はその結果を示したものである。これからも明らかなように，65歳以上の全体に占める割合が1998年の16.2%から2018年には28.1%に上昇していることがわかる。

図3-1および3-2は，画面3-2で求めた数値をグラフ表示したものである。

日本の人口推移

趨勢比　　（単位：千人）

年齢階級	1998年		2003年		2008年		2013年		2018年	
総数	126,486	100.0	127,619	100.9	127,692	101.0	127,298	100.6	126,443	100.0
15歳未満	19,059	100.0	17,905	93.9	17,176	90.1	16,390	86.0	15,415	80.9
15～64歳	86,920	100.0	85,404	98.3	82,300	94.7	79,010	90.9	75,451	86.8
65歳以上	20,508	100.0	24,311	118.5	28,216	137.6	31,898	155.5	35,578	173.5

構成比　　（単位：千人，%）

年齢階級		1998年		2003年		2008年		2013年		2018年
総数	126,486	100.0	127,619	100.0	127,692	100.0	127,298	100.0	126,443	100.0
15歳未満	19,059	15.1	17,905	14.0	17,176	13.5	16,390	12.9	15,415	12.2
15～64歳	86,920	68.7	85,404	66.9	82,300	64.5	79,010	62.1	75,451	59.7
65歳以上	20,508	16.2	24,311	19.0	28,216	22.1	31,898	25.1	35,578	28.1

画面3-2　人口推移の分析例

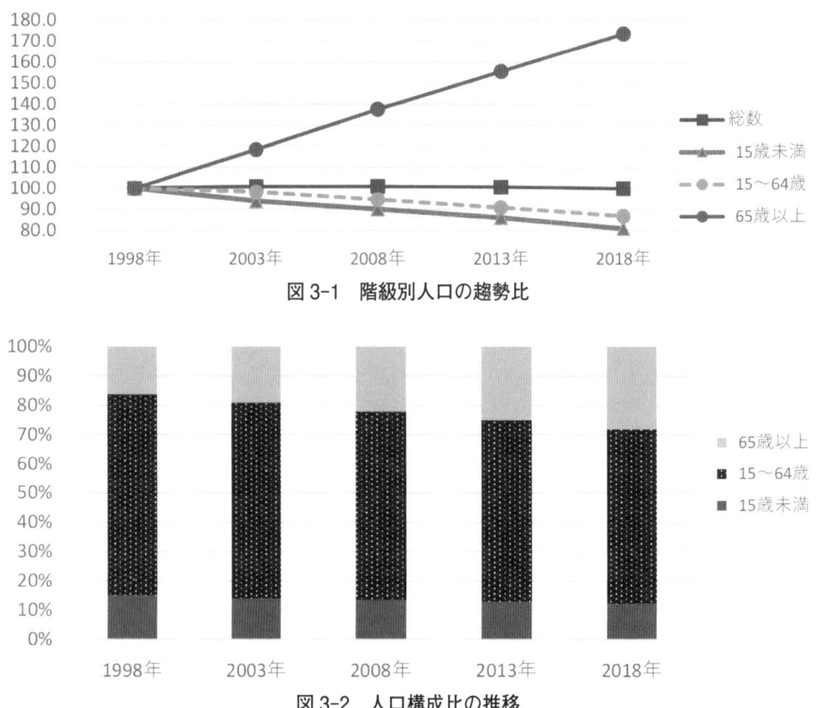

図 3-1　階級別人口の趨勢比

図 3-2　人口構成比の推移

例題 3-2

画面 3-3 は，アイスクリームの 1 世帯当たり支出金額の値を 5 年間分示したものである。これから，どのような特徴がみられるか述べなさい。

解答例

アイスクリームといえば，夏の食べ物と考えられているように，6 月から 9 月までの支出金額が多い。画面 3-3 に示す一世帯当たりの支出金額から 2018 年の上記期間の数値をみると，年間支出の半分がこの 4 カ月間で行われていることがわかる。もしも貴方が企業経営者であれば，この期間に多くの売上の獲得を目指すのは当然であるが，それ以外の期間でも売上を増加させる方策を検討することも経営を安定させるためには重要となる。この表に示すデータから，どの時期に売上を増やしていくのが望ましいと考えられるであろうか。

5 年間の支出金額の推移をみると，全体的に増加傾向にあることが確認できるが，具体的な変化を捉えるため，セル範囲 B3 : G16 の内容をセル範囲 I3 : N16 にコピーする（画面 3-4 参照）。その後，2014 年の各月および 1 年間の消費金額を

1世帯当たり支出金額／年別月別推移（1月～12月）

（単位：円）

	2014年	2015年	2016年	2017年	2018年
1月	396	401	464	489	507
2月	309	345	397	382	416
3月	447	480	493	472	607
4月	520	590	617	624	746
5月	803	928	890	915	894
6月	900	894	883	914	1021
7月	1202	1257	1292	1394	1506
8月	1238	1384	1387	1370	1443
9月	748	768	843	826	861
10月	570	603	621	599	640
11月	419	478	459	489	492
12月	455	580	562	573	537
総計	8006	8708	8908	9047	9670

（出所）一般社団法人日本アイスクリーム協会
（https://www.icecream.or.jp/biz/data/expenditures.html、
2019年9月10日閲覧）

1世帯当たり支出金額の趨勢比

	2014年	2015年	2016年	2017年	2018年
1月	100.0	101.3	117.2	123.5	128.0
2月	100.0	111.7	128.5	123.6	134.6
3月	100.0	107.4	110.3	105.6	135.8
4月	100.0	113.5	118.7	120.0	143.5
5月	100.0	115.6	110.8	113.9	111.3
6月	100.0	99.3	98.1	101.6	113.4
7月	100.0	104.6	107.5	116.0	125.3
8月	100.0	111.8	112.0	110.7	116.6
9月	100.0	102.7	112.7	110.4	115.1
10月	100.0	105.8	108.9	105.1	112.3
11月	100.0	114.1	109.5	116.7	117.4
12月	100.0	127.5	123.5	125.9	118.0
総計	100.0	108.8	111.3	113.0	120.8

画面3-3　アイスクリームの1世帯当たり支出金額　　**画面3-4　1世帯当たり支出金額の趨勢**

基準値100.0とする式をJ列に入力する。具体的には，セル番地J4（式“=C4/$C4*100”）に入力した後，セル範囲J5：J16にコピーする。次にセル範囲J4：J16の式を2015年から2018年までの該当セル範囲にコピーする。すると，2018年の年間支出金額は120.8となる（セル番地N16には式“=G16/$C16*100”）。これと同様に他の月についても年次変化をみると，4月が143.5と最も大きく伸張し，1月から3月までの各月もこれに続いて大きく伸びており，その値は7月の値を上回っている。図3-3は，これをグラフ表記したものである。

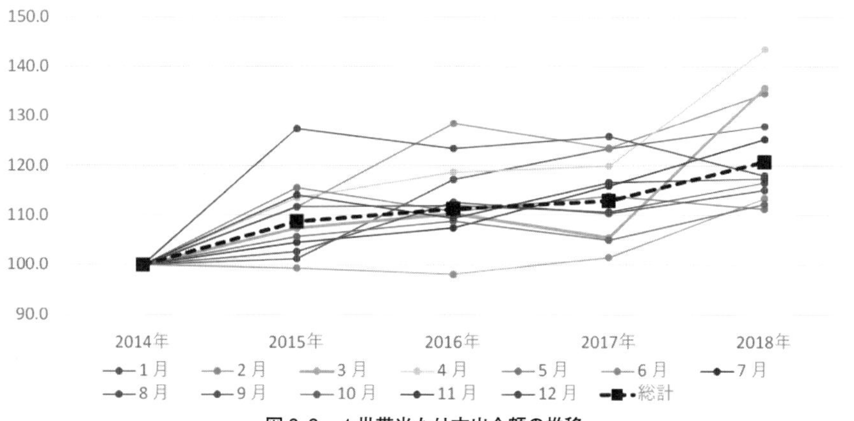

図3-3　1世帯当たり支出金額の推移

これらのことから，従来は閑散期と考えられた期間において，人々のアイスクリームへの支出傾向に変化がみられることがわかる。人々の行動は時代とともにうつろぎ，業界では常識と考えられてきたことが常識ではなくなることもある。こうした新たな発見が，起業家や新事業の創造をめざす企業にはビジネスチャンスとなるかもしれない。

(3) 主な分析手法と内容

① 基本的な分析手法

ここでは，基本的な分析手法についてみておこう。我々が日常生活でよく見聞きするものは，次の4つである。詳細については，後述の「第Ⅳ部　実践編」等で学修する。

1) **構成比**……全体を構成している個々の要素やそれぞれの成分などが，全体に対して占めている割合や比率のことをいう。具体的な例としては，人口に占める男女の割合や高齢者の割合，セグメント別売上高などがある。

2) **増加率**……基準時点ともう1つの時点との間における伸び率を示す。具体的な例としては，売上高や営業利益の対前年比増加率，人口増加率などがある。前年と今年の値を比較する対前年比増加率が一般的であるが，3年前や5年前と今年の値の比較も行うことができる。

3) **趨勢比**（指数化）……ある時点（年度）の数値を基準（100または1）として，その後の多年度の実数をそれに対する百分比として示したもの。数値が大きい場合や，長期的な傾向を捉える際に有効である。

4) **時系列分析**……ある特定の対象の時間的変動を継続的に観測して得られた資料に基づき，その変動の原因の解明や将来予測のために行う分析のことをいう。

② 関連性分析手法

関連性分析とは，ある事象が変化したときに，結果がどのように変化するのかといった，相互の関係性を明らかにするものである。例えば，気温と飲料水の販売高や，店舗に来店する顧客の数と売上高との関係等である。夏の暑さが厳しくなり気温が上昇すれば，飲料水の販売数量は増加すると考えられる。また，来店客数が増加すれば購入機会が高まり，売上高の増加が期待できる，といったような時に利用される。

主な関連性分析として，以下のものがある。なお，詳細については，「第8章 変量間の関連性」で一部学修する。

1)　**相関分析**……２つ以上の変量の間で，一方の変量が変化すると，他方もそれに応じて変化する関係を相関関係といい，これを統計的に分析するのが相関分析である。相関関係は，一方の変量が増加すると，他の変量も増加する正の相関関係と，一方の変量が増加すると他の変量は減少する負の相関関係に分かれる。

2)　**回帰分析**……結果となる数値（目的変数）と，要因となる数値（説明変数）との関係を調べ，それぞれの関係性を明らかにする統計的手法の１つである。

3)　**多変量解析**……観測値が複数の値からなるデータ（多変量データ）を統計的に分析する手法で，複雑な事象を簡潔なデータで表現するのに適している。量的な関係を分析する回帰分析，質的な関係を分析するクラスター分析など多くの分析モデルがあり，膨大なデータの概要を理解するのに有効である。

4)　**因子分析**……多変量解析の手法の１つで，心理テストや各種の社会現象の測定によって得られた多変量のデータから，それらを規定する因子を抽出する統計学的手法をいう。

2.　基本的なステップ

(1) 全体としてデータを捉える

手法の解説

ここからは，具体的な分析の方法についてみていこう。データ分析を行う上で大切なことは，分析には手順が存在することを理解し，その手順を修得することである。最初から高度な分析を考えるのではなく，まずは大まかな特徴を捉え，その後，徐々に詳細な分析作業に移行することが望まれる。具体的には，以下の手順に従って行うことを推奨したい。

① 全体の特徴を捉えること。
② データを幾つかに分類して検討すること
③ 比べて検討すること
④ 関連性を検討すること

Excel での処理

例題 3-3

画面 3-5 は，世界に暮らす 5 地域 25 カ国の人々の平均身長を纏めたものである。これからどのような特徴がみられるか述べなさい。

	A	B	C	D	E
1		国名	地域	性別	平均身長(cm)
2		イスラエル	アジア	男	177.0
3		イスラエル	アジア	女	166.0
4		韓国	アジア	男	173.5
5		韓国	アジア	女	161.1
6		タイ	アジア	男	170.3
7		タイ	アジア	女	159.0
8		中国	アジア	男	167.0
9		中国	アジア	女	158.6
10		日本	アジア	男	170.7
11		日本	アジア	女	158.0
12		アルジェリア	アフリカ	男	172.2
13		アルジェリア	アフリカ	女	162.0
14		カメルーン	アフリカ	男	170.6
15		カメルーン	アフリカ	女	161.3
16		セネガル	アフリカ	男	175.0
17		セネガル	アフリカ	女	163.0
18		南アフリカ	アフリカ	男	168.0
19		南アフリカ	アフリカ	女	159.0
20		リビヤ	アフリカ	男	171.3
21		リビヤ	アフリカ	女	160.5
22		カナダ	北アメリカ	男	175.1
23		カナダ	北アメリカ	女	162.3
24		キューバ	北アメリカ	男	168.0
25		キューバ	北アメリカ	女	156.0
26		ジャマイカ	北アメリカ	男	171.8
27		ジャマイカ	北アメリカ	女	160.8
28		米国	北アメリカ	男	176.3
29		米国	北アメリカ	女	162.2
30		メキシコ	北アメリカ	男	167.0
31		メキシコ	北アメリカ	女	155.0
32		アルゼンチン	南アメリカ	男	174.5
33		アルゼンチン	南アメリカ	女	159.6
34		コロンビア	南アメリカ	男	170.6
35		コロンビア	南アメリカ	女	155.0
36		チリ	南アメリカ	男	171.0
37		チリ	南アメリカ	女	156.1
38		ブラジル	南アメリカ	男	173.1
39		ブラジル	南アメリカ	女	158.8
40		ペルー	南アメリカ	男	164.0
41		ペルー	南アメリカ	女	151.0
42		スペイン	ヨーロッパ	男	178.0
43		スペイン	ヨーロッパ	女	166.2
44		デンマーク	ヨーロッパ	男	182.6
45		デンマーク	ヨーロッパ	女	168.7
46		ドイツ	ヨーロッパ	男	181.0
47		ドイツ	ヨーロッパ	女	165.0
48		ノルウェイ	ヨーロッパ	男	182.4
49		ノルウェイ	ヨーロッパ	女	167.0
50		ルクセンブルク	ヨーロッパ	男	179.9
51		ルクセンブルク	ヨーロッパ	女	164.8

画面 3-5　世界の人々の身長

解答例

この表には国別に数多くの国々の人のデータが記載されており，一瞥しただけではその特徴を把握することは難しい。そこで行うべきことは，まず全体の特徴を捉えることである。表に記載のある人々の身長を平均し，どの程度の値になるのかを Excel で求めてみよう。

セル番地 E52 にカーソルを移動し，メニューから［Σ］マークの右にある［▽マーク］をクリックし，［平均］を選択する。すると，コンピュータが自動的に平均値を求める範囲を示してくれるので，それで問題がなければ「Enter」を押せば値を計算してくれる。範囲が誤っていれば，自身で正しい範囲に変更する必要がある。

全体的な特徴がわかったら，次は何らかの基準で人々のデータを分けることである。この場合では，地域別にデータを並べ，そしてそれぞれの地域別の平均値を求めることにしよう。並べ替えは，メニューから［データ］を選択すればその機能が備えられているので，それを利用すると便利である。ここでは地域別，国別にデータを並べ替えよう。

並べ替えを終えると，全体の平均値を求めた時と同様の方法で地域別の平均値を求めよう。アジアの場合は，セル番地 F11 にカーソルを移動し平均値を求めればよい。

この例では，複数の地域の値を求める必要があるが，地域を構成する国の数がアジアと同数の場合は，個々に式を入力せずとも，アジアで入力した式をコピーすることで容易に値を求めることができる。

地域別の平均値を求めることができれば，全体と比較することにより，各地域の特徴が明らかになる。ヨーロッパが173.6で最も身長が大きく平均を上回っているが，その他の地域は平均値以下となり，ヨーロッパの値が全体の平均を引き上げていることがわかる。参考までに他の地域の平均値を大きい順に記載しておくと，アフリカ（166.3），アジア（166.1），北アメリカ（165.5），南アメリカ（163.4）となる。

さらにデータを詳しく見ると，各国とも男性と女性の身長に差異が存在することから，性別を最優先した並べ替えを行い地域別の平均値を求めると，全体の特徴をより詳細に把握できるようになる。

このようにして求めた結果をグラフに描けば特徴が一層明らかになることが多い。この例では，散布図を利用して分析結果を描いている。具体的な作成手順は，次に示す通りである。

手順1）　図3-4の上段に示した表を作成する。データは，地域別に男性と女性が対になるように整理する。

手順2）　手順1で作成した表全体を選択し，［挿入］→［グラフ］グループ内にある「散布図」を選び，［その他の散布図（M)］を選択する。この時，［挿入］→［グラフ］グループ内の右隅「すべてのグラフを表示」を選択し，“散布図”で示されるサンプルから目的のグラフを選んでもよい。

手順3）　表示されたグラフの凡例が正しく表示されるように調整する。グラフをアクティブな状態にした後，グラフの中でマウスの右ボタンをクリックし，［データの選択（E)］を選ぶ。

手順4）　［凡例項目（系列）(S)］に表示された凡例を一つずつ正しいものに変更する。具体的には，一番上に表記されている［アフリカ女性］を選択した後，［編集（E)］を選択する。［系列名（N)］に凡例として表記されているセル番地が表示されるので，表で確認し，地域名のみを選択（「女性」が表示されないよう）し，「OK」を選択する。

アフリカ		アジア		ヨーロッパ		北アメリカ		南アメリカ	
男性	女性	男性	女性	男性	女性	男性	女性	男性	女性
175.0	163.0	177.0	166.0	182.6	168.7	176.3	162.2	174.5	159.6
172.2	162.0	173.5	161.1	182.4	167.0	175.1	162.3	173.1	158.8
171.3	160.5	170.7	158.0	181.0	165.0	171.8	160.8	171.0	156.1
170.6	161.3	170.3	159.0	179.9	164.8	168.0	156.0	170.6	155.0
168.0	159.0	167.0	158.6	178.0	166.2	167.0	155.0	164.0	151.0

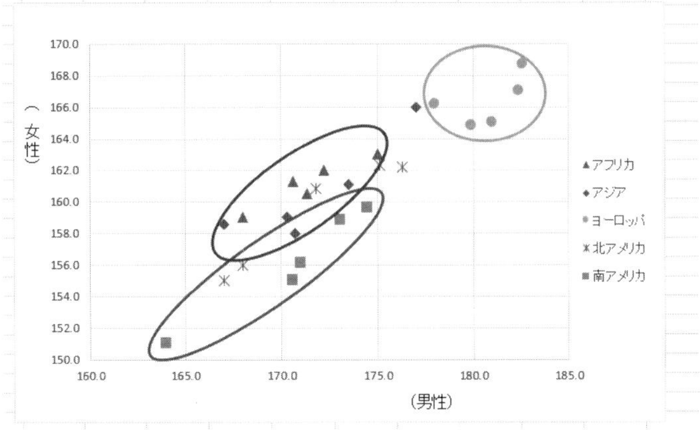

図 3-4　地域別の世界の身長比較

(2)　分けてデータを捉える

手法の解説

データ分析を行う際に，全体をみることで大まかな特徴を捉えることができるが，それだけではデータが意味することを十分把握できない。そこで，データを何らかの基準に基づいて分けることで，より具体的な特徴を見出すことができる。企業の場合であれば，地域別に売上高の動向をみることで，増加している地域や減少している地域を把握することが可能となる。また，個人向けの商品の販売動向をみるには，対象顧客を幾つかの年齢層に分類することで，若者に支持されているのか，中高年が関心を示しているのか，さらに性別に分けることでより詳細な特徴を明らかにできる。

Excel での処理

例題 3-4

画面 3-6 には，2008 年と 2018 年に海外から日本を訪れた外国人の数が掲載されている。この表からみられる特徴を述べなさい。

解答例

このデータを見ると，2018年の値は，2008年から極めて大きく増加していることがわかる。そこでまず，2008年と2018年の合計を求めてみよう。

セル番地D30およびE30に，2008年および2018年の訪日外国人の合計を求める式を入力する。ここでは，後に小計の機能を使用することからSUBTOTAL関数を使用する。セル番地D30に入力する式は，“=SUBTOTAL（9, D4：D29)” とすればよい。セル番地E30も同様の式を入力する。その結果，2008年には8,323,695人であったのが，2018年には31,191,856人と，約3倍に増加していることがわかる。

	A	B	C	D	E
1					
2					（単位：人）
3		国名	地域名	2008	2018
4		韓国	アジア	2,382,397	7,538,952
5		中国	アジア	1,000,416	8,380,034
6		台湾	アジア	1,390,228	4,757,258
7		香港	アジア	550,190	2,207,804
8		タイ	アジア	191,881	1,132,160
9		シンガポール	アジア	167,894	437,280
10		マレーシア	アジア	105,663	468,360
11		その他アジア	アジア	365,158	1,836,070
12		英国	ヨーロッパ	206,564	333,979
13		フランス	ヨーロッパ	147,580	304,896
14		ドイツ	ヨーロッパ	126,207	215,336
15		イタリア	ヨーロッパ	56,243	150,060
16		ロシア	ヨーロッパ	66,270	94,810
17		スペイン	ヨーロッパ	40,852	118,901
18		その他ヨーロッパ	ヨーロッパ	243,007	502,082
19		アフリカ合計	アフリカ	24,498	38,151
20		米国	北アメリカ	768,345	1,526,407
21		カナダ	北アメリカ	168,307	330,600
22		メキシコ	北アメリカ	24,194	68,448
23		その他北アメリカ	北アメリカ	—	14,264
24		ブラジル	南アメリカ	20,981	44,201
25		その他南アメリカ	南アメリカ	—	60,603
26		豪州	オセアニア	242,031	552,440
27		ニュージーランド	オセアニア	33,682	73,208
28		その他オセアニア	オセアニア	—	4,879
29		無国籍・その他		1,107	673
30					
31					
32		注：筆者がデータを一部加工。			
33		出所：「日本政府観光局（JNTO）」			

画面3-6　訪日外国人の推移

次に，地域別に分けることで訪日外国人の特徴をみてみよう。

メニューから［データ］［アウトライン］を選択した後，［小計］をクリックすると，集計設定の画面が開くので，［グループ基準］を地域名，［集計方法］を“合計”，［集計するフィールド］を“2008”と“2018”を指定し，OKをクリックする。すると，地域別に集計した結果が表記される。この結果から，アジアからの訪日客が最も多く，北アメリカ，ヨーロッパがこれに続いていることがわかる。

次に地域別に訪日外国人の割合をみるため構成比を求めると，アジアは2008年の73.9%から85.8%に増加している。これに対して，北アメリカおよびヨーロッパからの訪日客の割合は低下している。つまり，これら地域から日本に訪れる方は人数的には増加しているが，アジア地域からの訪日客が飛躍的に増加している影響を受け，全体に占める割合が低下していることがわかる。

ここで，上記の結果に2008年から2018年にかけての増減率を合わせ，より特徴を示すグラフを作成してみよう。

手順1）　今，小計結果が3つの段階に分かれて大きく表記されているので，「—」をクリックし集計結果を地域別に総括した2段階の表としてコンパクトな表記に変更する（画面3-7参照）。

手順2)　各地域別に対2008年増加率を求める。セル番地H12に式“=(E12－D12)/D12*100”を入力した後，セル範囲H20：H34にコピーする。

手順3)　セル範囲G12：H34を範囲指定した後，［挿入］［グラフ］［散布図］を選択する。

手順4)　グラフに表記されている6つの点が，どの地域のものであるのかを特定できるようにする。具体的には，散布図のドットの1つを右クリックし，［データラベルの追加］を選択する。次に，表示されたデータラベルのうちの一つを右クリックし，［データラベルの書式設定］を選択する。ここで，［セルの値］にチェックを入れると，「データラベル範囲の選択」が要求されるので，「セル範囲B12：B34」を選択し［OK］をクリックする。グラフ上にデータの値を表記させたくなければ，ラベルオプションの「Y値」のチェックを外すことで，地域名のみを表記させることができる。最後に，2つのデータラベルが重なりわかりにくくなっているので，いずれか移動させたいデータラベル1つを選択し，ドラッグ＆ドロ

	B	C	D	E	F	G	H
3	国名	地域名	2008	2018	2008構成比(%)	2018構成比(%)	対2008増加率(%)
12	アジア	**アジア 集計**	6,153,827	26,757,918	73.9	85.8	335
20	ヨーロッパ	**ヨーロッパ 集計**	886,723	1,720,064	10.7	5.5	94
22	アフリカ	**アフリカ 集計**	24,498	38,151	0.3	0.1	56
27	北アメリカ	**北アメリカ 集計**	960,846	1,939,719	11.5	6.2	102
30	南アメリカ	**南アメリカ 集計**	20,981	104,804	0.3	0.3	400
34	オセアニア	**オセアニア 集計**	275,713	630,527	3.3	2.0	129
35	無国籍・その他		1,107	673	0.0	0.0	－
36		**総計**	8,323,695	31,191,856			
37							
38	注：筆者がデータを一部加工。						
39	（出所）「日本政府観光局（ＪＮＴＯ）」						

画面3-7　訪日外国人の特徴

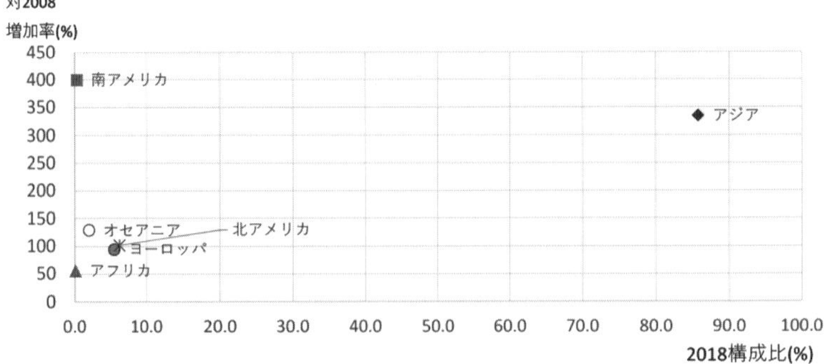

図3-5　地域別訪日外国人の動向

ップで適当な場所に移動すればよい。

(3) 比べてデータを捉える

手法の解説

次は，データを同一企業内や他の業種・業態などと比較することで特徴をみつける方法である。企業では，月次あるいは年次で売上がどのように推移しているのかを捉えることで，売上動向が明らかとなる。また，同業他社や他業種・他業態と比較することも可能である。例えば，コンビニエンスストアであれば同業の競合他社と比較することで，業界内のシェアや自社の強み・弱みを捉えることができる。また，コンビニエンスストアの売上動向をスーパーマーケットや百貨店と比較することで，どちらの業態が伸びているのかを把握することもできる。あるいは，「第11章 会計データの分析と活用」で紹介する財務分析のように，自社の経営状況を業界全体の平均と比較することで，その良し悪しを判断することも可能となる。

Excelでの処理

例題 3-5

画面3-8は，2008年から2018年までの全国のコンビニエンスストアの売上動向を示したものである。この表からみられる特徴を述べなさい。

（単位：百万円）

	2008年	2009年	2010年	2011年	2012年	2013年	2014年	2015年	2016年	2017年	2018年
1月	574,966	630,177	613,226	652,349	689,785	718,193	755,077	787,690	814,625	836,784	837,380
2月	556,317	582,856	571,244	616,165	675,575	669,756	709,809	732,736	778,997	780,507	794,907
3月	622,136	662,596	645,350	699,803	734,678	772,160	829,713	844,117	864,583	886,046	913,879
4月	605,461	645,007	635,792	652,326	723,452	741,635	753,856	817,683	848,314	869,107	891,050
5月	648,846	669,454	662,118	708,379	754,411	785,757	815,264	868,730	886,090	910,538	914,749
6月	648,709	654,746	660,513	730,419	744,761	785,984	806,267	844,495	872,334	889,669	914,793
7月	745,546	708,484	726,588	807,945	818,165	856,311	884,151	932,058	963,260	984,297	999,515
8月	734,211	712,864	733,488	798,911	826,038	859,297	876,601	925,622	951,051	959,591	984,825
9月	674,226	654,806	752,828	737,356	759,865	786,504	811,603	851,138	874,399	890,317	937,582
10月	686,766	667,582	642,993	749,444	767,495	800,823	829,545	878,461	902,027	905,208	915,867
11月	657,758	634,378	654,259	722,529	737,326	779,219	800,950	829,036	843,496	859,903	891,079
12月	702,129	681,243	719,152	771,301	795,654	832,760	862,378	894,300	907,873	925,553	968,999
総計	7,857,071	7,904,193	8,017,551	8,646,927	9,027,205	9,388,399	9,735,214	10,206,066	10,507,049	10,697,520	10,964,625

（出所：(社)日本フランチャイズチェーン協会 コンビニエンスストア統計デ　タ）

画面3-8　コンビニエンスストアの売上動向

解答例

ここでは，先に紹介した趨勢比による時系列の比較と，月別構成比の比較を行ってみよう。

まず，趨勢比による比較である。画面3-8に示したデータ（セル範囲B2：M15）をセル範囲B20：M33にコピーし，趨勢比を求める表を作成する。その後，セル番地C21に式 **“=C3/$C3*100”** を入力する。そして，セル番地C21に入力した式をセル範囲D21：M21にコピーし1月の経年変化の値を求めた後，セル範囲C22：M33にコピーする。すると，画面3-9の上段に示す値を求めることができる。この表をみると，2009年および2010年には，売上が2008年を下回る月が見られるが，その後は，順調に増加し，2018年の総計は2008年比で139.6になっている。詳細を月別にみると，4月が147.2で最も大きく伸びており，3月が146.9，1月が145.6でこれに続いている。図3-6は，これをグラフ表記したものである。

次に，月別構成比で比較してみよう。先程と同様に，セル範囲B2：M15の値をセル範囲B35：M48にコピーし，構成比を求める表を作成する。そして，セル番

	B	C	D	E	F	G	H	I	J	K	L	M	N
19													
20		2008年	2009年	2010年	2011年	2012年	2013年	2014年	2015年	2016年	2017年	2018年	
21	1月	100.0	109.6	106.7	113.5	120.0	124.9	131.3	137.0	141.7	145.5	145.6	
22	2月	100.0	104.8	102.7	110.8	121.4	120.4	127.6	131.7	140.0	140.3	142.9	
23	3月	100.0	106.5	103.7	112.5	118.1	124.1	133.4	135.7	139.0	142.4	146.9	
24	4月	100.0	106.5	105.0	107.7	119.5	122.5	124.5	135.1	140.1	143.5	147.2	
25	5月	100.0	103.2	102.0	109.2	116.3	121.1	125.6	133.9	136.6	140.3	141.0	
26	6月	100.0	100.9	101.8	112.6	114.8	121.2	124.3	130.2	134.5	137.1	141.0	
27	7月	100.0	95.0	97.5	108.4	109.7	114.9	118.6	125.0	129.2	132.0	134.1	
28	8月	100.0	97.1	99.9	108.8	112.5	117.0	119.4	126.1	129.5	130.7	134.1	
29	9月	100.0	97.1	111.7	109.4	112.7	116.7	120.4	126.2	129.7	132.1	139.1	
30	10月	100.0	97.2	93.6	109.1	111.8	116.6	120.8	127.9	131.3	131.8	133.4	
31	11月	100.0	96.4	99.5	109.8	112.1	118.5	121.8	126.0	128.2	130.7	135.5	
32	12月	100.0	97.0	102.4	109.9	113.3	118.6	122.8	127.4	129.3	131.8	138.0	
33	総計	100.0	100.6	102.0	110.1	114.9	119.5	123.9	129.9	133.7	136.2	139.6	
34												（単位：%）	
35		2008年	2009年	2010年	2011年	2012年	2013年	2014年	2015年	2016年	2017年	2018年	2018-2008
36	1月	7.3	8.0	7.6	7.5	7.6	7.6	7.8	7.7	7.8	7.8	7.6	0.3
37	2月	7.1	7.4	7.1	7.1	7.5	7.1	7.3	7.2	7.4	7.3	7.2	0.2
38	3月	7.9	8.4	8.0	8.1	8.1	8.2	8.5	8.3	8.2	8.3	8.3	0.4
39	4月	7.7	8.2	7.9	7.5	8.0	7.9	7.7	8.0	8.1	8.1	8.1	0.4
40	5月	8.3	8.5	8.3	8.2	8.4	8.4	8.4	8.5	8.4	8.5	8.3	0.1
41	6月	8.3	8.3	8.2	8.4	8.3	8.4	8.3	8.3	8.3	8.3	8.3	0.1
42	7月	9.5	9.0	9.1	9.3	9.1	9.1	9.1	9.1	9.2	9.2	9.1	-0.4
43	8月	9.3	9.0	9.1	9.2	9.2	9.2	9.0	9.1	9.1	9.0	9.0	-0.4
44	9月	8.6	8.3	9.4	8.5	8.4	8.4	8.3	8.3	8.3	8.3	8.6	0.0
45	10月	8.7	8.4	8.0	8.7	8.5	8.5	8.5	8.6	8.6	8.5	8.4	-0.4
46	11月	8.4	8.0	8.2	8.4	8.2	8.3	8.2	8.1	8.0	8.0	8.1	-0.2
47	12月	8.9	8.6	9.0	8.9	8.8	8.9	8.9	8.8	8.6	8.7	8.8	-0.1
48	総計	100.0	100.0	100.0	100.0	100.0	100.0	100.0	100.0	100.0	100.0	100.0	0.0
49	最大値	9.5	9.0	9.4	9.3	9.2	9.2	9.1	9.1	9.2	9.2	9.1	
50	最小値	7.1	7.4	7.1	7.1	7.5	7.1	7.3	7.2	7.4	7.3	7.2	
51	差	2.4	1.6	2.3	2.2	1.7	2.0	1.8	2.0	1.8	1.9	1.9	
52													

画面3-9　コンビニエンスストアの売上動向比較

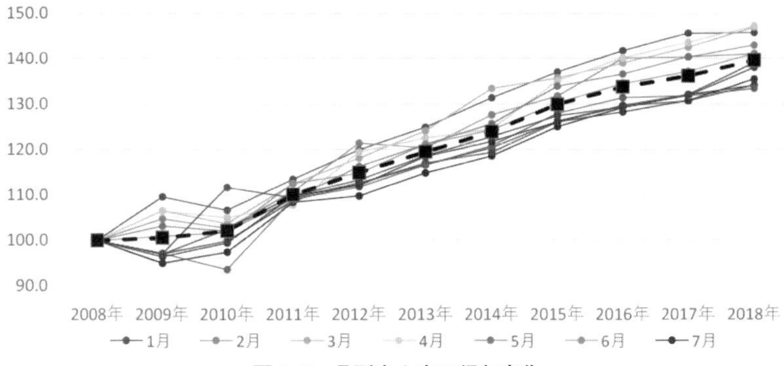

図 3-6　月別売上高の経年変化

	2008年	2009年	2010年	2011年	2012年	2013年	2014年	2015年	2016年	2017年	2018年
12月	8.9	8.6	9.0	8.9	8.8	8.9	8.9	8.8	8.6	8.7	8.8
11月	8.4	8.0	8.2	8.4	8.2	8.3	8.2	8.1	8.0	8.0	8.1
10月	8.7	8.4	8.0	8.7	8.5	8.5	8.5	8.6	8.6	8.5	8.4
9月	8.6	8.3	9.4	8.5	8.4	8.4	8.3	8.3	8.3	8.3	8.6
8月	9.3	9.0	9.1	9.2	9.2	9.2	9.0	9.1	9.1	9.0	9.0
7月	9.5	9.0	9.1	9.3	9.1	9.1	9.1	9.1	9.2	9.2	9.1
6月	8.3	8.3	8.2	8.4	8.3	8.4	8.3	8.3	8.3	8.3	8.3
5月	8.3	8.5	8.3	8.2	8.4	8.4	8.4	8.5	8.4	8.5	8.3
4月	7.7	8.2	7.9	7.5	8.0	7.9	7.7	8.0	8.1	8.1	8.1
3月	7.9	8.4	8.0	8.1	8.1	8.2	8.5	8.3	8.2	8.3	8.3
2月	7.1	7.4	7.1	7.1	7.5	7.1	7.3	7.2	7.4	7.3	7.2
1月	7.3	8.0	7.6	7.5	7.6	7.6	7.8	7.7	7.8	7.8	7.6

図 3-7　月別売上構成比の経年変化

地 C36 に式“=C3/C$15*100”を入力する。そしてセル番地 C36 に入力した式をセル範囲 D36 : M36 にコピーした後，セル範囲 C37 : M48 にコピーする。すると，画面 3-9 の下段に示す値を求めることができる。この表をみると，2008 年は 7 月が 9.5％で最も大きく，8 月が 9.3％で続いている。その後 2018 年に至るまでこの 2 つの月の売上高は 9％台を維持し続け，他の月よりも大きな値となっていることがわかる。図 3-7 は，これをグラフ表記したものである。

ここで，今求めた構成比の時系列変化の大きさを確かめるため，N 列に 2018 年と 2008 年の値の増減を求めてみよう。セル番地 N36 に式“=M36－C36”を入力した後，セル番地 N36 の式をセル範囲 N37 : N48 にコピーする。そして求められた結果をみると，月別の売上の大きかった7月と8月はいずれも0.4ポイント減少する一方で，3月および4月の値が増加していることがわかる。次にこのような月別の変化の大きさをみるため，各年における構成比の最大値，最小値を求め，さらに最大値と最小値の差を求めてみよう。セル番地C49には最大値“**=MAX（C36：C47）**”，C50には最小値“**=MIN（C36：C47）**”を求める式をそれぞれ入力し，C51にはその差を求める式“**=C49－C50**”を入力する。その後，入力したセル範囲C49：C51の式をセル範囲D49：M51にコピーする。その結果をみると，2008年は最大値と最小値の値が2.4ポイントあったが，2018年には1.9ポイントに低下している。このことから，コンビニエンスストアが売上高の季節変動を小さくし，安定した売上高を確保するために行動していることが窺われる。なお，季節変動等の販売分析については，「第9章 販売データの分析と活用」を参照されたい。

(4) 関連性でデータを捉える

手法の解説

関連性でデータを捉えるということは，裏を返せば，データは関連性のあるもので形成されている場合があることを意味する。例えば，小売業の場合，売上高は，来店客数が大きくなればなるほど増大する。あるいは，販売価格の高額な商品を扱っていれば，販売数量が大きくなくてもある程度の売上高を確保することは可能となる。また，1店舗当たりの売上高が小さくとも，店舗の数が増えれば，それに従って全体の売上高も増加すると考えられる。このように，売上高だけをみていてはわからないことも，それに関連する項目と合わせて捉えることで，より詳細な動向がわかる場合がある。

Excelでの処理

例題 3-6

画面3-8のコンビニエンスストアの売上高と，表3-1に示す店舗数と来店客数をもとに，その特徴を述べなさい。

解答例

売上高，店舗数，来店客数の3つのデータから，画面3-10の上段に示す表を作成する。この際，上記3つのデータと関連があり算出可能な客単価と1店舗当たり売上高の項目を追加する。

表 3-1　コンビニエンスストアの店舗数と来店客数の推移

（単位：店舗）

	2008年	2009年	2010年	2011年	2012年	2013年	2014年	2015年	2016年	2017年	2018年
1月	40,889	41,800	42,704	42,876	44,520	46,963	49,493	52,155	53,150	54,496	55,310
2月	41,105	42,047	42,919	43,162	44,791	47,345	49,994	52,600	53,691	54,922	55,395
3月	41,204	42,004	42,815	43,093	44,814	47,528	49,930	52,620	53,620	54,822	55,404
4月	41,356	42,070	42,865	43,122	45,012	47,713	50,173	52,632	53,766	54,882	55,465
5月	41,398	42,153	42,879	43,238	45,307	47,953	50,480	52,839	53,911	54,999	55,438
6月	41,367	42,204	42,889	43,287	45,429	48,075	50,601	52,868	53,956	55,026	55,320
7月	41,443	42,345	42,995	43,495	45,671	47,825	50,863	53,095	54,166	55,176	55,431
8月	41,643	42,557	43,270	43,872	46,134	48,782	51,367	53,432	54,467	55,359	55,483
9月	41,566	42,487	43,281	43,915	46,185	48,758	51,363	53,108	54,164	55,313	55,463
10月	41,559	42,553	43,268	44,038	46,365	48,923	51,476	53,182	54,007	55,341	55,564
11月	41,666	42,673	43,291	44,244	46,688	49,146	51,720	52,923	53,614	55,374	55,695
12月	41,714	42,629	43,372	44,397	46,905	49,335	52,034	53,004	53,628	55,322	55,743
総計	496,910	507,522	516,548	522,739	547,821	578,346	609,494	634,458	646,140	661,032	665,711

（単位：千人）

	2008年	2009年	2010年	2011年	2012年	2013年	2014年	2015年	2016年	2017年	2018年
1月	953,126	1,048,597	1,056,036	1,067,899	1,112,233	1,148,007	1,223,473	1,265,895	1,308,364	1,328,799	1,330,536
2月	938,935	995,342	996,691	1,021,839	1,087,697	1,091,327	1,144,168	1,201,493	1,271,736	1,255,189	1,256,308
3月	1,046,043	1,121,219	1,125,524	1,120,309	1,195,643	1,261,430	1,307,914	1,377,083	1,404,792	1,432,168	1,446,856
4月	1,032,715	1,122,606	1,117,180	1,123,740	1,193,574	1,233,259	1,288,091	1,356,388	1,391,904	1,417,645	1,437,463
5月	1,110,083	1,160,737	1,173,598	1,193,431	1,265,910	1,321,602	1,383,389	1,453,438	1,468,679	1,495,846	1,490,700
6月	1,109,280	1,163,300	1,189,248	1,230,390	1,250,046	1,312,801	1,357,096	1,412,744	1,438,235	1,468,569	1,471,378
7月	1,266,212	1,237,387	1,288,719	1,330,669	1,357,444	1,418,714	1,473,099	1,538,841	1,579,640	1,598,007	1,598,070
8月	1,222,818	1,228,939	1,289,430	1,304,881	1,361,529	1,414,461	1,426,982	1,506,898	1,534,169	1,527,815	1,557,123
9月	1,157,415	1,159,098	1,187,037	1,226,943	1,301,557	1,315,183	1,367,008	1,397,435	1,443,854	1,447,730	1,436,413
10月	1,186,346	1,181,531	1,150,629	1,253,415	1,296,802	1,343,300	1,392,011	1,473,308	1,502,054	1,466,303	1,499,518
11月	1,121,419	1,112,303	1,149,523	1,202,847	1,233,579	1,308,440	1,339,369	1,373,345	1,402,189	1,420,150	1,441,444
12月	1,137,981	1,129,683	1,168,469	1,210,735	1,245,814	1,314,567	1,358,437	1,401,711	1,429,756	1,445,050	1,460,842
総計	13,282,373	13,660,742	13,892,084	14,287,098	14,901,828	15,483,091	16,061,037	16,758,579	17,175,372	17,303,271	17,426,651

客単価は，1名の顧客が平均して購入する金額の大きさを表す。この例題では，売上高と来店客数が提示されているため，前者を後者で除すことで客単価を求めることができる。セル番地 C6 には，式“**=C3*1000000/(C4*1000)**”を入力し，その後，セル番地 C6 の式をセル範囲 D6：M6 にコピーすればよい。なお，セル番地 C6 の式は単位を調整している。

1店舗当たり売上高は，文字どおり1店舗での平均的な売上高を意味するものである。値を求めるには，セル番地 C7 に式“**=C3*1000000/C5/10000**”を入力し，その後，セル番地 C7 の式をセル範囲 D7：M7 にコピーすればよい。ここでもセル番地 C7 の式は単位を調整している。

次に，画面 3-10 の上段の表をセル範囲 B10：M15 にコピーした後，2008 年の値を基準とする趨勢比を求める。セル番地 C11 に 2008 年を基準とする売上の趨勢比を求める式“**=C3/$C3*100**”を入力する。その後，セル範囲 D11：M11 にコピーし，さらにセル範囲 C12：M15 にコピーすると，画面 3-10 の下段の値が得られる。

この結果をグラフ表記したものが図 3-8 であり，次のことが明らかである。コンビニエンスストアは，2008 年から 2018 年にかけて店舗数を増加させ，多くの来

	2008年	2009年	2010年	2011年	2012年	2013年	2014年	2015年	2016年	2017年	2018年
売上（百万円）	7,857,071	7,904,193	8,017,551	8,646,927	9,027,205	9,388,399	9,735,214	10,206,066	10,507,049	10,697,520	10,964,625
客数（千人）	13,282,373	13,660,742	13,892,084	14,287,098	14,901,828	15,483,091	16,061,037	16,758,579	17,175,372	17,303,271	17,426,651
店舗数（店舗）	496,910	507,522	516,548	522,739	547,821	578,346	609,494	634,458	646,140	661,032	665,711
客単価（円）	592	579	577	605	606	606	606	609	612	618	629
1店舗当たり売上高（万円）	1,581	1,557	1,552	1,654	1,648	1,623	1,597	1,609	1,626	1,618	1,647

=C3*1000000/C5/10000　　=C3*1000000/(C4*1000)

	2008年	2009年	2010年	2011年	2012年	2013年	2014年	2015年	2016年	2017年	2018年
売上	100	101	102	110	115	119	124	130	134	136	140
客数	100	103	105	108	112	117	121	126	129	130	131
店舗数	100	102	104	105	110	116	123	128	130	133	134
客単価	100	98	98	102	102	103	102	103	103	105	106
1店舗当たり売上高	100	98	98	105	104	103	101	102	103	102	104

=C3/$C3*100　　=C7/$C7*100

画面 3-10　コンビニエンスストアの動向

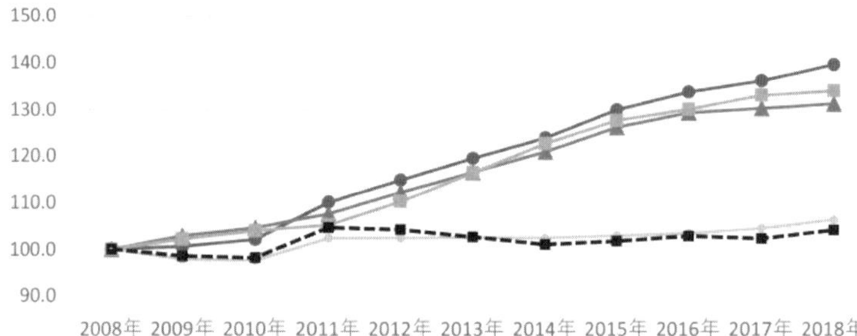

図 3-8　コンビニエンスストア売上高とその関連性項目

店客数を確保することで売上の拡大に成功している。しかしながら，1 店舗当たりの売上高は，2008 年の 100 から 2018 年には 104 と，4 ポイントの増加に留まっている。また，客単価も 2018 年に 106 とわずかな増加に留まっている。これらのことから，コンビニエンスストアの成長は新規出店に支えられているといえる。

課題 3-1

家計調査（家計収支編）時系列データ（総世帯・単身世帯）をもとに 2000 年以降の総世帯の支出金額を使用し，その特徴を述べなさい。上記データは，次の Web サイトからダウンロードすることが可能である。

〈https://www.stat.go.jp/data/kakei/longtime/soutan.html〉

課題 3-2

日本で上映された映画に関する 1960 年から 2000 年のデータを使用し，その特徴を述べなさい。上記データ（26-4　映画）は，次のWebサイトからダウンロードすることが可能である。

〈https://warp.da.ndl.go.jp/info:ndljp/pid/11374244/www.stat.go.jp/data/chouki/26.html〉

（注） 総務省統計局がデータを直接提供する期間が終了したため，現在は国立国会図書館インターネット資料収集保存事業のホームページからダウンロードが可能になっています。上記URLからダウンロードができない場合は，別途，同文舘出版㈱のWebサイト〈http://dobunkan.co.jp/〉で提供する課題ファイルを活用ください。

第Ⅱ部
データ編

第4章

データの所在と取り込み

前章ではExcelの基本的なリテラシーを学修した。本章では，どのようなデータを扱って経営データの分析を行うか，そしてそのデータをデータベースとみなして扱うことにより，経営の意思決定に有用な処理を行うことができるかと言ったことに焦点を当て学んでいく。

経営データを活用するためには，その処理を行うためのデータを入手することが前提である。しかしそれらがすぐに手元にあるとは限らない。そこでまずデータ分析の前提として，データの所在とその入手方法を知る必要がある。またそのデータの信頼性を高めると言う意味においても，公的な統計資料の入手が不可欠であろう。ここではデータの所在と入手の方法，また独自で得られるアンケートデータにも触れ，それらのデータを並べ替え，検索，抽出，集計する手法を学修し，またそれらを図にし，わかりやすく可視化すると言ったデータ分析の処理手法について取り上げる。

1. データの所在

ここでは扱うデータの種類と，そのデータがどこに存在するかということを学ぶ。

(1) 公的データの所在

世の中には様々なデータがある。まずそのデータがどこから得られているか，その出所を明確にすることが大切である。なぜならば，そのデータの信憑性が問われるからである。データによってはその後のデータ分析の結果を，大きく左右させる。したがって信頼性の高い，一次統計書のデータ（いわゆる一次データ）を用いることが肝要である。世の中には国が出している統計書と言った類のデータが存在する。統計に関する資料には，大きく分けて次の3種類がある。

① **一次統計書**……特定の目的に基づいて調査した統計調査の結果，直接得られるデータをとりまとめたもの。元々のデータであり信憑性が高い。

② **二次統計書**……既存の一次統計データを，わかりやすく加工・編集したもの

③ **統計ガイドブック**……統計資料の所在等を整理したもの

これらのデータは元々紙媒体であり，「日本統計年鑑」にまとめられていた。しかし製本までには時間がかかりデータが古くなってしまうため，最近では電子媒体での提供のほか，Webサイトから直接ダウンロードすることができるようになっている。また各地方のデータは，各地方自治体のホームページなどでも提供されている。

経営データを分析する場合には，企業の様々なデータを必要とする場合が多い。一般的には四季報が有名であるが，四季報は多くのデータから必要な情報を抜粋し，簡易的に分かりやすく表記したものである。企業は毎年，また四半期ごとにその企業の状況を報告する義務がある。それを集めて公表しているのがEDINET（金融商品取引法に基づく有価証券報告書等の開示書類に関する電子開示システム：金融庁）である。ここでは各企業の有価証券報告書のほか，四半期報告書等を閲覧，比較することが可能である。

一方，消費者のデータを分析する場合には，家計調査のデータが有効である。家計調査とは国民生活における家計収支の実態を把握し，個人消費の動向などの基礎資料を提供するため，総務省統計局が毎月実施している統計調査である。内容としては家計簿，年間収入調査票，貯蓄等調査票，世帯票の4種類のデータを調査しており，個人消費の動向が分かるデータである。その他にも国勢調査や産業連関表，社会生活基本調査，消費者物価指数，労働力調査など，ニュースなどで良く耳にする統計データを見ることができる。なおこれらのデータの一部は，e-Stat（政府統計の総合窓口：日本の様々な統計が閲覧できる政府統計ポータルサイト）でも公開されており，デジタルデータでも提供されている。その他，国立国会図書館の「リサーチ・ナビ」を活用するのも一手である。

 (2) その他のデータの所在

政府が発行している公的データのほかに，民間の調査機関やシンクタンク，企業，業界団体等が独自にデータを集め，その一部を公開しているものもある。このようなデータは無料のものだけでなく，詳細なデータや商用データの場合には有料のものも存在する。また各業界において，その業界のデータをまとめているサイトも存在する。しかしながら「全国統計協会連合会」という業界をまとめる団体が解散されたため，「統計情報インデックス」（日本統計協会）や「日本国政図会」（矢野恒太記念会），「ビジネス調査資料総覧」（日本能率協会総合研究所），「帝国データバンク」（帝国データバンク社）などを活用するのも良い。また日本だけでなく世界のデータについても，「世界国政図会」（矢野恒太記念会），「世界統計年鑑」（国際連合統計局），「世界統計白書」（木本書店）などが挙げられる。もっと手軽に入手できるデータとしては，週刊や月刊で発行されている雑誌等がある。「週刊東洋経済」（東洋経済新報社），「週刊ダイヤモンド」（ダイヤモンド社），「日経ビジネス」（日経 BP 社）等が有名であるが，生データを処理したものや図表化された等，加工後のものが多く，その信憑性は元来のものより少々劣ると言わざるを得ない。

 (3)「外食チェーンアンケートデータ」について

本節以降，1つの大きなデータ（もしくはその一部）を用いて例題を解説していく。例題は，外食チェーンの一店舗において，ある1日の利用者にアンケートを実施し，それに回答してもらったものを想定している。質問項目および選択肢は，表 4-1 の通りである。なお本データについては，同文舘出版(株)のWeb サイトからダウンロードして，入手することが可能である。同ファイルにはシートが2枚ある。1枚はアンケートの結果をそのまま表示している「数値・項目名データ」である。もう1枚は分析のために，項目名データの文字を数値に置き換えた「数値データ」である。どちらのシートを使用するかは，各設問に従っていただきたい。

表 4-1 「外食チェーンアンケートデータ」の質問項目

項目	選択肢
同伴者	なし，家族，友人，夫婦，恋人，同僚，その他
来店人数（人）	（数値で記入）
支払金額（税込）	（数値で記入）
来店時間	8:00 ～ 11:00，11:00 ～ 14:00，14:00 ～ 17:00，17:00 ～ 20:00，20:00 ～ 23:00
ドリンクバー注文人数	（数値で記入）
アルコール注文人数	（数値で記入）
滞在時間（分）	30 分から 160 分まで 5 分刻み
性別	男，女
回答者の年代	10 代，20 代，30 代，40 代，50 代，60 代，70 代以上
職業	会社員，公務員，自営業，会社役員，自由業，専業主婦（夫），学生，パート・アルバイト，無職
来店方法	自動車，自転車，バイク，徒歩，電車，バス，その他
リピート意向	来る，多分来る，どちらともいえない，多分来ない，来ない
他者への推薦度	薦める，多分薦める，どちらともいえない，多分薦めない，薦めない
味付け	良い，やや良い，普通，やや悪い，悪い
価格設定	安い，やや安い，普通，やや高い，高い
接客態度	良い，やや良い，普通，やや悪い，悪い
雰囲気	良い，やや良い，普通，やや悪い，悪い
総合評価	非常に良い，良い，やや良い，普通，やや悪い，悪い，非常に悪い

2. データの取り込み

前節で見てきたように，最近は広範なデータが電子的な媒体を通して提供されている。本節では，それらを Excel に取り込む方法について取り上げる。まず現在，Excel で読み込むことができる主なファイル形式は次の通りである（Excel の画面から［ファイル］→［開く］を押し，適当なフォルダを開いてから［すべての Excel ファイル（・・・］をクリックすると，その Excel でサポートされているファイルの形式が表示される）。

・Excel ファイル（*.xls, *.xlsx, *.xlsm, *.xltx など）

・テキストファイル（*.prn, *.txt, *.csv など）

・Web ページファイル（*.htm, *.html など）

※これらは拡張子と呼ばれ，コンピュータ上におけるファイルの形式を表す文字である。また * はワイルドカードと呼ばれ，そこにファイル名など様々な文字が入ることを示す。

このほかにも，他の表計算ソフト（Lotus1-2-3，Calc（OpenOffice），三四郎など）や，データベースソフト（Access，dBASE，桐など）だけでなく，Excel の各パーツを構成するツールバーやアドイン，作業状態ファイル，バックアップファイルなども読み込むことができる。

ではここでは，一般的によく利用される，テキストファイルのデータを Excel に読み取らせる手法を学ぼう。

(1) 固定長データの取り込み

手法の解説

世の中にはバーコード，携帯電話の番号，本の ISBN など，数字だけのデータが存在する。多くの場合その数字の並びには意味があり，例えば書籍に振られている ISBN においては，13 桁の数字が並んでいるが，

978	-	4	-	****	-	****	-	*
接頭番号		国番号		出版社記号		書名記号		チェックディジット

と言う意味を持つ。その他にも取得したデータをまとめて示している場合には，数字だけのデータとして提供されていることも少なくない。そのようなデータを入手した際，Excel にただ漠然と移行してしまっては，後々の処理で困ってしまう場合があるだろう。そこで Excel へのデータ入力時に，列に分割して移行する処理方法を学ぶ。

Excel での処理

手順 1）［ファイル］→［開く］で，当該のファイルが保存されているフォルダを選択する。

手順 2）［すべての Excel ファイル（*.xl*; *.xlsx; ・・・］をクリックし，テキストファイル（*.prn; *.txt; *.csv）を選択すると，当該のファイルが選択できるようになるので，ファイルを開く。

手順3)　テキストファイルウィザード1/3が開く。元のデータの形式として「スペースによって右または左に揃えられた固定長フィールドのデータ」を指定する。ウィンドウ下部には当該ファイルのデータの内容がプレビューされている。それでよければ［次へ］をクリックする。

手順4)　テキストファイルウィザード2/3が開く。ここで「データのプレビュー」の目盛りを直接クリックして，フィールド（Excelの列の区切り）を決定していく。もしも誤って決定してしまった場合には，当該の目盛りをダブルクリックすれば消すことができる。すべて設定が終われば［次へ］をクリックする。

手順5)　テキストファイルウィザード3/3が開く。ここで各フィールドの属性を設定する。列のデータ形式は「標準」「文字列」「日付」があり，不要なものは削除することもできる。この設定は後に変更することも可能である。すべて設定が終われば［完了］をクリックすると，固定長データがExcelファイルとして表示される。終了時，必要なExcelファイルとして保存する必要があることを忘れないように注意したい。

例題 4-1

あるファミリーレストランの利用者に行ったアンケート結果を記録した次のような形式のテキストファイルを考える。ファイルは1レコード10桁で，10行から構成されている。各行は次に示すような形式で記録されている（図4-1）。

来店人数	支払金額	ドリンクバー注文人数	アルコール注文人数	滞在時間

図4-1　テキストファイルの例（1レコード）

このテキストファイルを作成し，各レコード：「来店人数（人）」「支払金額（税込）」「ドリンクバー注文人数」「アルコール注文人数」「滞在時間（分）」に分割したExcelのワークシートを作成しなさい。

解答例

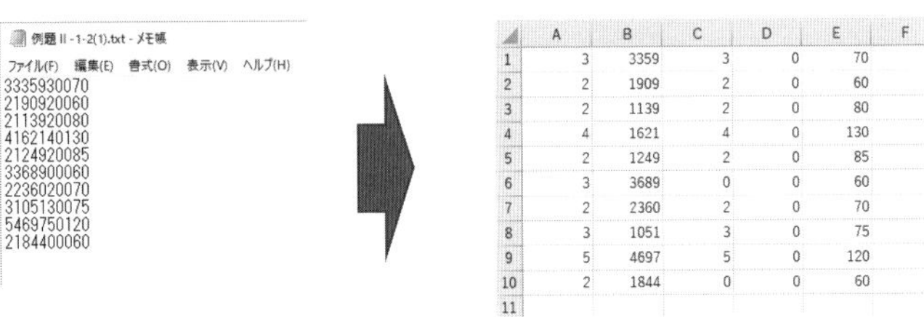

	A	B	C	D	E	F
1	3	3359	3	0	70	
2	2	1909	2	0	60	
3	2	1139	2	0	80	
4	4	1621	4	0	130	
5	2	1249	2	0	85	
6	3	3689	0	0	60	
7	2	2360	2	0	70	
8	3	1051	3	0	75	
9	5	4697	5	0	120	
10	2	1844	0	0	60	
11						

画面 4-1　固定長データの取り込み

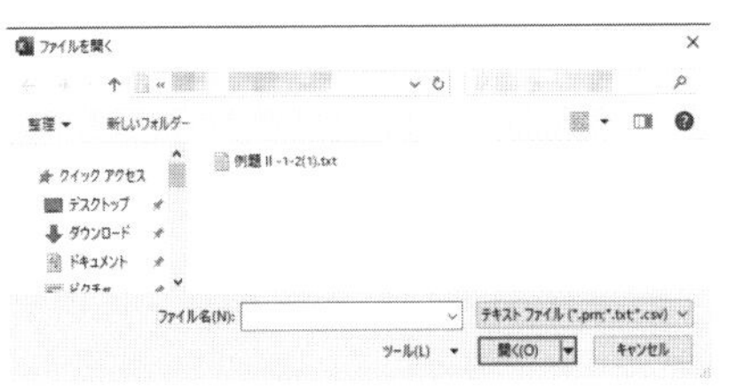

画面 4-2　手順 2

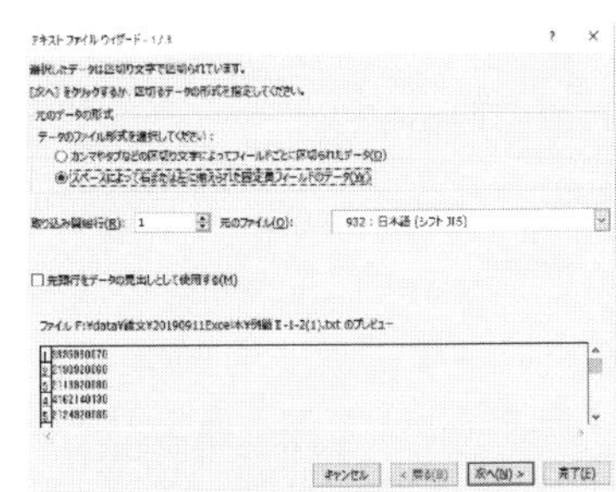

画面 4-3　手順 3

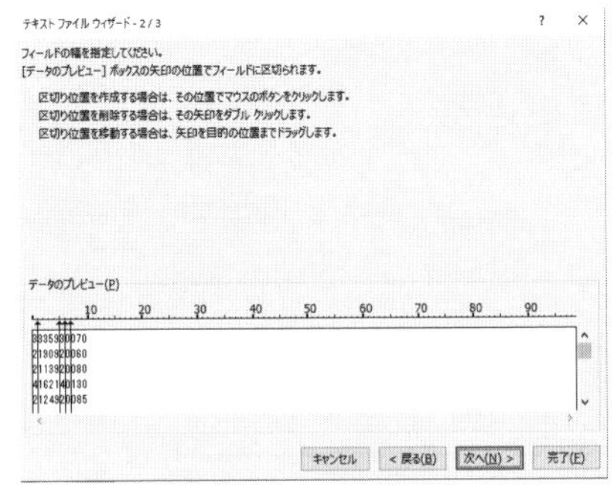

画面 4-4　手順 4

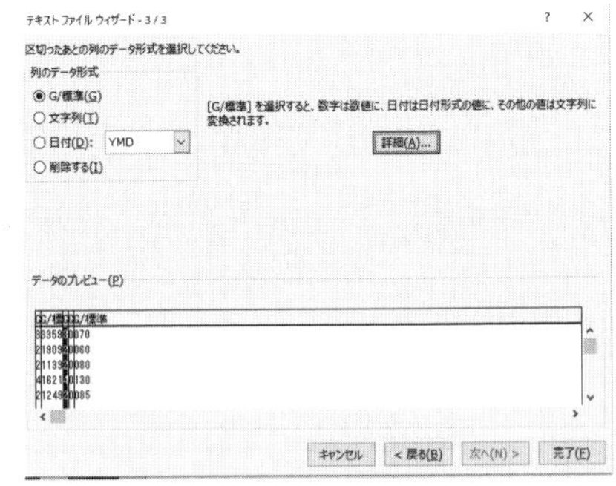

画面 4-5　手順 5

(2) csv 形式のデータの取り込み

手法の解説

前出の例では数字だけのデータであったが，世の中のデータではその中に文字が含まれている場合も少なくない。そのような場合には csv 形式という「カンマ区切りのテキストファイル形式：Comma-Separated Values」が採用されていることが多い。csv 形式は文字のフォントや罫線といった書式等の属性を持たず，文字や数字といったデータを「,」（カンマ）と改行コードで単純に連ねていく形式である。そのためテキストファイルであるものの Excel でも利用することが可能であり，小さなサイズでどのエディターでも扱うことができるため，広く利用されている。ここでは csv 形式のデータを Excel に取り込む際の手法を学ぶ。

Excel での処理

手順 1）［ファイル］→［開く］で，当該のファイルが保存されているフォルダを選択する。

手順 2）［すべての Excel ファイル（*.xl*; *.xlsx; ・・・］をクリックし，テキストファイル（*.prn; *.txt; *.csv）を選択すると，当該のファイルが選択できるようになるので，ファイルを開く。

手順 3）テキストファイルウィザード 1/3 が開く。元のデータの形式として「カンマやタブなどの区切り文字によってフィールドごとに区切られたデータ」を指定する。ウィンドウ下部には当該ファイルのデータの内容がプレビューされている。1 行目がデータでなく，見出しである場合には「先頭行をデータの見出しとして使用する」にチェックを入れる。よければ［次へ］をクリックする。

手順 4）テキストファイルウィザード 2/3 が開く。ここで［区切り文字］のチェックを［カンマ］のみにする。［データのプレビュー］で思い通りのフィールド設定ができていれば，［次へ］をクリックする。

手順 5）テキストファイルウィザード 3/3 が開く。ここで各フィールドの属性を設定する。列のデータ形式は固定長データの場合と同様である。すべての設定が終われば［完了］をクリックすると，csv データが Excel ファイルとして表示される。終了時には，csv や Excel といった自分が保存したい形式であらためて［名前を付けて保存］を行う必要があることを忘れないように注意したい。

補足）配布データでは見やすさと扱い方の観点より，csv ファイルではなくテキストファイルとしている。

例題 4-2

あるファミリーレストランを利用した客に対して取ったアンケートデータ（来店人数，支払金額，ドリンクバー注文人数，アルコール注文人数，滞在時間），それぞれ 10 組のデータがある。これはカンマ区切りの csv 形式のテキストで保存されている。これを Excel に読み込ませてみなさい。

解答例

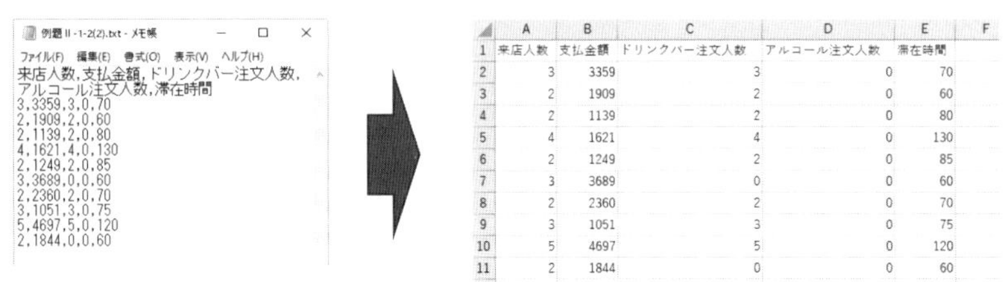

	A	B	C	D	E	F
1	来店人数	支払金額	ドリンクバー注文人数	アルコール注文人数	滞在時間	
2	3	3359	3	0	70	
3	2	1909	2	0	60	
4	2	1139	2	0	80	
5	4	1621	4	0	130	
6	2	1249	2	0	85	
7	3	3689	0	0	60	
8	2	2360	2	0	70	
9	3	1051	3	0	75	
10	5	4697	5	0	120	
11	2	1844	0	0	60	

画面 4-6　カンマ区切りテキストデータの取り込み

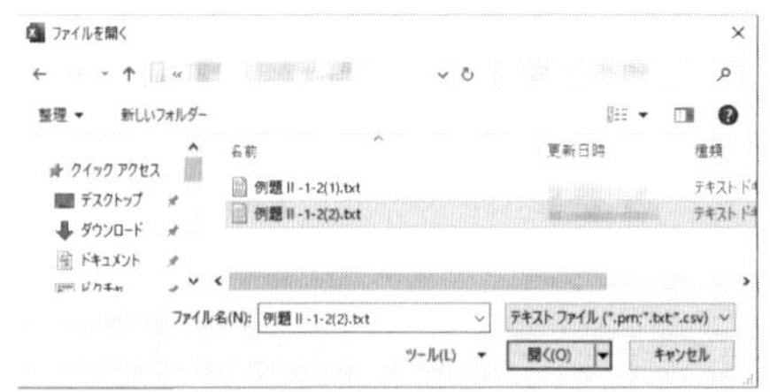

画面 4-7　手順 2

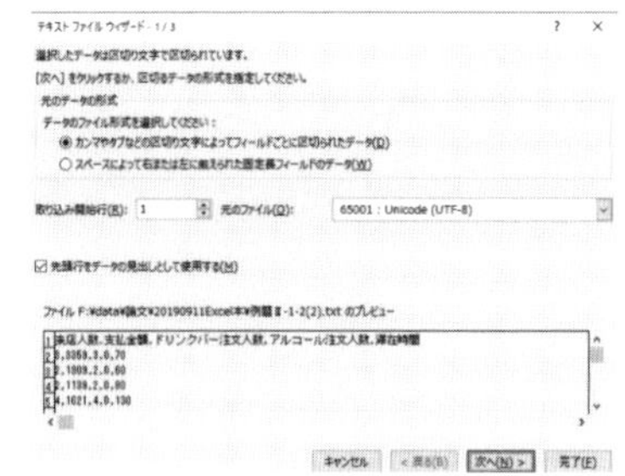

画面 4-8　手順 3

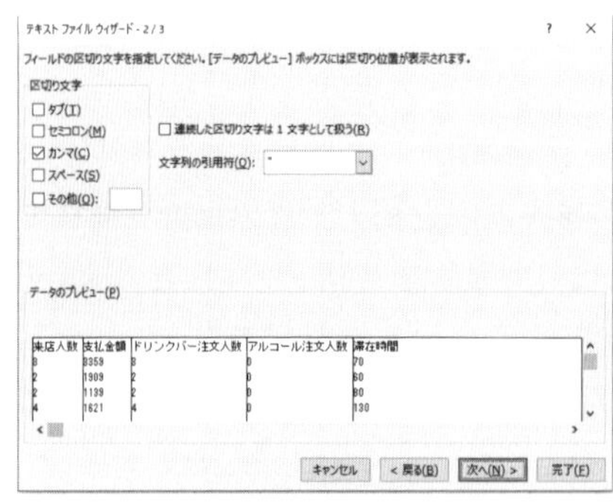

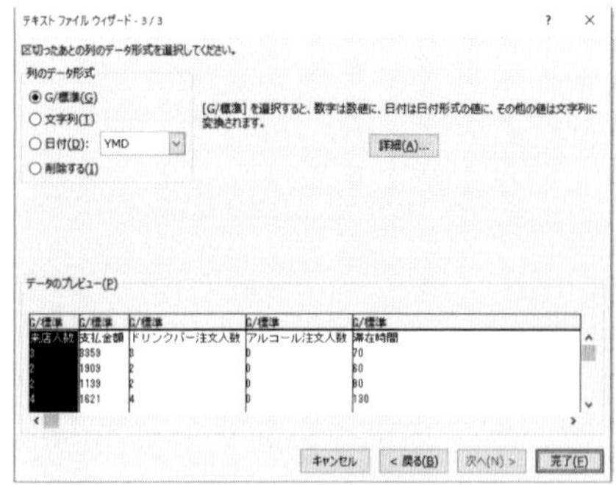

画面 4-9　手順 4

画面 4-10　手順 5

 (3) タブ形式のデータの取り込み

手法の解説

前出の例では「,」（カンマ）を用いてデータを区切る形式を学んだが，同様に「Tab」（タブ）によってデータを区切る手法も存在する。タブ形式はカンマ形式と同様，文字のフォントや罫線といった書式等の属性を持たず，文字や数字といったデータを「Tab」（タブ）と改行コードで単純に連ねていく形式である。カンマ形式は便利ではあるものの，英語の文字データが入っている際などに，区切り文字のカンマであるのか，英語の文章中のカンマであるのかが，自動で判別することができず，間違ったデータとなりかねない。また数字だけのデータであっても，3桁ごとのカンマを含むデータが混じっていた場合には，間違いが生じる元となってしまう。そのために，カンマの代わりにタブによって区切りを表現する手法がある。ここでは，タブ形式のデータをExcelに取り込む際の手法を学ぶ。

Excelでの処理

csv形式の際の手順とほとんど同様である。前出の手順4）のテキストファイルウィザード（2/3）において，［区切り文字］のチェックを［タブ］のみにすればよい。

例題 4-3

前問と同じデータが，タブ区切り形式で記録されているファイルがある。このファイルをExcelで取り込み，ワークシートにしてみましょう。

解答例

タブの印は「→」で示されることが多い。キーボードのTabキーにも同様のマークが記されていることからも，わかるであろう。

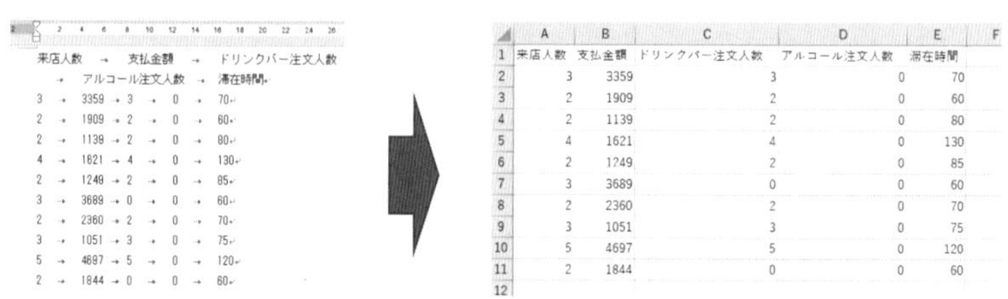

	A	B	C	D	E
1	来店人数	支払金額	ドリンクバー注文人数	アルコール注文人数	滞在時間
2	3	3359	3	0	70
3	2	1909	2	0	60
4	2	1139	2	0	80
5	4	1621	4	0	130
6	2	1249	2	0	85
7	3	3689	0	0	60
8	2	2360	2	0	70
9	3	1051	3	0	75
10	5	4697	5	0	120
11	2	1844	0	0	60

画面 4-11　タブ区切りデータファイルの取り込み

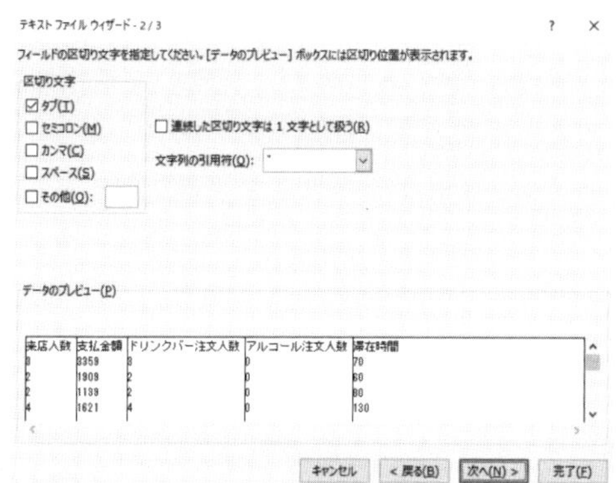

画面 4-12　手順 4

手順は前問と（手順 4）のみ異なり，結果は前問と全く同じものとなる。終了時には［名前を付けて保存］で，自分が保存したい形式であらためて保存をしなければならないことを忘れないように注意したい。

(4) その他のデータの取り込み方法

データがデジタル化されており，コンピュータ上に存在するのであれば，そのデータの必要部分をコピーし，Excel にペーストすることが最も単純な手法である。その際，思い通りの形式で貼り付けられることは少なく，貼り付けを行ったあとに Excel で体裁を成形しなおすことは必須であろう。その作業中にミスが起こりやすく，データの欠落や間違いが発生してしまうことが多いため，十分に注意をされたい。またバーコード，QR コードといった特別な形に特化されたデータの場合には，専用のスキャナやカメラで読み取ることにより，そのデータを入手し，Excel に利用することができる。

デジタル化されていないデータに関しては，コンピュータに取り入れるためにデジタル化を行わねばならない。少ないデータであれば手入力で行う事も可能であるが，量が多くなると時間もかかり，間違いも生じかねない。そこでスキャナを利用する方法がある。据え置き型のスキャナやカメラで撮影したものを，OCR（光学式文字認識装置）によりアナログデータをデジタル化し，そのデータをExcelに取り込む手法がある。またタブレット・スマートフォン版のExcelでは，データが掲載されている箇所をタブレットやスマートフォンのカメラで撮影することで，そのデータを直接Excelに読み込むことができる機能も搭載されている。また最近では音声認識により，簡単にデータを入力できる機能も存在する。これら様々な入力方法を利用，また組み合わせることにより，手間なく，また正しいデータをExcelに取り込むことができる。

なお本項で紹介した手法を行う際には，そのデータの出所を明示する必要がある。Webサイトや入手したデータには，所有権や著作権といった知的財産権が存在することには，充分に留意することが肝要であることは，決して忘れてはならない。

(5)「データの取得と変換」を利用する方法

インターネットの発達や，Webサイト上にデータが掲載されることが多くなってきたため，Excelでももっと簡単にデータを取得する手法が開発された。［データ］タブにある［データの取得と変換］グループがそれである。

［データの取得］アイコンをクリックすると，画面4-13のようなメニューが出る。これまで学んだようなファイルからデータを取得する方法だけでなく，既存の様々なデータベースサーバからも直接データを取得することができるようになった。またMicrosoft社が提供するAzureというクラウドサービスに直接アクセスしたり，すでに展開されているオンラインサービスからデータを得る方法，さらに複数のデータベースからクエリ（命令）を指定して，結合や抽出等を行った

画面4-13　データの取得と変換

加工データを取り入れると言った機能も準備されている。すでに準備されているデータが明らかである場合には，この［データの取得と変換］グループにある「テキストまたはCSVから」「Webから」などといったメニューを利用すると，より簡単にデータを入手し，Excel化することが可能となる。

3. POS，顧客カード

皆さんは「ポイントカード」を持っているであろうか。筆者も財布の中にいろいろな店舗のカードが詰まっている。またスマートフォンのアプリも多く存在し，自分のスマートフォンを店の読み取り機にかざすだけで，ポイントがたまったり割引を行ってくれたりと，たいへん便利である。ではなぜ経営者側は，このようなことを行っているのであろうか。

一般的には「ポイントプログラム」と言われ，英語では「Loyalty program」と呼ばれる。これは「スタンプカード」に発端を持ち，その店の利用客に次回もふたたび利用してもらうためにお客を囲い込む「ロックイン効果」を狙ったものである。そういったスタンプカードが磁気カード化され，そのカードに顧客の情報が搭載されるようになった。そのため店側としては，利用者がポイントカードを提示し，それをスキャンするだけで顧客情報を収集することができるようになっただけでなく，年齢や男女別，時間帯，購入物品，金額といった細かなデータも得ることができるようになった。この膨大なデータ，いわゆるビッグデータを利用することにより，それを経営に利活用することができるシステムが完成した。これがPOS（Point Of Sales）システム：販売時点情報管理システムである。こうやって収集されたデータにより，店は効率的に物品やサービスを導入することが可能となり，また得られたデータからデシル分析やRFM分析を行い，経営活動に活かすことができるようになった（第13章を参照）。これは生産者側，消費者側とその双方に利点をもたらすシステムである。これらのデータについても，店は磁気カードやICカード，またQRコードやスマートフォンアプリにより手軽に入手することができるが，それらのデータの読み込みも，簡単なデジタルデータで行われており，暗号化されていなければExcelで読み取ることも可能である。ただし個人情報等の流出や悪用には，充分に注意を払う必要がある。

4. データの捉え方

これまで「データ」の扱い方を学んできたが，果たしてデータとはどのようなものであろうか。広辞苑によれば，データとは「立論・計算の基礎となる，既知のあるいは認容された事実・数値。／コンピュータで処理する情報。」とある。すなわち，データを用いてコンピュータによって処理することにより，何らかの立論ができるものである。したがってこれを経営の中に取り入れれば，得られたデータをもとに，それを利用して計算し，まとめ，分析し，何らかの立論をすることにより，経営の意思決定につなげるという流れとして扱うことができる。

図4-2は販売データの所在から，分析を行い，それをもとに予測をする一連のフローを示す。まず，様々なデータが入手される。社内データとしては，日々の販売状況等を伝票もしくはPOSより入手し，それを帳票として集約する。また別部門からの社内データも存在する。社外データとしては，国や民間

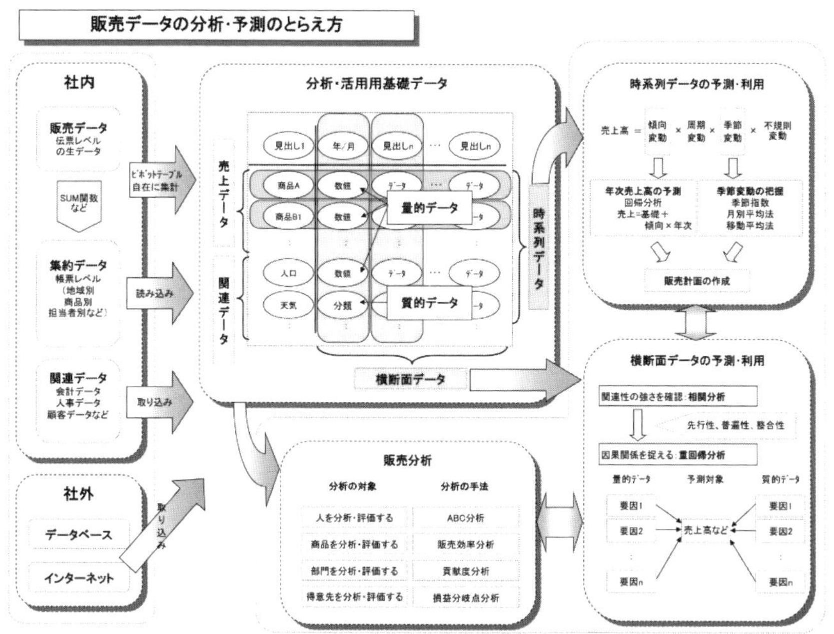

図4-2　販売データの分析・予測のとらえ方

企業等が集計しているデータベースや，インターネット上に掲載されているデータも利用することができる。このようなデータから，分析・活用用の基礎データとして，売上データや関連データをまとめることとなる。集められたデータは，2次元の角度から表現することができる。1つ目の次元は時系列データである。商品ごとのデータだけでなく，関連する人口や天気等のデータを，時系列で並べたデータである。もう1つの次元は横断面データである。ある一時点における各商品のデータや人口・天気といったデータの並びである。これはまさにデータベースである。これらのデータ全般を利用し，販売分析を行うことができる。またそれだけでなく，時系列データをもとにすれば，傾向変動や季節変動等の分析を行うことで売上の予測を行い，販売計画を作成することができる。また横断面データをもとにすれば，各要素の相関や因果関係を捉えることができ，どの要因を押さえるかといった経営の意思決定を行うことが可能となる。

このように，正確なデータを取得し，それを適切な手法によって分析を行えば，各種の予測や経営指標が導出され，経営意思決定の一助となるシステムを作成することができる。これら各手法については，第Ⅲ部以降の各章において学ばれたい。

課題 4-1

販売データの分析・予測の捉え方と同様に，財務データの分析・予測の捉え方を考えてみなさい。

第5章

データベース処理

「データベース」という言葉を，良く耳にするであろう。データベースとは，ある目的に沿って集められた多くのデータに対して，検索・蓄積・更新（追加・削除）などを効率的に行えるよう整理された，情報の集合体のことをいう。「行」と「列」を持つExcelにとっては，こういった情報の整理は，適した形態であると言えよう。

Microsoftには，データベース構築用のAccessというソフトウェアも存在するが，これは事前にデータベースの骨格を定義し，その後にデータを入力していく仕組みであり，本格的なものである。そのため既存のデータを簡単に分析するといった作業には不向きであろう。Excelでも十分にデータベースの分析を行うことは可能であると考えられるため，ここではその手法をExcelで行う手法を学ぶ。

1. テーブル形式

テーブル（テーブルリスト）とは，表の先頭行（各列の1行目）に見出しがあり，それぞれの列見出しの下に同じ項目のデータが並んでいる表のことを言う。画面5-1のような表がテーブル形式であり，1行目の項目を「フィールド名」，2行目以降のデータ1件1件のことを「レコード」という。また列のことを「フィールド」と呼ぶ。テーブル形式は，得意先台帳，商品台帳，在庫台帳，受発注台帳など企業の業務活動で最も良く作成されるものの1つである。Excelのデータベース機能の利用範囲は広範にわたっており，テーブル形式の表を簡易的なデータベースと見なすことができる。本章では，データベースに関して，入力方法，並べ替え，検索，抽出，各種の集計方法を学んでいく。

	A	B	C	D	E
1	No.	同伴者	来店人数（人）	支払金額（税込）	来店時間
2	1	友人	3	3,359	11:00～14:00
3	2	恋人	2	1,909	11:00～14:00
4	3	友人	2	1,139	14:00～17:00
5	4	友人	4	1,621	14:00～17:00
6	5	友人	2	1,249	14:00～17:00
7	6	友人	3	3,689	17:00～20:00
8	7	恋人	2	2,360	17:00～20:00
9	8	友人	3	1,051	17:00～20:00
10	9	友人	5	4,697	17:00～20:00

フィールド名
レコード
フィールド

画面 5-1　テーブル形式の表の例

データベースを作成したりメインテナンスを行ったりしようとすると，通常多量のデータ入力が発生する。Excel は効率的にデータ入力ができるように，いくつかの支援機能を備えている。本節ではデータベースの集計に先立って，データベースの作成に有効なデータ入力に関する機能を学ぶことにしよう。

 (1) データ入力を容易にする機能

① 入力範囲の設定

すでにデータを入力する範囲が決まっている場合には，マウスなどであらかじめその範囲を指定してからデータ入力を行えば，セルポインタはその範囲内しか移動しない。したがってセルポインタ移動の無駄な操作や，違った範囲への入力といった誤操作を防ぐことができる。

② セルの移動方向の設定

［ファイル］→［オプション］をクリックすると，［Excel のオプション］ウィンドウが開く。左メニューの［詳細設定］の中にある［編集オプション］→［Enter キーを押したら、セルを移動する］の設定にある［方向］が，通常は「下」となっているが，それを他の方向に変更することが可能である。またそこまで頻繁に使用しない場合には，Shift キーを押しながら Enter キーを押せば，通常方向とは逆方向にセルポインタを移動させることもできる。入力範囲の設定とともに利用すれば，より効率的な入力が可能となる。

③　ドロップダウンリストから選択

データ入力をしようとするセルの上部に，すでに入力済みデータがある場合，そのセルで右クリックをしてメニュー表示を行い，［ドロップダウンリストから選択］をクリックすると，すでに入力済みのデータのリストから選択して入力することができる。

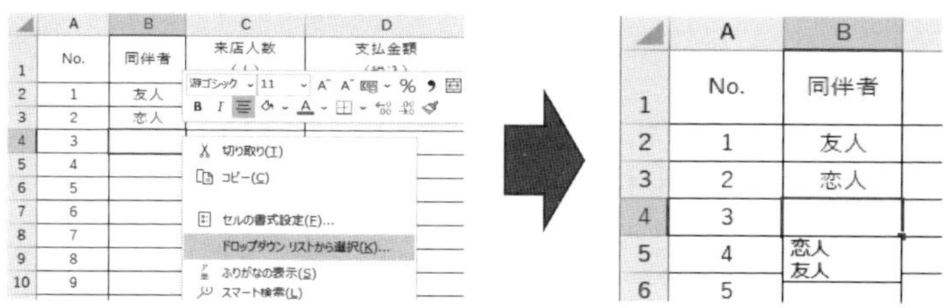

画面 5-2　ドロップダウンリスト

④　オートコンプリート

データ入力をしようとするセルの上部に入力済みデータがある場合，セルにデータの読みを入力し始めると，先頭からの読みや漢字が一致するデータが，入力候補として示され，Enter を押すと以下の入力を省略することができる。そのまま続けて読みを入力すれば，通常の入力状態となる。ただしこの機能は，［ファイル］→［オプション］→［詳細設定］の［編集オプション］にある「オートコンプリートを使用する」のチェックボックスがオンになっている場合に有効である。

⑤　フラッシュフィル

Excel が自動的にデータの法則性を見つけ出し，１つのセルに入力を行えば，他のセルにも自動的に同様の法則を用いてデータを入力できる機能である。オートコンプリートの応用であり，表の中で一つのセルに何らかの法則性を持った入力を行った後に［データ］→［データツール］グループの［フラッシュフィル］をクリックすると，他の未入力の範囲に自動的にデータが入力される。なおこの機能においては，上のオートコンプリートの設定がオンになっており，さらに［フラッシュフィルを自動的に行う］もチェックが入っていれば，１つのデータを入力しただけで，自動的に他のセルも入力を行ってくれるしくみである。

	A	E	F
1	No.	来店時間	開始時刻
2	1	11:00～14:00	11:00
3	2	11:00～14:00	
4	3	14:00～17:00	
5	4	14:00～17:00	
6	5	14:00～17:00	
7	6	17:00～20:00	
8	7	17:00～20:00	
9	8	17:00～20:00	
10	9	17:00～20:00	
11	10	20:00～23:00	

	A	E	F
1	No.	来店時間	開始時刻
2	1	11:00～14:00	11:00
3	2	11:00～14:00	11:00
4	3	14:00～17:00	14:00
5	4	14:00～17:00	14:00
6	5	14:00～17:00	14:00
7	6	17:00～20:00	17:00
8	7	17:00～20:00	17:00
9	8	17:00～20:00	17:00
10	9	17:00～20:00	17:00
11	10	20:00～23:00	20:00

画面 5-3　フラッシュフィル

(2) 入力規則の利用

フォームは非常に便利な入力支援機能であるが，一項目（フィールド）ずつデータを手入力していかなければならない。データがレコードによって異なる場合はそれでも特に問題はないが，何度も同じデータが連続して出てくるといった場合には，必ずしもフォームでの入力が適しているとは言えない。同じ項目を何回も入力するのは面倒な上に，送り仮名が違ったり，全角文字と半角文字を混同したり，また長音記号を付けたりそうでなかったりなど，異なった表現でデータを入力してしまうことが十分に考えられる。これはデータベースの集計においては同じものと見なされず，面倒な問題を引き起こしてしまう。

そのような場合にも対応可能なのが，入力規則である。データタブの［データツール］→「データの入力規則」を利用すれば，数値データの入力範囲を設定したり，入力項目をあらかじめ設定しておいて選択入力をすることなどを可能にしたりすることができる（リスト形式については課題 1-3 でも取り扱っている）。また誤ったデータを入力した場合には，エラーメッセージを表示させることもできる。このように入力規則は，間違いが少なくかつ効率的なデータ入力を可能とするための入力支援機能といえよう。

E	F
入力規則表	
同伴者	来店人数（人）
なし	1
家族	50
友人	
夫婦	
恋人	
同僚	
その他	

画面 5-4　入力規則

例題 5-1

「外食チェーンアンケートデータ（数値・項目名データ）」について，画面 5-4 のように同伴者を 7 種類から選べるように，また来店人数を 1 人から 50 人までに，それぞれ設定してみなさい。入力時にはそれを示す補助メッセージが表示され，またそれ以外の値を入力してしまった場合には，エラーメッセージが表示されるように設定し，来店人数を入力する際には，半角英数字のみ入力できるように設定してみなさい。

解答例

手順1）　画面5-4のような入力規則表を作成する。

手順2）　列Bすべてを選択し，［データ］タブの［データツール］グループにある［データの入力規則］をクリックする。

手順3）　開いたウィンドウの［設定］タブを開き，［条件の設定］→［入力値の種類］を［リスト］にする。

手順4）　作成した入力規則表を選択し，「元の値」に同伴者の種類（リスト）を指定する。

手順5）　次に同じウィンドウの［入力時メッセージ］タブを開き，「タイトル」に「注意」，「入力時メッセージ」に「リストから選択してください」と入力する。

手順6）　さらに同じウィンドウの［エラーメッセージ］タブを開き，「スタイル」を「注意」にし，「タイトル」に「データが異なります」，「エラーメッセージ」に「リストから選択してください」と入力し，［OK］を押す。

手順7）　来店人数（C列）に関しても，同様に設定を行う。［データの入力規則］の［設定］タブでは，［条件の設定］の［入力値の種類］は「整数」に，［デー

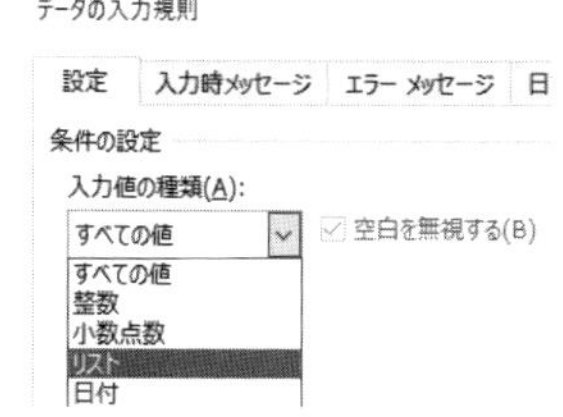

画面5-5　リストの入力設定

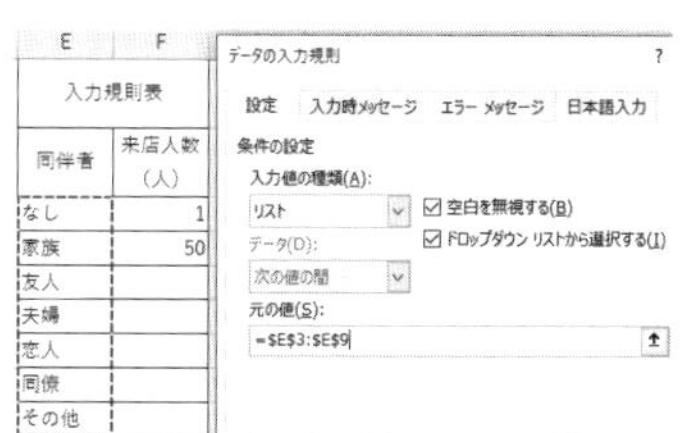

画面5-6　データの入力規則の設定

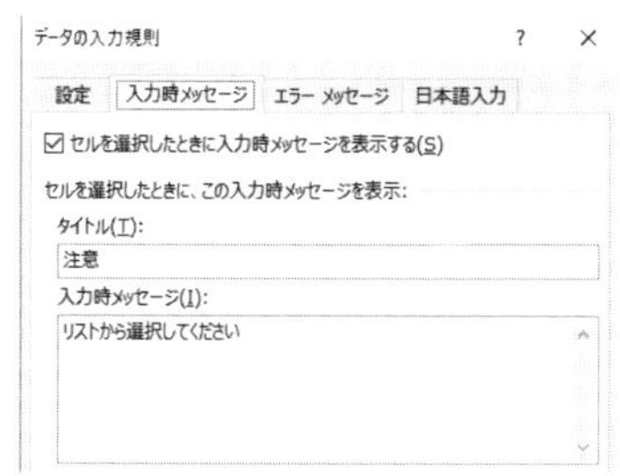

画面5-7　入力時メッセージの表示

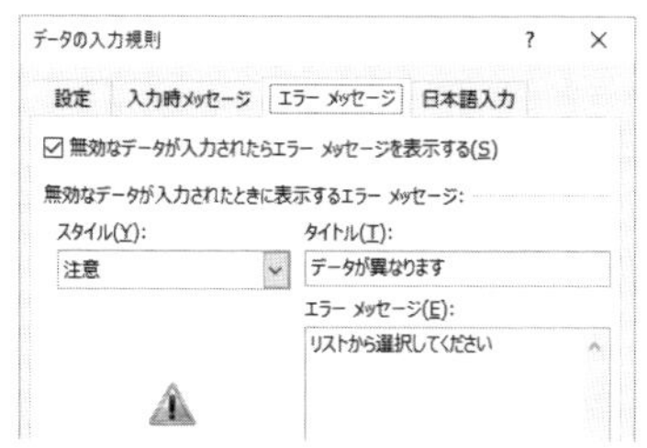

画面5-8　エラーメッセージの表示

タ］は「次の値の間」にし，最小値と最大値を設定する。なお，値に「＄」をつけておかねばうまく機能しないため注意すること。

手順8）「入力時メッセージ」タブと「エラーメッセージタブ」は同様に設定し，［日本語入力］タブは［日本語入力］を「半角英数字」に設定する。

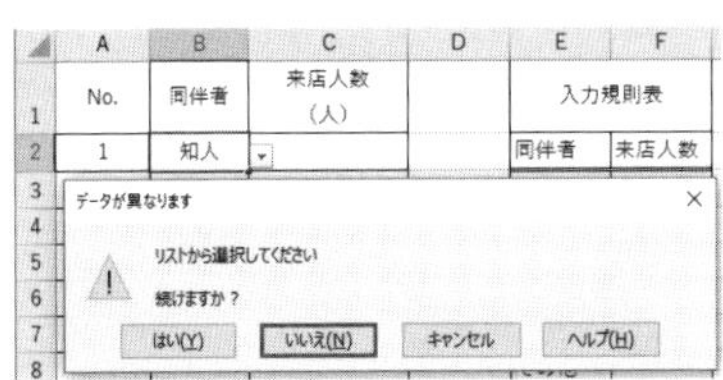

画面 5-9　エラーメッセージの表示例

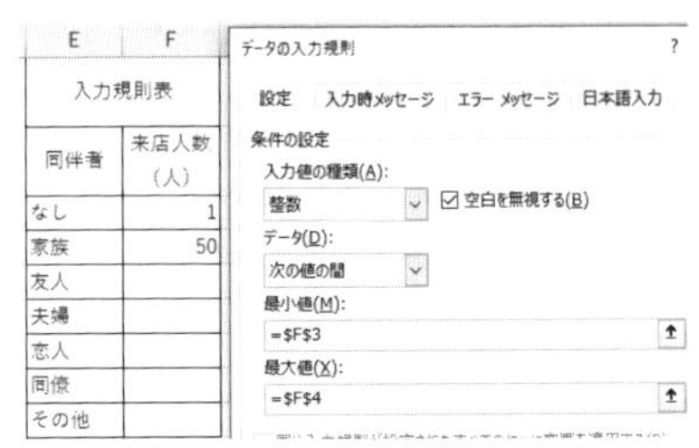

画面 5-10　入力規則の設定

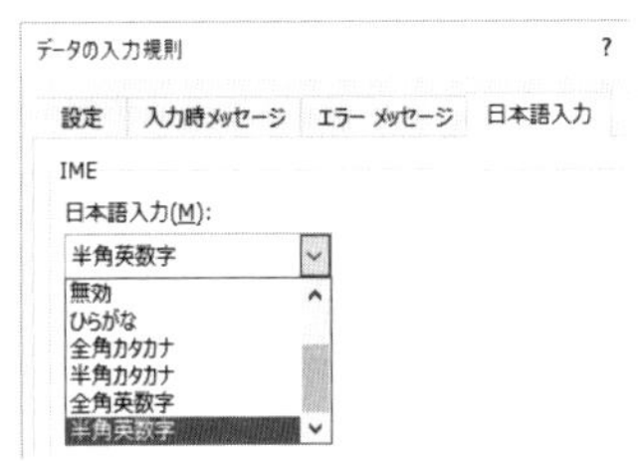

画面 5-11　データ入力の規制

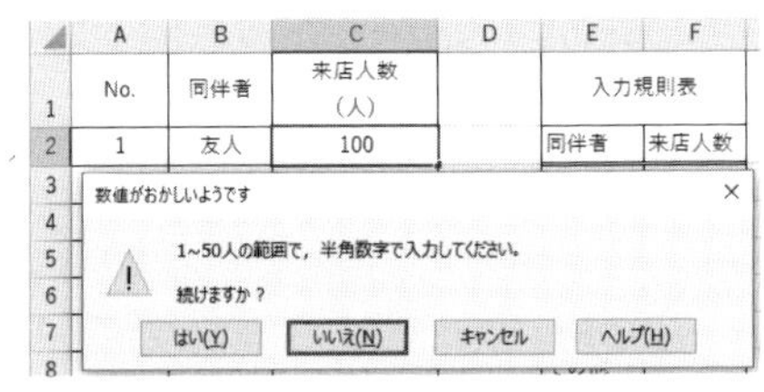

画面 5-12　エラーメッセージの表示例

課題 5-1

その他の「外食チェーンアンケートデータ（数値・項目名データ）」の各項目についても，入力規則を設定してみなさい。

2.　並べ替え（ソート）

前節ではデータベースの作成に有効な，データ入力に関する機能を取り上げた。次のステップとして，本節では作成されたデータベースの代表的な活用例として，データベースのソート（並べ替え）を取り上げる。これは多くのデータ分析で利用される基本的な機能である。では様々な基準でのソートの方法を学修しよう。

 (1) 単一基準

ソートのための基準が1つと言う，最も簡単な場合である。

手法の解説

データの中で，そのデータのある項目（フィールド）に対し，大きい順もしくは小さい順に並べ替えることができる。

Excel での処理

1つの項目を基準として並べ替える場合は，［ホーム］→［編集］→「並べ替えとフィルター」のアイコンを使えば良い。データの中のうち，並べ替えを行いたい項目のどこかのレコード（もしくはフィールド名そのものでも良い）をクリックし，「並べ替えとフィルター」のメニューから「昇順」（数値の小さい順）もしくは「降順」（その逆）を選択すれば良い。またもっと簡単に行いたい場合には，該当のレコードの上で右クリックをすれば，［並べ替え］のメニューが現れる。その後はアイコンをクリックした後の手順と同様である。

例題 5-2

画面 5-13 のアンケートデータ（「外食チェーンアンケートデータ（数値・項目名データ）」の先頭 10 件の一部）を，支払金額が大きい順に並べ替えなさい。3番目に支払金額が多かったグループは，何人で来店していましたか？

	A	B	C	D	E
1	No.	同伴者	来店人数（人）	支払金額（税込）	来店時間
2	1	友人	3	3,359	11:00～14:00
3	2	恋人	2	1,909	11:00～14:00
4	3	友人	2	1,139	14:00～17:00
5	4	友人	4	1,621	14:00～17:00
6	5	友人	2	1,249	14:00～17:00
7	6	友人	3	3,689	17:00～20:00
8	7	恋人	2	2,360	17:00～20:00
9	8	友人	3	1,051	17:00～20:00
10	9	友人	5	4,697	17:00～20:00
11	10	恋人	2	1,844	20:00～23:00

画面 5-13　アンケートデータ1

解答例

手順1）　並べ替えの基準となる列（支払金額）の任意のセルにポインタを移動させる（例えば，D2 をクリックする）。

手順 2)　［ホーム］→［編集］→「並べ替えとフィルター」をクリックする。

手順 3)　［降順］をクリックすると，全てのデータが支払金額の多い順に並び替わり，画面 5-14 のような結果が得られる。したがって 3 番目に支払金額の多かったグループは，3 人での来店であったことが分かる。

補足）Excel は見出し行とその下に続くデータの範囲を自動的に認識し，ポインタが置かれた列を基準としてデータ全体を並び替える。したがってその際，データベース内に空白の行や列が存在すると，そこまでがデータベースのまとまりとして認識されてしまうために，全てのデータが並び変わらないので注意が必要である。

	A	B	C	D	E
1	No.	同伴者	来店人数（人）	支払金額（税込）	来店時間
2	9	友人	5	4,697	17:00～20:00
3	6	友人	3	3,689	17:00～20:00
4	1	友人	3	3,359	11:00～14:00
5	7	恋人	2	2,360	17:00～20:00
6	2	恋人	2	1,909	11:00～14:00
7	10	恋人	2	1,844	20:00～23:00
8	4	友人	4	1,621	14:00～17:00
9	5	友人	2	1,249	14:00～17:00
10	3	友人	2	1,139	14:00～17:00
11	8	友人	3	1,051	17:00～20:00

画面 5-14　ソート結果

課題 5-2

「外食チェーンアンケートデータ」について，滞在時間の短い順に並べ替えてみなさい。5 番目に短かったグループは，アルコールを注文していましたか？

 (2) 複数基準

ソートのための基準が 2 つ以上ある場合である。この場合には，どの並べ替えの基準を優先するのか，またそれぞれの並べ替えの方法を指定する必要がある。

手法の解説

データを複数の基準で並べ替えるためには，まずデータを 1 つ目の基準（優先される基準）を設定した上で，もう 1 つの基準を追加し，並べ替える必要がある。

Excel での処理

2 つの基準を用いる必要があるため，並べ替えのアイコンだけでは対応でき

ない。そこで［ユーザー設定の並べ替え］を用いる。データの中のうち，並べ替えを行いたい項目のどこかのレコードをクリックし，［ホーム］→［編集］→「並べ替えとフィルター」→［ユーザー設定の並べ替え］を選択する。［並べ替え］のウィンドウが開くと，すでに1つめの並べ替えの基準（レベル）が記入できるようになっている。そこで［最優先されるキー］（どの列が最も優先度の高い並べ替えのルールか）を選択し，次にその［並べ替えのキー］（何をもって並べ替える条件にするのか。多くの場合は［セルの値］で良い）を選択，次に［順序］で並べ替えるルールを選択する。1つめのレベルが設定できれば，［レベルの追加］で次のルールを入力する。同様に設定ができれば，［OK］を押すと，複数のルールで並べ替えが行われる。単一基準の場合と同様，表の上で右クリックを行い，［並べ替え］のメニューから［ユーザー設定の並べ替え］を選択しても，同様のウィンドウが開き，そこで設定が可能である。

例題 5-3

同様のアンケートデータ（画面 5-13）を，①来店人数が多い順に，②来店人数が同じであれば支払金額が小さい順に，並べ替えなさい。その際，3番目になったグループは，どういう同伴者で来店していましたか？

解答例

手順1）データ内の任意のセルにポインタを移動させ（例えば，C2をクリックする），［ホーム］→［編集］→「並べ替えとフィルター」をクリックする。

手順2）メニューから［ユーザー設定の並べ替え］を選択し，［並べ替え］ウィンドウを開く。

手順3）［最優先されるキー］のメニューから「来店人数（人）」を選択し，［並べ替えのキー］は「セルの値」に，［順序］は［大きい順］をクリックする。

手順4）左上の［レベルの追加］をクリックし，2つめの並べ替え基準を表示させる。手順3と同様に，［次に優先されるキー］は「支払金額（税込）」，［並べ替えのキー］は「セルの値」，［順序］は［大きい順］をクリックし，［OK］をクリックする。

手順5）全てのデータが①来店人数の多い順，②支払金額の少ない順に並び替わり，画面 5-15のような結果が得られる。したがって3番目のグループは，友人たちで来店したということが分かる。

	A	B	C	D	E
1	No.	同伴者	来店人数（人）	支払金額（税込）	来店時間
2	9	友人	5	4,697	17:00～20:00
3	4	友人	4	1,621	14:00～17:00
4	8	友人	3	1,051	17:00～20:00
5	1	友人	3	3,359	11:00～14:00
6	6	友人	3	3,689	17:00～20:00
7	3	友人	2	1,139	14:00～17:00
8	5	友人	2	1,249	14:00～17:00
9	10	恋人	2	1,844	20:00～23:00
10	2	恋人	2	1,909	11:00～14:00
11	7	恋人	2	2,360	17:00～20:00

画面 5-15　複数基準でのソート

課題 5-3

「外食チェーンアンケートデータ」について，アルコールの注文人数の多い順に，さらにドリンクバーの注文人数の多い順に並べ替えてみなさい。5番目になったグループは，何人で来店していましたか？

(3)　五十音順

手法の解説

従来，漢字のデータを五十音順に並べようとすると，漢字のデータとは別に，ふりがなの項目を設けてそれを基準として利用する必要があった。これは，漢字データを昇順あるいは降順で並べ替えようとすると，JISコード等の漢字コードで定義されている順番に従って並べ替えが行われ，必ずしも漢字や語句の読みに従って並べ替えが行われるわけではないからである。それでは「あいうえお順」に並べ替えたい場合はどうすれば良いか。

1つはソートを行いたい漢字の読みだけを設けた「ふりがな」の列を新たに作って並べ変える方法である。これは例えば名簿のように「ふりがな」も存在して然るようなデータでは良いが，今回の例のように「友人」「同僚」「家族」・・・といったデータに対して，わざわざふりがなだけの列を作成するのは無駄であるし，データベースとして格好も悪い。

そこでもう1つの手法として，元の漢字そのものにふりがなを振る方法がある。その上でその漢字で並べ替えを行うと，Excelはそのふりがなをもとに並べ替えを行ってくれるので，五十音の昇順または降順に並べ替えることができる。

Excel での処理

並べ替えを行うキーとなる，漢字などが入っているフィールド（列）全体を選択する。次に［ホーム］タブの［フォント］グループにある「ふりがな」のアイコンをクリックする。今回は関係ないが，ふりがなの平仮名／片仮名，文字配置，フォント等の設定もここで可能である。このふりがなによって並べ替えが行われるため，もしも間違ったふりがなになっている場合には，ダブルクリックを行うことにより，直接修正が可能である。なおこのときフィールド名にもふりがなが入っていてもソートには影響しない。あとは単一基準の場合と同様に，その列をキーとして昇順もしくは降順に並べ替えを行えば良い。

なお，［データ］→［並べ替えをフィルター］→「並べ替え」をクリックし，並べ替えウィンドウの中で，「オプション」をクリックし，「並べ替えオプション」ウィンドウの中の［方法］にある「ふりがなを使う」のラジオボタンをオンにしておくと，ふりがなの設定をせずともうまくいくが，難しい漢字や特別な読みを持った漢字には対応していないので，そのような場合にはふりがなを設定しなければ並べ替えがうまくいかない。もっと簡単に並べ替えを行うには，フィルター機能（3.(1) 以降にて後述）を利用すると良い。

例題 5-4

アンケートデータ（画面 5-13）を，同伴者の五十音順に並べ替えなさい。恋人と来店した利用者は，何組ありましたか？

解答例

手順 1）　まず同伴者の漢字にふりがなを振る。同伴者のフィールド全てを選択，もしくは同伴者の列全体を選択する。

手順 2）　［ホーム］→［フォント］→「ふりがな」のアイコンをクリックする。

手順 3）　ふりがなが正しく振られているかチェックする。間違っているものがあれば，ダブルクリックでアクティブにし，手入力で修正を行う。

手順 4）　並べ替えを行うフィールド上のどこか（例えばセル B2）で右クリックを行い，［並べ替え］→［昇順］を選択する。

手順 5）　五十音順に並べ替えが行われた。あいうえお順で恋人が上位 3 件に来ているので，恋人と来店した利用者は 3 組であると分かる。

	A	B	C	D	E
1	No.	同伴者	来店人数（人）	支払金額（税込）	来店時間
2	2	恋人	2	1,909	11:00~14:00
3	7	恋人	2	2,360	17:00~20:00
4	10	恋人	2	1,844	20:00~23:00
5	1	友人	3	3,359	11:00~14:00
6	3	友人	2	1,139	14:00~17:00
7	4	友人	4	1,621	14:00~17:00
8	5	友人	2	1,249	14:00~17:00
9	6	友人	3	3,689	17:00~20:00
10	8	友人	3	1,051	17:00~20:00
11	9	友人	5	4,697	17:00~20:00

画面 5-16　五十音順でのソート

課題 5-4

「外食チェーンアンケートデータ」について，優先順位 ①滞在時間の長い順，②支払金額の多い順，③来店人数の多い順，に並べ替えてみなさい。

(4) ユーザー定義

手法の解説

ここではこれまでに相当しない，利用者が独自の順序で並べ替えをしたい場合の手法について学修する。例えば都道府県の地方別や，文字や数字の本来の意味以外での並べ替えを行いたい場合などに，ユーザーが独自にその並べ替えの順序を設定することができる。ここではその手法を学ぶ。

Excel での処理

利用者が任意の順に並べ替えを行うためには，その順序を設定する必要がある。データのどこかにポインタを置き，［データ］→［並べ替えとフィルター］→「並べ替え」アイコンをクリックすると，並べ替えのウィンドウが出る。キーの中の「順序」にある「ユーザー設定リスト」を選択すると，ユーザー設定リストウィンドウが開く。この画面で「ユーザー設定リスト」のなかの「新しいリスト」を選択し，右側のウィンドウで「リストの項目」に並べ替えたいデータを入力して［追加］を行えば，その設定した並べ替え順序でソートを行ってくれる。

例題 5-5

画面5-17のようなアンケートデータ（「外食チェーンアンケートデータ（数値・項目名データ）」の一部）を，職業が「学生」「パート・アルバイト」「会社員」の順に並べてみなさい。（データのＤ列～Ｊ列までは非表示としている）

	A	B	C	K
1	No.	同伴者	来店人数（人）	職業
2	1	友人	3	学生
3	2	恋人	2	学生
4	3	友人	2	パート・アルバイト
5	4	友人	4	学生
6	5	友人	2	学生
7	6	友人	3	会社員
8	7	恋人	2	学生
9	8	友人	3	学生
10	9	友人	5	会社員
11	10	恋人	2	学生

画面 5-17　アンケートデータ２

解答例

手順1）　データのどこかにポインタを置き，［データ］→［並べ替えとフィルター］→「並べ替え」アイコンをクリックすると，並べ替えウィンドウが表示される。

手順2）　最優先されるキーを「職業」に，並べ替えのキーは「セルの値」，順序を「ユーザー設定リスト」とすると，ユーザー設定リストウィンドウが開く。

手順3）　ここで並べ替えを行いたい順序を登録する。［ユーザー設定リスト］のなかの「新しいリスト」をクリックし，「リストの項目」に「学生」「パート・アルバイト」「会社員」と入力する（「学生，パート・アルバイト，会社員」といちどに入力してもよい）。［追加］を押すと，［ユー

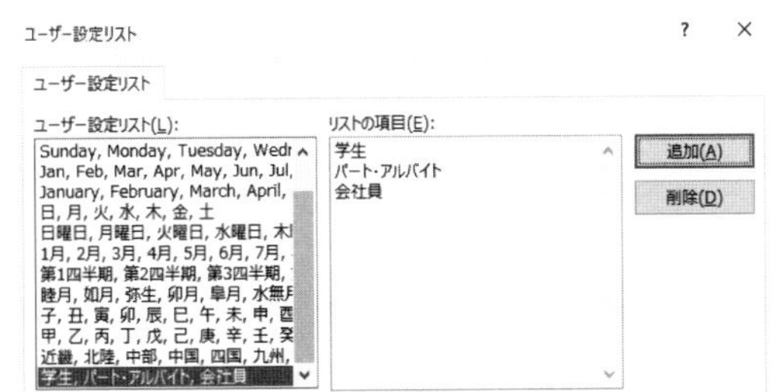

画面 5-18　ユーザー設定リスト

ザー設定リスト］の一番下に，いま入力したリストが登録される。右のリストの項目が間違っていなければ，設定したユーザー設定リストを選択した状態で［OK］を押す。すると並べ替えウィンドウに，いま設定した順序が表示される。

手順 4）　並べ替えウィンドウの［OK］を押すと，職業が「学生」「パート・アルバイト」「会社員」の順に表示された。

	A	B	C	K
1	No.	同伴者	来店人数（人）	職業
2	1	友人	3	学生
3	2	恋人	2	学生
4	4	友人	4	学生
5	5	友人	2	学生
6	7	恋人	2	学生
7	8	友人	3	学生
8	10	恋人	2	学生
9	3	友人	2	パート・アルバイト
10	6	友人	3	会社員

画面 5-19　ユーザー定義によるソート

3.　検索・抽出

本節では，アンケートデータを利用して，条件に応じたデータの検索・抽出方法について取り上げる。

(1) フィルターとは

フィルターとは，ワークシートのデータベースから，ある特定の条件を満たすデータを絞り込んで抽出して表示する機能である。Excelのフィルターでは，データ（ここではレコードとする）の検索・抽出のための機能として，オートフィルターおよびフィルターオプションを備えている。オートフィルターはクリックをするだけで，当該のデータの表が簡単にフィルタリングできる状態となり，指定の条件のレコードだけを抽出することができる。フィルターオプションは，細かな設定の条件を課したり複数の条件を課するなど，複雑な場合に利用する。簡単な条件による検索・抽出の場合にはオートフィルターが便利であるが，複雑な条件になるとフィルターの詳細設定が適している。

通常，検索・抽出を実行するには，次の３つを指定する必要がある。

① 対象となるデータベース（リスト）範囲

② 検索・抽出のための条件

③ 結果の出力先

(2) 単一条件の抽出（単一抽出）

手法の解説

フィルターのアイコンでの抽出（オートフィルター）では，上記の３要素のうち，データベースの範囲は自動認識され，出力先は元のデータベースが使われるため，ユーザーは特にそれらを意識する必要はなく，条件の指定だけをすれば良い。しかも見出しごとに自動生成されるリストの中から，条件を選択・入力するだけでよい。

Excel での処理

データのどこかにポインタを置き，［データ］→［並べ替えとフィルター］→「フィルター」のアイコンをクリックすると，フィールド名の右に▼のマークが現れ，フィルターが生成される。もういちど「フィルター」のアイコンをクリックすれば，フィルターが解除される。

フィールド名の右横に出た▼マークをクリックすると，そのフィールドにあるデータが全て表示される。当初は［(すべて選択)］の状態であり，下に表示されている全データのチェックボックスが☑（オン）となっている。ここで［(すべて選択)］のチェックを外し，必要なデータのチェックだけオンにすれば，欲しいレコードを抽出することができる。そのほかにも，セルに設定された色で抽出を行ったり，データの数値によって取り出すことも可能である。なおフィルターで抽出条件が課せられている場合には，▼のマークの横にフィルターのマーク（漏斗：▼）が付いているので，判断の材料とすることができる。

例題 5-6

画面 5-20 のようなアンケートデータ（「外食チェーンアンケートデータ（数値・項目名データ）」の一部）にフィルターを適用し，同伴者が「友人」のレコードだけを抽出してみましょう。終わればフィルターを解除し元に戻してみなさい。

	A	B	C	D	E
1	No.	同伴者	来店人数（人）	支払金額（税込）	来店時間
2	1	友人	3	3,359	11:00～14:00
3	2	恋人	2	1,909	11:00～14:00
4	3	友人	2	1,139	14:00～17:00
5	4	友人	4	1,621	14:00～17:00
6	5	友人	2	1,249	14:00～17:00
7	6	友人	3	3,689	17:00～20:00
8	7	恋人	2	2,360	17:00～20:00
9	8	友人	3	1,051	17:00～20:00
10	9	友人	5	4,697	17:00～20:00
11	10	恋人	2	1,844	20:00～23:00
12	11	友人	3	3,821	20:00～23:00
13	12	なし	1	548	8:00～11:00
14	13	恋人	2	1,537	11:00～14:00
15	14	なし	1	899	11:00～14:00
16	15	同僚	2	1,909	11:00～14:00

画面 5-20　アンケートデータ 3

解答例

手順 1)　表の任意の場所にポインタを置き，［データ］→［並べ替えとフィルター］→「フィルター」のアイコンをクリックする。するとデータ全体にフィルターが適用された状態となる。

手順 2)　フィールド名「同伴者」の横のフィルター矢印マーク▼をクリックする。開いたメニューの中から［(すべて選択)］の☑を外し，［友人］のチェックボックスのみをオンにする。これで同伴者が友人のみのレコードが抽出される。

	A	B	C	D	E
1	No.	同伴者	来店人数（人）	支払金額（税込）	来店時間
2	1	友人	3	3,359	11:00～14:00
4	3	友人	2	1,139	14:00～17:00
5	4	友人	4	1,621	14:00～17:00
6	5	友人	2	1,249	14:00～17:00
7	6	友人	3	3,689	17:00～20:00
9	8	友人	3	1,051	17:00～20:00
10	9	友人	5	4,697	17:00～20:00
12	11	友人	3	3,821	20:00～23:00

画面 5-21　単一条件による抽出

手順 3)　フィルターの解除は，「フィルター」のアイコンを再度クリックしてオフにすれば良い。

例題 5-7

画面 5-20 のアンケートデータのうち，以下のそれぞれのレコードを単一抽出しなさい。

①　来店時間が17時以降のレコード
②　支払金額が3,000円以上のレコード

解答例

手順1)　フィルターが適用された状態とした後，フィールド名「来店時間」の横のフィルター矢印マーク▼をクリックする。開いたメニューの中すべての時間区切りに対してチェックボックスがオン☑になっているので，17時以降の来店時間（今回は「17:00～20:00」および「20:00～23:00」）にチェックを入れる。すると17時以降に来店した客のみのレコードが抽出される。

	A	B	C	D	E
1	No.	同伴者	来店人数（人）	支払金額（税込）	来店時間
7	6	友人	3	3,689	17:00～20:00
8	7	恋人	2	2,360	17:00～20:00
9	8	友人	3	1,051	17:00～20:00
10	9	友人	5	4,697	17:00～20:00
11	10	恋人	2	1,844	20:00～23:00
12	11	友人	3	3,821	20:00～23:00

画面5-22　来店時間による抽出

手順2)　同様にして開いたフィルターメニューの中から［数値フィルター］を選択すると，さらにメニューが現れる。今回は「3,000円以上」のレコードを抽出するので，［指定の値以上］を選択すると，フィルターオプションウィンドウが出る。（＊前問に続けて作業を行う場合には，いちどフィルター条件を解除（クリア）にしておくこと。）

手順3)　［抽出条件の指定］において，［支払金額（税込）］の欄に「3000」と入力する。右の数値の条件は［以上］として［OK］をクリックすると，指定の条件に見合ったレコードが抽出される。

	A	B	C	D	E
1	No.	同伴者	来店人数（人）	支払金額（税込）	来店時間
2	1	友人	3	3,359	11:00～14:00
7	6	友人	3	3,689	17:00～20:00
10	9	友人	5	4,697	17:00～20:00
12	11	友人	3	3,821	20:00～23:00

画面5-23　支払金額による抽出

課題5-5

「外食チェーンアンケートデータ（数値・項目名データ）」から，以下の条件に

あてはまるレコードについて，それぞれ単一抽出を行ってみなさい。

① 60歳代以上の利用者
② 滞在時間が30分以上60分未満の利用者
③ 支払金額が多い上位5件（順序は問わない）

(3) 複数条件の抽出

手法の解説

抽出させたい条件が複雑な場合には，1つ1つ設定していくと煩雑であり，後に見たときにどのような条件で抽出がされているか，一目で良く分からない。そこでExcelの表の別の部分にそれを記載しておき，それを検索条件として指定することで，検索を一気に行う方法がある。それがフィルターの詳細設定である。

Excelでの処理

まず準備として，抽出条件をExcelの表の別の空いている部分に書き出す必要がある。その際に必要であるのは，「フィールド名」および「条件」である。条件が複数である場合には，それをすべて書き出す必要がある。

記載の方法は少し複雑である。これまでの例題などでも行ってきたが，条件が複数にわたる場合，条件と条件が「かつ（and）」すなわち両方の条件が見たされる場合，条件と条件が「または（or）」すなわち条件のどちらかが満たされる場合，またこれは条件が単一であるが「満たされない（not）」がある。さらにこれらが組み合わさって複雑な抽出を行う場合が出てくる。それらのために，表5-1の論理演算子を覚えておきたい。

Excelでは，and（かつ）の場合には，行方向（左右の方向）に並べて書いていく。逆にor（または）の場合には，列方向（上下の方向）に書き並べていく。自分が設定したい条件をしっかり把握した上で，間違わぬように注意が必要である。

この準備ができた後に，元々のデータのある表のいずれかの場所にポインタを置き，［データ］→［並べ替えとフィルター］→「詳細設定」のア

表5-1　論理演算子

記号	意味	記載方法
＝	等しい	=
≧	以上	>=
＞	より大きい	>
≦	以下	<=
＜	未満	<
≠	等しくない	<>

イコンをクリックする。すると［フィルターオプションの設定］ウィンドウが開く。［リスト範囲］（本来のデータ）と［検索条件範囲］（条件を記した表すべて）を設定した後に［OK］を押すと，設定した条件を満たすレコードのみが抽出される。

	同伴者	支払金額（税込）
18		
19	友人	<=2000
20	恋人	<=2000

画面 5-24
同伴者が友人または恋人で支払金額が 2,000 円以下のデータの抽出条件

また元のデータを残しておき，抽出したレコードのみを新たな表として作成することもできる。その際はまずその後，［詳細設定］アイコンを押し［フィルターオプションの設定］ウィンドウの中の［抽出先］を「指定した範囲」とし，「抽出範囲」を新たな表のフィールド名を範囲指定すればよい。［OK］を押すと，その下にレコードが抽出される。なおフィールド名は全てでなくてよく，必要なものだけで良い。

補足）条件の表は，元々のデータの右側に作成すると抽出の際に消えてしまう場合があるので，元々のデータの下に作成するのが良い。

例題 5-8

画面 5-20 のアンケートデータのうち，同伴者が「友人」または「恋人」のレコードを抽出しなさい。

解答例

手順 1）まず条件の表を作成する。フィールド名「同伴者」を記載する（コピー＆ペーストすればよい）。次に複数条件「友人」「恋人」を記載するが，これは「友人」であるかまたは「恋人」であるという「or」条件であるので，列方向（縦方向）に記載すれば良い。

18	同伴者
19	友人
20	恋人

画面 5-25
抽出条件の記載

手順 2）元のデータのいずれかの場所にポインタを置き，［データ］→［並べ替えとフィルター］→「詳細設定」のアイコンをクリックする。［フィルターオプションの設定］ウィンドウが開くので，「リスト範囲」は本来のデータを，「検索条件範囲」は新たに作成した条件を記した表すべてを設定し，［OK］を押すと，設定した条件を満たすレコードのみが抽出される。

	A	B	C	D	E
1	No.	同伴者	来店人数（人）	支払金額（税込）	来店時間
2	1	友人	3	3,359	11:00～14:00
3	2	恋人	2	1,909	11:00～14:00
4	3	友人	2	1,139	14:00～17:00
5	4	友人	4	1,621	14:00～17:00
6	5	友人	2	1,249	14:00～17:00
7	6	友人	3	3,689	17:00～20:00
8	7	恋人	2	2,360	17:00～20:00
9	8	友人	3	1,051	17:00～20:00
10	9	友人	5	4,697	17:00～20:00
11	10	恋人	2	1,844	20:00～23:00
12	11	友人	3	3,821	20:00～23:00
14	13	恋人	2	1,537	11:00～14:00

画面 5-26　複数条件による抽出

補足）オートフィルターのワイルドカードを利用する場合

この例題の場合，オートフィルターでもレコードを抽出できる。すなわち，「友人」「恋人」はいずれも長さが2文字で，しかも2文字目が“人”と言う共通の文字なので，「同伴者」の右下にある▼をクリックし，［テキストフィルター］→［ユーザー設定フィルター］の「オートフィルターオプション」ウィンドウで，2文字目に“人”を含むレコードを条件として設定すれば良い。“?人”は1文字目は何でもよく，2文字目は“人”を意味している。すなわち半角文字の“?”（クエスチョンマーク）は任意の1文字を示し，同じく半角文字の“*”（アスタリスク）は，任意の文字列を示す。これらはワイルドカードと呼ばれ，コンピュータの黎明期から使用されている。

画面 5-27　オートフィルターオプション

例題 5-9

画面 5-20 のアンケートデータのうち，来店時間が 17 時以降で，かつ支払金額が 3,000 円以上のレコードを抽出しなさい。

解答例

手順 1）　まず条件の表を作成する。フィールド名に「来店時間」および「支払金額」を記載する。次に条件を記載する。来店時間が 17 時以降と言うことは，アンケートデータでは「17:00 ～ 20:00」または「20:00 ～ 23:00」が該当するので，その 2 つの条件を列方向に記載する。次にこれらの条件「かつ」支払金額が 3,000 円以上であるので，行方向に支払金額を「>=3000」と記載する。

手順2)　前例と同様に，［詳細設定］を行う。リスト範囲は元のデータ，検索条件範囲は（手順1）において作成した表を設定し，［OK］を押すと，設定した条件を満たすレコードが抽出される。

	A	B	C	D	E
1	No.	同伴者	来店人数（人）	支払金額（税込）	来店時間
7	6	友人	3	3,689	17:00～20:00
10	9	友人	5	4,697	17:00～20:00
12	11	友人	3	3,821	20:00～23:00
17					
18	来店時間	支払金額（税込）			
19	17:00～20:00	>=3000			
20	20:00～23:00	>=3000			

画面5-28　複数条件による抽出

例題 5-10

画面5-20のアンケートデータのうち，同伴者が恋人以外で，かつ支払金額が1000円代のレコードを抽出しなさい。ただし抽出は別の表とし，「No.」「来店人数」「来店時間」のみを表示させなさい。

解答例

手順1)　まず条件の表を作成する。フィールド名に「同伴者」および「支払金額」を記載する。次に条件を記載する。まず同伴者は「恋人以外」であるので，「≠」を意味する「<>」を利用して「<> 恋人」と記入する。支払金額は1,000円代であるので，1,000円以上かつ2,000円未満である。したがって条件のフィールド名に「支払金額」を行方向に増やし，1,000円以上と言う条件と2,000円未満と言う条件の双方を記載する。

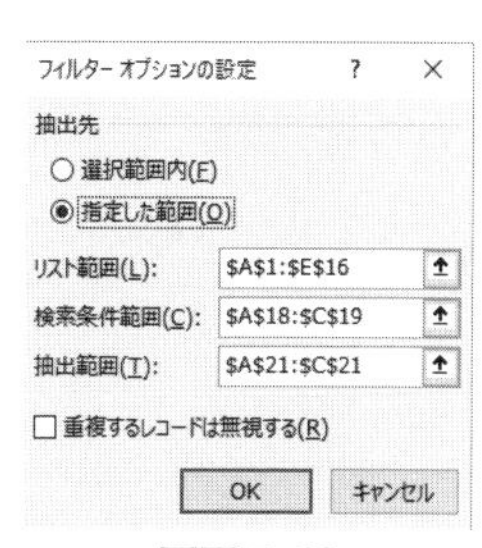

画面5-29 フィルターオプションの設定

手順2)　これまでと異なるのは，抽出は別の表に行うということと，そのレコードの全てのデータを出すのではなく，必要なフィールドのみ抽出すると言うことである。このために，必要なフィールドのみを新たに別の場所に準備を行う。今回は「No.」「来店人数」「来店時間」のフィールド名を記載する。

手順3)　前例と同様に［詳細設定］でフィルターオプションの設定を行う。抽出先は「指定した範囲」とし，「リスト範囲」「検索条件範囲」に加え，

「抽出範囲」において，必要なフィールドを指定する。

手順 4)　設定が済めば［OK］を押すと，元のデータはそのままに，該当するレコードの，必要なフィールドのみが新たな表として表示される。

	A	B	C	D	E
1	No.	同伴者	来店人数（人）	支払金額（税込）	来店時間
2	1	友人	3	3,359	11:00～14:00
3	2	恋人	2	1,909	11:00～14:00
4	3	友人	2	1,139	14:00～17:00
5	4	友人	4	1,621	14:00～17:00
6	5	友人	2	1,249	14:00～17:00
7	6	友人	3	3,689	17:00～20:00
8	7	恋人	2	2,360	17:00～20:00
9	8	友人	3	1,051	17:00～20:00
10	9	友人	5	4,697	17:00～20:00
11	10	恋人	2	1,844	20:00～23:00
12	11	友人	3	3,821	20:00～23:00
13	12	なし	1	548	8:00～11:00
14	13	恋人	2	1,537	11:00～14:00
15	14	なし	1	899	11:00～14:00
16	15	同僚	2	1,909	11:00～14:00
17					
18	同伴者	支払金額（税込）	支払金額（税込）		
19	<>恋人	>=1000	<2000		
20					
21	No.	来店人数（人）	来店時間		
22	3	2	14:00～17:00		
23	4	4	14:00～17:00		
24	5	2	14:00～17:00		
25	8	3	17:00～20:00		
26	15	2	11:00～14:00		

画面 5-30　複数条件による抽出

課題 5-6

「外食チェーンアンケートデータ（数値・項目名データ）」から

① 自転車または自動車で来店し，アルコールを注文している利用者。

② リピートの意向が「来る」または「多分来る」で，店への滞在時間が 45 分未満の 30 歳代男性。

の条件を満たすレコードを，それぞれ抽出してみなさい。

4. 集　計

データには，数値だけでなく，アンケート等の結果をそのまま表示した文字データがある。それらはそのままでは分析しづらいため，時に数値データに置き換えて集計される。例えば「良い」「やや良い」「普通」といった項目名データを，それぞれ「5」「4」「3」と置くことで，平均などを算出することが可能となろう。ただ同じ数値データでも，それらは実際の数値データではないため「質的データ」と呼ばれる。一方で「来店人数」や「支払金額」は実際の数値であるため，「量的データ」と呼ばれる。したがってデータを扱う際には，集計項目にどちらのデータを設定するか，またどちらを利用するか，よく理解しておく必要がある。そこで本節では，アンケートデータの便利な集計方法として，ピボットテーブルを学修する。ピボットテーブルを用いると，フィルターよりもより複雑なデータ集計および分析を行うことができる。

(1) ピボットテーブルとは

調査データの集計には，質問ごとに回答数をカウントする単純集計，質問項目間の関連性を見るクロス集計，特定の条件を満たすデータのみを集計する条件付き集計などがある。このようなニーズに応える機能として，ピボットテーブルレポートがある。

ピボットテーブルレポートは，ダイナミッククロス集計とも呼ばれる。リスト形式の項目名を用いて自在に集計表の作成，分析を行うことができ，一度に大量のデータを処理することができる，対話型集計テーブルである。ややこしい式や関数を使うことなく，ドラッグ＆ドロップの操作のみによって集計等の処理を行うことが可能であり，また大量のデータでも一瞬にしてデータが可視化される，強力なデータ分析ツールである。さらにピボットグラフレポートを用いると，ピボットテーブルレポートの結果をグラフ化することができる。このピボットテーブルグラフは，通常のグラフにデータ分析機能が追加されており，グラフ上でも様々な分析が行えるようになっている。

なお，ピボットテーブルを作成する際に注意しなければいけない点は，次の通りである。

① フィールド名が記入されていること

② データに空白がないこと

③ １件のレコードに対して一行でデータが入力されていること

これらを満たしていない場合には，うまく結果が計算されない場合がある。それでは順にピボットテーブルによるデータ分析手法を学んでいこう。

(2) 単純集計

手法の解説

ここではまず，最も単純なデータの集計方法を学修する。ピボットテーブルはこれまでの処理の方法とは少し異なり，Excelのシート上にピボットテーブル専用の領域が表示され，画面の右側に作業ウィンドウが開く。設定の多くは作業ウィンドウによって行われるが，マウスのクリックによって作業が完了するために，その使い方をマスターしておけば，たいへん便利に利用することができる。

Excelでの処理

集計を行いたいデータの，データ上のどこかにセルポインタを置く。その後，［挿入］→［テーブル］→［ピボットテーブル］を押すと，「ピボットテーブルの作成」ダイヤログボックスが開く。「テーブルまたは範囲を選択」では，Excelが自動的に元のデータ全体を選択しているはずである。もしも異なっている場合には，修正を行う。

次に「ピボットテーブルレポートを配置する場所を選択してください」では，新たなワークシートで分析を行う場合には「新規ワークシート」を，すでに存在するワークシートの上で分析を行いたい場合には「既存のワークシート」を押し，さらにその場所を指定する。その後［OK］を押すと，ワークシート上にピボットテーブルを表示させるためのウィンドウが表示され，さらに画面の右側に，「ピボットテーブルのフィールド」作業ウィンドウが開く。作業ウィンドウの上半分は「フィールドリスト」と言い，選択したデータのフィールド名が列挙される。

作業ウィンドウの下半分には，「フィルター」「列」「行」「値」の4つの項目を設定する領域が現れる。単純集計の場合には，「行」に集計を行いたいフィールド名を，「値」に同じく集計を行いたいフィールド名を，それぞれドラッグする。

その後，求めたいデータの種類によって，「値」のフィールドの名の横に表示された▼をクリックし，［値フィールドの設定］によって，どのような分析を行いたいか設定をしていく。なお，ワークシート上のピボットテーブル領域にポインタがある場合には，「ピボットテーブルのフィールド」作業ウィンドウが表示される。その他の場所にポインタがある場合には表示されないため，作業ウィンドウを表示させたい場合には，ピボットテーブルの領域のどこかにポインタを置けば良い。

例題 5-11

「外食チェーンアンケートデータ（数値・項目名データ）」から，同伴者の単純集計をしてみなさい。

解答例

手順 1)　まずピボットテーブルのシートを作成する。アンケートデータの中のどこかの位置にポインタを置き，［挿入］→［テーブル］→［ピボットテーブル］を押すと，「ピボットテーブルの作成」ダイアログボックスが開く。

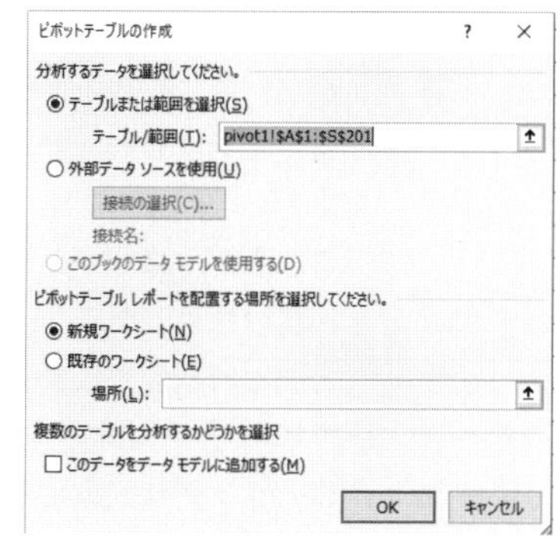

画面 5-31
ピボットテーブルの作成ダイアログボックス

手順 2)　「テーブルまたは範囲を選択」において，元データの範囲が正しく設定されているかを確認する。もしも異なっている場合は，あらためて「テーブル / 範囲」を設定する。次に「ピボットテーブルレポートを配置する場所を選択してください。」では今回は，新たなワークシートで分析を行ってみるため，「新規ワークシート」にチェックを入れる。その後［OK］を押すと新たなシートが作成され，そのセルの一部にピボットテーブルの領域が表示される。

手順 3)　画面右側の「ピボットテーブルのフィールド」作業ウィンドウの「フィールドリスト」から「同伴者」を下の「行ボックス」にドラッグする。するとワークシート上のピボットテーブルの領域に「行ラベル」として，データに存在する「同伴者」の種類が全て列挙される。

手順 4)　同様に「フィールドリスト」から「同伴者」を下の「値ボックス」にドラッグする。するとワークシート上のピボットテーブルの領域

3	行ラベル	個数 / 同伴者
4	その他	3
5	なし	26
6	家族	57
7	同僚	20
8	夫婦	34
9	友人	49
10	恋人	11
11	総計	200

画面 5-32
同伴者の単純集計結果

に「個数 / 同伴者」として，データに存在する「同伴者」のデータの数が計算され，総計とともに表示される。「行ラベル」の順序が思い通りでない場合には，「行ラベル」右の▼をクリックし，項目の順序を変更することも可能である。

例題 5-12

前問のピボットテーブルを利用し，同データから来店人数の単純集計をしてみなさい。

解答例

手順 1）最初に前問のデータを削除する。「ピボットテーブルのフィールド」作業ウィンドウの「行ボックス」の「同伴者」の右にある▼をクリックする。「フィールドの削除」を選択すると，フィールド名が削除される。もしくは「フィールド名」を Excel のシート上にドラッグしても同様の結果となる。「値ボックス」に関しても削除する。

手順 2）前問と同様の方法で，「ピボットテーブルのフィールド」作業ウィンドウにおいて，「来店人数（人）」を「行ボックス」，「値ボックス」ともにドラッグして設定する。

手順 3）ワークシートのピボットテーブル領域に単純集計が行われたが，期待通りの集計が行われていない。これは行ラベルが文字ではなく数値の場合には，自動的にそれらの合計を計算するように設定されているからである。そこで「値ボックス」の「合計 / 来店人数（人）」右の▼をクリックし，「値フィールドの設定」を選択すると，「値フィールドの設定」ダイヤログボックスが表示される。「集計方法」タブの「選択したフィールドのデータ」が「合計」になっているので，「個数」に変更し，［OK］を押すと，来店人数の単純集計結果が表示される。なおこのダイヤログボックスは，ピボットテーブル領域に表示された「合計 / 来店人数（人）」をダブルクリックしても表示される。

3	行ラベル	個数 / 来店人数
4	1	26
5	2	94
6	3	52
7	4	18
8	5	9
9	6	1
10	**総計**	**200**

画面 5-33
来店人数の単純集計結果

補足 1）ピボットテーブルの集計方法によっては，表が横長の大きなものになってしまう場合がある。コンパクトに表示させたい場合には，［デザイン］→［レイアウト］→［レポートのレイアウト］で表示形式を選択すれば良い。「表形式で表示」にすれば，印刷に適した形式で表示される。

補足 2）集計元のデータが変更された場合，そのままではピボットテーブルに反映されないことに注意しなければならない。元のデータが変更された場合には，［ピボットテーブル分析］→［データ］→［更新］を押すことにより初めて，変更された元データを反映した処理を行い，結果が表示される。またデータを追加した場合，元のデータがテーブル形式の場合には同様の［更新］のみでよいが，通常の表である場合には，ピボットテーブルとして利用する範囲を変更しなければならない。その際には［ピボットテーブル分析］→［データ］→［データソースの変更］をクリックして［データソースの変更］選択，元のデータの範囲を正しいものに設定し直せば良い。

(3) クロス集計

手法の解説

クロス集計とは，データに複数の項目がある場合，その項目中の2つもしくは3つの項目を組合せて，二次元の表の形で表現する分析手法である。単純な表やグラフで視覚的に表現でき，そのデータ項目間の特徴や傾向を，見やすくまとめることが可能なため，市場調査やアンケート調査などでは，ごく一般的に利用される手法である。

Excel での処理

単純集計と同様，「ピボットテーブルのフィールド」作業ウィンドウによって設定を行う。行方向に入れたいデータを「行ボックス」に，列方向に入れたいデータを「列ボックス」に，それぞれ「フィールドボックス」からドラッグして入れる。このとき，ワークシートのピボットテーブル領域に自分が作りたいクロス集計のフィールド名およびデータ項目が表示されているか確認をし，うまく表示されていない場合には修正を行う。「値ボックス」には，基本的には「列」ボックスに入れたフィールド名と同じものをドラッグして設定する。なお2項目間のデータのクロス集計の場合には，「値ボックス」にはどちらのフィールド名を入れても同じ結果が表示される。

例題 5-13

「外食チェーンアンケートデータ（数値・項目名データ）」から，来店時間と回答者の年代に関して，クロス集計をしてみなさい。ただし来店時間は，実際の時間順に表示させること。

解答例

手順 1)　新規シートにピボットテーブルを作成し，作業ウィンドウを開く。「行ボックス」に「来店時間」を，「列ボックス」に「回答者の年代」を，「値ボックス」にも「回答者の年代」を，それぞれ設定する。すると「来店時間」と「回答者の年代」のクロス集計が作成され，時間帯ごとに，どの年代の利用客が何人いたかというデータが表示される。

手順 2)　このままでは，行ラベル（来店時間帯）が順番に並んでいない。これは時間帯が数字データではなく文字データで判別されているためであり，文字の昇順に並んでいるからである。今回は一番下に表示されている「8:00 ～ 11:00」の項目が一番上にあればそれで期待する順序になるため，「8:00 ～ 11:00」のセルをクリックして選択する。次にセルの周囲にある黒い太枠の部分にポインタを合わせると，ポインタの形が十時の矢印の形となる。その状態でそのセルをそのままドラッグすると，セル上に太い線が表示されるため，一番上の「11:00 ～ 14:00」の上のところまでドラッグし，離す。すると「8:00 ～ 11:00」の項目が一番上に表示され，期待する順序で表示される。期待通りでない項目が複数ある場合には，これを繰り返せば良い。

3	個数 / 回答者の年代	列ラベル							
4	行ラベル	10代	20代	30代	40代	50代	60代	70代以上	総計
5	8:00～11:00		1	2	2	2	1		8
6	11:00～14:00	2	12	22	16	17	6	2	77
7	14:00～17:00	3	4	7	5	6	3	1	29
8	17:00～20:00	4	13	16	13	9	2		57
9	20:00～23:00	2	7	8	6	5	1		29
10	総計	11	37	55	42	39	13	3	200

画面 5-34　来店時間と回答者の年代におけるクロス集計の結果

例題 5-14

前問の集計結果に，性別の項目を加え，来店時間・回答者の年代・性別の 3 点によってクロス集計をしてみましょう。なお小計（集計）は表示させず，総計は列のみ表示させてみなさい。

解答例

手順 1)　前問のピボットテーブルの結果を表示させ，「ピボットテーブルのフィールド」作業ウィンドウを開く。

手順 2)　「列」ボックスに「性別」をドラッグすると，回答者の年代ごとに性別が分割して集計され，表示される。

手順3)　小計（集計）や総計の表示を消す。リボンの［デザイン］→［レイアウト］→［小計］をクリックし，「小計を表示しない」を選択すると，各項目の小計（集計）が表示されなくなる。続いて同様に，［デザイン］→［レイアウト］→［総計］をクリックし，「列のみ集計を行う」を選択すると，列のみ（行方向のみ）総計が表示される。

3	個数 / 回答者の年代	列ラベル ▾													
4		⊟10代		⊟20代		⊟30代		⊟40代		⊟50代		⊟60代		⊟70代以上	
5	行ラベル ▾	女	男	女	男	女	男	女	男	女	男	女	男	女	男
6	8:00～11:00			1		1	1	1	1	2		1			
7	11:00～14:00	1	1	7	5	14	8	9	7	10	7	3	3	1	1
8	14:00～17:00	3		1	3	4	3	3	2	5	1	1	2	1	
9	17:00～20:00	3	1	9	4	11	5	9	4	5	4	1	1		
10	20:00～23:00		2	1	6	4	4	2	4	1	4		1		
11	総計	7	4	19	18	34	21	24	18	23	16	6	7	2	1

画面 5-35　3項目におけるクロス集計の結果

課題 5-7

「外食チェーンアンケートデータ（数値・項目名データ）」から，職業ごとの平均滞在時間を求めてみなさい。

(4) 条件付き集計（フィルター）

手法の解説

ピボットテーブルレポートには，行・列・データともう1つレポートフィルターページがある。これを利用すると回答項目ごとにページをめくるように集計結果が得られる。また，ページには複数の項目を設定でき，それを利用すると条件付きの集計結果を得ることができる。

Excel での処理

これまでの集計と同じく，「ピボットテーブルのフィールド」作業ウィンドウによって設定を行う。単純集計，クロス集計と同じ要領で「列ボックス」「値ボックス」に，それぞれ「フィールドボックス」からフィールド名をドラッグして入れる。ただこれまで「行ボックス」に入れていたフィールド項目については「フィルターボックス」にドラッグさせる。するとピボットテーブルの最上段に，条件付きのデータを表示させるためのフィルター部分が表示される。このフィルターを操作することにより，行ボックスに選択しているフィールド名の項目を，簡単に抽出して表示させることができる。

例題 5-15

「外食チェーンアンケートデータ（数値・項目名データ）」から，以下の条件にあてはまる利用者のみの滞在時間の平均を表示させてみなさい。

① 自転車で来店した利用者。

② 公共交通機関を利用して来店した利用者。

解答例

手順 1）　アンケートデータを元にピボットテーブルを作成し，作業ウィンドウを開く。来店方法ごとに抽出を行いたいので，「フィルターボックス」に「来店方法」を，「値ボックス」に「滞在時間（分）」を設定する。すると滞在時間の合計が表示されてしまうため，「値ボックス」の「合計 / 滞在時間（分）」の右にある▼をクリックし，「値フィールドの設定」を選択，開いたダイヤログボックスで「値フィールドの集計」を「平均」にする。これで画面上には，全ての客の平均滞在時間が表示される。

手順 2）　来店方法の欄が「(すべて)」になっているので，その横の▼をクリックしてフィルターの抽出を行う。例えば自転車で来店した利用者の平均だけを調べたい場合には，開いたメニューの中で「(すべて)」になっているところから「自転車」をクリックし［OK］を押せば，自転車で来店した利用者だけの平均滞在時間が表示される。

1	来店方法	自転車
2		
3	**平均 / 滞在時間**	
4	70.5	

画面 5-36
自転車で来店した利用者の平均滞在時間

手順 3）　次に公共交通機関を利用して来店した利用者であるが，これは今回「バス」と「電車」の両方である。したがってフィルターの抽出ウィンドウにおいて，一番下にある「複数のアイテムを選択」のチェックボックスをオンにする。これで複数の選択が可能になるので，「バス」「電車」のチェックボックスをオンにして［OK］をクリックすると，目的の結果が表示される。

1	来店方法	(複数のアイテム)
2		
3	**平均 / 滞在時間**	
4	77	

画面 5-37
公共交通機関で来店した利用者の平均滞在時間

例題 5-16

「外食チェーンアンケートデータ（数値・項目名データ）」から，10代・20代の女性の同伴者について集計を行ってみなさい。またそのうち友人と来店した利用者のレコードを抽出してみなさい。

解答例

手順1）アンケートデータを元にピボットテーブルを作成し，作業ウィンドウを開く。「フィルターボックス」に入れて抽出を行いたいのは10代・20代の女性であるので，「回答者の年代」「性別」をドラッグして設定する。次に結果を知りたいものは同伴者であるので，「列ボックス」に「同伴者」をドラッグして入れる。同伴者が誰であったかその人数について知りたいので，「値ボックス」には「同伴者」を入れると，同伴者別の人数が全員分表示される。

手順2）ピボットテーブルの上部に，「回答者の年代」と「性別」のフィルターが生成されている。今回，回答者の年代は10代と20代であるので，（すべて）の横の▼をクリックし，抽出のメニューを開く。（すべて）の横のチェックボックスを外し，あらためて10代と20代のみチェックボックスをオンにし，［OK］を押す。すると10代と20代のみの同伴者のデータ個数が抽出され，表示される。続けて性別についても同様に，女性だけの抽出を行うと，10代・20代の女性の同伴者別の人数が表示される。

	A	B	C	D	E	F	G	H
1	回答者の年代	(複数のアイテム)						
2	性別	女						
3								
4		列ラベル						
5		なし	家族	同僚	夫婦	友人	恋人	総計
6	個数 / 同伴者	2	3	2	2	11	6	26

画面 5-38　10代・20代の女性の同伴者のフィルター抽出

手順3）さらにこのうち，友人と来店した利用者の，実際のレコードを表示させる。今回，ピボットテーブルの抽出により，該当するデータが11件あることが表からわかる。実際のデータを表示させるには，この11という数字をダブルクリックすれば良い。すると新しいシートに，元々のデータから該当するデータのみが抽出され，表の形式で表示される。この作業は「ドリルスルー」と呼ばれる。

1	No.	同伴者	来店人数	支払金額	来店時間	ドリンクバー注文人数	アルコール注文人数	滞在時間	性別	回答者の年代
2	48	友人	2	3126	20:00～23:0	0	2	95	女	20代
3	41	友人	3	2589	17:00～20:0	3	0	90	女	20代
4	3	友人	2	1139	14:00～17:0	2	0	80	女	10代
5	4	友人	4	1621	14:00～17:0	4	0	130	女	10代
6	5	友人	2	1249	14:00～17:0	2	0	85	女	10代
7	38	友人	3	722	17:00～20:0	3	0	60	女	20代
8	36	友人	2	1909	17:00～20:0	2	0	80	女	20代
9	8	友人	3	1051	17:00～20:0	3	0	75	女	10代
10	9	友人	5	4697	17:00～20:0	5	0	120	女	10代
11	23	友人	3	3084	11:00～14:0	3	0	75	女	20代
12	20	友人	2	1964	11:00～14:0	2	0	75	女	20代

画面 5-39　10 代・20 代の女性の同伴者（友人）のレコード一覧（一部）

課題 5-8

「外食チェーンアンケートデータ（数値・項目名データ）」のうち，飲酒運転になる可能性のあるレコードがあれば抽出しなさい。

（ヒント）自転車 / 自動車 / バイクで来店し，アルコールを注文している客のうち，「来店人数」＝「アルコール注文人数」のレコードがあれば飲酒運転になる可能性がある。

(5) 複雑な集計（構成比，累計，複数集計，ドリルダウン集計，スライサー）

このほかにもピボットテーブルを利用した，様々な集計方法があるので例題によって紹介を行う。

例題 5-17（構成比）

「外食チェーンアンケートデータ（数値・項目名データ）」から，リピート意向の構成比を表示しなさい。

解答例

手順 1）　アンケートデータを元にピボットテーブルを作成し，作業ウィンドウを開く。「行ボックス」「値ボックス」ともに「リピート意向」をドラッグして入れると，リピート意向ごとの個数が表示される。行ラベルの順序がバラバラであるので，ドラッグして整えても良い。

手順 2）　現在は個数が示されているが，ここに構成比を出したい。「値ボックス」の［個数 / リピート意向］（もしくはその右の▼）をクリックし，開いたメニューより「値フィールドの設定」を選択する。開いたダイヤログボックスの中の，「計算の種類」タブを開き，「計算なし」をクリックして，「総計に対する比率」に変更する。さらに小数点等の表示形式を整えたい場合には，「表示形式」を整えれば良い。［OK］を押すと，リピート傾向が割合で表示される。

3	行ラベル	個数 / リピート意向
4	来る	21.00%
5	多分来る	37.00%
6	どちらともいえない	30.50%
7	多分来ない	8.00%
8	来ない	3.50%
9	総計	100.00%

画面 5-40　構成比による表示

例題 5-18（累計）

「外食チェーンアンケートデータ（数値・項目名データ）」から，時間帯ごとの累計の来店人数を表示しなさい。

解答例

手順 1）　アンケートデータを元にピボットテーブルを作成し，作業ウィンドウを開く。「行ボックス」に「来店時間」を，「値ボックス」に「来店人数」をドラッグして入れると，時間帯ごとの来店人数が表示される。また行ラベルの順序をドラッグして整えておく。

3	行ラベル	累計人数
4	8:00～11:00	16
5	11:00～14:00	196
6	14:00～17:00	262
7	17:00～20:00	415
8	20:00～23:00	493
9	総計	

画面 5-41
累計による表示

手順 2）　「値ボックス」の「来店人数」をクリックし，「値フィールドの設定」を選択する。「値フィールドの設定」ダイヤログボックスが開くので，「計算の種類」タブの「計算の種類」を「累計」に変更し，「基準フィールド」が「来店時間」であることを確認する。「名前の指定」をわかりやすく「累計人数」と入力して変更し，後に［OK］を押すと，時間帯ごとに累計の人数が表示される。

例題 5-19（複数集計）

「外食チェーンアンケートデータ（数値・項目名データ）」から，回答者の年代別・来店時間帯別に，ドリンクバーとアルコールのそれぞれの注文人数の合計を見やすい表にまとめてみなさい。

解答例

手順 1）　アンケートデータを元にピボットテーブルを作成し，作業ウィンドウを開く。「行ボックス」に「回答者の年代」，「列ボックス」に「来店時間」をドラッグして設定する。次に表示させたいのは「ドリンクバー」と「アルコール」のそれぞれの注文人数であるから,「値ボックス」に「ドリンクバー注文人数」「アルコール注文人数」の2つを設定する。すると年代ごと，かつ時間帯ごとのドリンクバーとアルコールの注文人数の合計が表示される。

手順2)　しかし横長の表になり，大変見づらい。そこでこの表を見やすい形に変形する。ピボットテーブルのフィールド作業ウィンドウを見ると，列ボックスの箇所に「Σ値」というフィールドが自動的に追加されていることが分かる。これは値ボックスの中に複数のフィールド名が挿入された場合に，その表示をどこに表示させるかというものである。これは基本的に列フィールドに追加されるために，表が横長になってしまっている。そこでこの「Σ値」をドラッグし，行フィールドに移動させる。これで縦方向に値が表示され，おなじみの縦長の表となり，見やすい表が完成する。

3		列ラベル					
4	行ラベル	8:00~11:00	11:00~14:00	14:00~17:00	17:00~20:00	20:00~23:00	総計
5	10代						
6	合計 / ドリンクバー注文人数		5	8	10	3	26
7	合計 / アルコール注文人数		0	0	0	0	0
8	20代						
9	合計 / ドリンクバー注文人数	1	13	5	13	4	36
10	合計 / アルコール注文人数	0	0	0	2	5	7
11	30代						
12	合計 / ドリンクバー注文人数	4	29	15	24	7	79
13	合計 / アルコール注文人数	0	0	0	1	6	7
14	40代						
15	合計 / ドリンクバー注文人数	5	21	7	8	8	49
16	合計 / アルコール注文人数	0	0	0	5	0	5
17	50代						
18	合計 / ドリンクバー注文人数	4	20	7	17	7	55
19	合計 / アルコール注文人数	0	0	0	1	2	3
20	60代						
21	合計 / ドリンクバー注文人数	2	6	3	3	0	14
22	合計 / アルコール注文人数	0	0	0	2	0	2
23	70代以上						
24	合計 / ドリンクバー注文人数		0	0			0
25	合計 / アルコール注文人数		0	0			0
26	**全体の 合計 / ドリンクバー注文人数**	**16**	**94**	**45**	**75**	**29**	**259**
27	**全体の 合計 / アルコール注文人数**	**0**	**0**	**0**	**11**	**13**	**24**

画面 5-42　複数集計による表示

例題 5-20（ドリルダウン集計）

「外食チェーンアンケートデータ（数値・項目名データ）」から,「他者への推薦度」の各項目の人数を出し,「多分薦める」と言った人がどれくらいの「リピート意向」を持っているか，またそのリピート意向で「来る」と答えた人のうちの「味付け」への評価はどうであったか，順に掘り下げて分析してみなさい。

解答例

手順1)　アンケートデータを元にピボットテーブルを作成し，作業ウィンドウを開く。「行ボックス」および「値ボックス」に「他者への推薦度」をドラッグして設定する。ピボットテーブルには，他者への推薦度の各項目の人数が表示される。もしも順序がおかしい場合には各項目をドラッグし，修正しておく。

3	行ラベル	個数 / 他者への推薦度
4	⊞薦める	6
5	⊟多分薦める	56
6	⊟来る	20
7	良い	3
8	やや良い	10
9	普通	7
10	⊞多分来る	34
11	⊞どちらともいえない	2
12	⊞どちらともいえない	114
13	⊞多分薦めない	10
14	⊞薦めない	14
15	総計	200

画面 5-43
ドリルダウン集計による表示

手順2)　「多分薦める」の項目をダブルクリックすると，「詳細データの表示」ダイヤログボックスが表示される。「詳細データを表示するフィールドを選択してください」から「リピート意向」を選択して［OK］を押すと，「多分薦める」の項目の中に，リピート意向の各項目の人数が表示される。

手順3)　同様に「来る」の項目をダブルクリックすると「詳細データの表示」ダイヤログボックスが表示されるので，「味付け」を選択すると，その評価の内容が表示される。

例題 5-21（スライサー）

「外食チェーンアンケートデータ（数値・項目名データ）」において，職業別に総合評価の各項目の人数を表示させ，スライサーを用いて各項目もしくは複数の項目のみ表示させるようにしてみなさい。

解答例

手順1)　アンケートデータを元にピボットテーブルを作成し，作業ウィンドウを開く。「行ボックス」には「職業」を，「列ボックス」と「値ボックス」には「総合評価」を，それぞれドラッグして設定する。ピボットテーブルには，職業別に総合評価の各項目の人数が表示される。

手順2)　ピボットテーブル上の任意のセルにポインタを置き，［ピボットテーブル分析］→［フィルター］→［スライサーの挿入］を選択する。「スライサーの挿入」ダイヤログボックスが開くので，「総合評価」チェックボックスをオンにして［OK］を押す。「総合評価」のスライサーメニューが出てくるので，例えば「非常に良い」をクリックすると，総合評価が「非常に良い」データの件数が，職業別に表示される。また「非常に良い」と「良い」「やや良い」の3点を表示させたい場合には，スライサーのメニューで右下の ☰ を押せば複数選択をすることができる。解除をする場合には，スライサーメニューの右上にある，×印を押せば全て消える。なおスライサーを複数表示させることもできるため，感覚的にデータの概要をつかみ取ることができる手法でもある。

3	個数 / 総合評価	列ラベル			
4	行ラベル	やや良い	非常に良い	良い	総計
5	学生	10		5	15
6	パート・アルバイト	14	1	6	21
7	会社員	29	1	5	35
8	会社役員	1		2	3
9	公務員	1		1	2
10	自営業	3			3
11	専業主婦（夫）	7	2	10	19
12	無職	1			1
13	総計	66	4	29	99

総合評価
やや悪い
やや良い
悪い
非常に悪い
非常に良い
普通
良い

画面 5-44　スライサーによる集計表示

補足）同様な機能として，「タイムライン」による集計も可能である。タイムラインはある一定期間など指定した間のデータだけを抽出する機能である。前述のスライサーとほぼ同じく視覚的に操作を行い，希望するデータの情報を取り出し，分析に役立てようとするものである。

(6) ピボットグラフ

手法の解説

ピボットテーブルでは，抽出して分析したデータをそのままグラフにすることができる。それをピボットグラフと言う。ピボットグラフは普通のExcelのグラフに対し，グラフの中においてもクリックだけで必要なデータだけを抽出すれば，表がそれに連動して表示させることが可能である。したがって，よりいっそう視覚的・直感的にデータの傾向等を発見し，表示させることができる便利なグラフである。

Excelでの処理

すでにピボットテーブルが完成した状態で，［ピボットテーブル分析］→［ツール］→［ピボットグラフ］を選択する。通常のグラフを描くときと同様，

「グラフの挿入」ダイヤログボックスが開くので，目的のグラフを選択し，グラフを完成させる。通常のグラフと異なる点は，横軸（x 軸）や凡例部分（y 軸）にメニューが存在し，そこにおいてデータを自由に，しかもグラフ上で直接抽出できることである。その抽出に応じて，必要な部分だけが描画される。

例題 5-22

「外食チェーンアンケートデータ（数値・項目名データ）」において，来客の時間帯ごとに，同伴者別のドリンクバー注文人数を，ピボットグラフにしなさい。その後，開店から午後5時までの，「家族」「夫婦」「同僚」のみのグラフを作成してみなさい。

解答例

手順 1)　アンケートデータを元にピボットテーブルを作成し，作業ウィンドウを開く。「行ボックス」には「来店時間」を，「列ボックス」には「同伴者」を，「値ボックス」には「ドリンクバー注文人数」を，それぞれドラッグして設定する。ピボットテーブルには，来店時間帯別に同伴者ごとのドリンクバー注文人数が集計される。時間帯が順序どおり表示されていない場合には，データを直接ドラッグし修正しておく。

手順 2)　ピボットテーブル上の任意のセルにポインタを置き，［ピボットテーブル分析］→［ツール］→［ピボットグラフ］を選択する。時系列のグラフであるので，今回はマーカー付き折れ線グラフを選び［OK］を押す。通常の Excel のグラフと同様，シート上にグラフが表示されるので，各種の調整を行う。

手順 3)　まず時間帯が開店から午後5時までであるので，x 軸（横軸）の左下に表示されている［来店時間］の▼をクリックし，「8:00 ～ 11:00」「11:00 ～ 14:00」「14:00 ～ 17:00」の3つのチェックボックスのみをオンにする。次に右側の凡例にある［同伴者］の▼をクリックし，「家族」「夫婦」「同僚」のみのチェックボックスをオンにすると完成する。

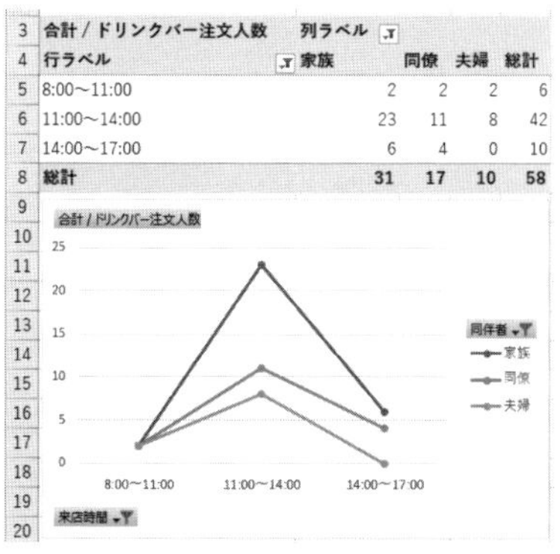

合計 / ドリンクバー注文人数	列ラベル			
行ラベル	家族	同僚	夫婦	総計
8:00～11:00	2	2	2	6
11:00～14:00	23	11	8	42
14:00～17:00	6	4	0	10
総計	31	17	10	58

画面 5-45
ピボットグラフによる集計表示

課題 5-9

「外食チェーンアンケートデータ（数値・項目名データ）」において，回答者の年代ごとの支払金額の最大値をピボットグラフ（棒グラフ）に表示させ，そこから「10 代」「30 代」「50 代」「70 代以上」のみをピックアップしたグラフを作成してみなさい。

第Ⅲ部

統 計 編

第6章

ヒストグラムと正規分布

1. ヒストグラム（度数分布）とは

手法の解説

収集したデータがどのような分布特性（分布の中心やバラツキなど）を持っているのかを把握しておくことは，データ分析の第一歩として極めて有意義である。そのための代表的方法として，ここではヒストグラム（度数分布）をとりあげる。

ヒストグラムとは，データが存在する範囲内にいくつかの級を設定し，各データがどの級に該当するか（度数）を数えることにより分布表を作成し分布の形状を把握する方法であり，度数を棒グラフで表したものをヒストグラム（度数分布）と呼ぶ。

度数分布の作成にあたっては級の数，級間隔の設定が１つのポイントとなる。設定の方法の１つにスタージェスの公式がある。ただし，これはあくまで目安を示すものであり，実際には各級の中でデータができるだけ一様にばらつくように（各度数の中央値が代表値として用いられるため），またデータの測定精度などを考慮して，適切な級間隔および級の数が設定される。

級の数………$m=1+3.322\log_{10} N$

級間隔………$i=\dfrac{R}{1+3.322\log_{10} N}$

ただし，N：データ数，R：データの範囲（＝最大値－最小値）

ヒストグラムの作成は一般に次のような手順で行われる。

1）データの収集

2）データの範囲 R（最大値－最小値）を求める

3）級の数 m，級間隔 i を決める

4）級の境界（上限）値を決める

5）各級に入るデータの度数（頻度）を数える

6）ヒストグラムを作成する（横軸に級，縦軸に度数をとる）

補足）スタージェスの公式

スタージェスの公式は，二項分布を前提としている。二項分布とは，コインの裏表など，1回の試行につき2つの事象のどちらかが現れる場合の確率分布である。n 回コインを投げた（試行を行った）ならば，表と裏がそれぞれだいたい $\frac{n}{2}$ 回ずつ出現する確率は大きく，n 回全て表が出る，または全て裏が出るという確率は小さいと予測される。n 回の試行における表と裏の出現の分布は，表の出る確率 p と裏が出る確率 q，$(p+q=1)$ の n 乗で計算され，表が k 回，裏が $n-k$ 回出現する全ての場合を含んだ確率は，$(p+q)^n=\sum_{k=0}^{n}\binom{n}{k}p^k q^{n-k}$ となる。ここで，$\binom{n}{k}$ は n 個の中から k 個を選ぶ場合の数である。コインの表の出る回数を横軸にとり，その場合の表が k 回裏が $n-k$ 回出現する場合の数を縦軸にとると，横軸は k の値（0から n まで），縦軸に n 回のうち k 回を選ぶ場合の数 $\binom{n}{k}$ を棒グラフで表すことになる。これにより中央付近に山，左右両端にすそのあるヒストグラムができる。このヒストグラムの横軸の数字の数 $n+1$ が階級の数，全ての階級に属する縦軸の場合の数の和が全データ数（標本）になる。n 回コインを投げたとき，表と裏の考えられる事象が出現する場合の数 N は，$N=2^n$ であるがこれは書き換えると $n=\log_2 N$ となる。よって $k=0$ から n までの階級の数 $n+1=1+\log_2 N$ となる。ここで，右辺に底の変換 $\log_2 N=\log_{10} N \div \log_{10} 2$ を行うと $\log_{10} 2=0.3010$ の逆数は3.322であるので，階級の数（0からnまで）$n+1=1+3.322\log_{10} N$ が得られる。今後は，級の数を m と書き

級の数……$m=1+3.322\log_{10} N$

これで級の数が決まったので，各級の幅も求められ，

級間隔……$i=\dfrac{R}{1+3.322\log_{10} N}$

となる。ただし，N：データ数，R：データの範囲（最大値－最小値）

Excel での処理

例題 6-1

画面6-1のセル範囲 A2：D51は，「外食チェーンアンケートデータ」のH列（滞在時間）である。これについて以下の設問に答えなさい。

1）　滞在時間の最小値，最大値，平均値を求めなさい。

2）　スタージェスの公式を利用して，度数分布の級の数，級間隔を設定しなさい。

3）　級間隔の上限を設定しなさい。

4） 分析ツールを用いてヒストグラム（度数分布）を作成しなさい。

注） ツールメニューに分析ツールがない場合は，ツールメニューのアドインで分析ツールを追加する必要がある。（第2章6. 分析ツール参照）

解答例

手順1） 配布した「外食チェーンアンケートデータ」のH列「滞在時間（分）」のデータを50人ずつコピーして，画面6-1のようにセルA2：D51に貼り付けを行う。

手順2） 次の各セルに最小値，最大値，平均値を求める関数を設定する。
セルG2 “=MIN（A2：D51）”
セルG3 “=MAX（A2：D51）”
セルG4 “=AVERAGE（A2：D51）”

手順3） p.120に示したスタージェスの公式から級の数m，級間隔iを求める。
・級の数mを求める。mは小数であるので，小数を整数に四捨五入する。
セルG6 “=ROUND（1+3.322*LOG（COUNT（A2：D51）），0）”
ROUND（“級の数m”, 0）は“級の数m”を四捨五入する関数であり，カンマの次の“0”は小数点以下第1位を四捨五入して整数とすることを示す。
“LOG（　）”は10を底とする対数。
“COUNT（A2：D51）”はセル範囲A2：D51にあるデータ数Nを数える関数。
なお，途中の計算を確かめるために以下のように個別に関数を入力するとよい。
セルI6　データ数N　“= COUNT（A2：D51）”
セルJ6　データ数Nの対数　“= LOG（COUNT（A2：D51））”
セルK6　級の数m　“= 1+3.322*LOG（COUNT（A2：D51））”
セルI7　級間隔i　（＝データ範囲R ÷整数化したm）
“=（G3－G2）/G6”
（p.120でmは小数であるが，ここでは数を明確にするため整数化したmを用いる。）
・級間隔iを切り上げ整数化する
セルG7 “= ROUNDUP（(G3－G2)/G6, 0)”
“ROUNDUP（“級間隔i”, 0)”は“級間隔i”を小数点以下第1位で切り上げて整数化する。

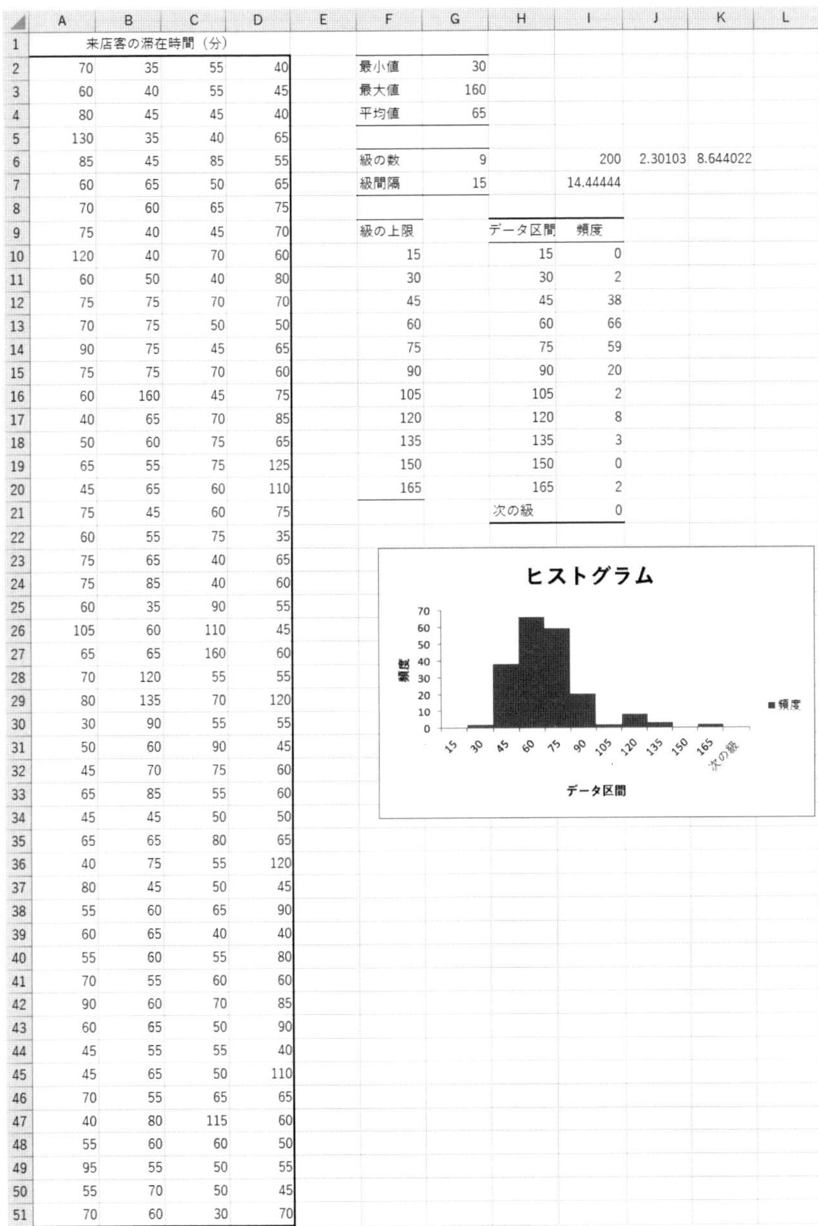

	A	B	C	D	E	F	G	H	I	J	K	L
1	来店客の滞在時間（分）											
2	70	35	55	40		最小値	30					
3	60	40	55	45		最大値	160					
4	80	45	45	40		平均値	65					
5	130	35	40	65								
6	85	45	85	55		級の数	9		200	2.30103	8.644022	
7	60	65	50	65		級間隔	15		14.44444			
8	70	60	65	75								
9	75	40	45	70		級の上限		データ区間	頻度			
10	120	40	70	60		15		15	0			
11	60	50	40	80		30		30	2			
12	75	75	70	70		45		45	38			
13	70	75	50	50		60		60	66			
14	90	75	45	65		75		75	59			
15	75	75	70	60		90		90	20			
16	60	160	45	75		105		105	2			
17	40	65	70	85		120		120	8			
18	50	60	75	65		135		135	3			
19	65	55	75	125		150		150	0			
20	45	65	60	110		165		165	2			
21	75	45	60	75				次の級	0			
22	60	55	75	35								
23	75	65	40	65								
24	75	85	40	60								
25	60	35	90	55								
26	105	60	110	45								
27	65	65	160	60								
28	70	120	55	55								
29	80	135	70	120								
30	30	90	55	55								
31	50	60	90	45								
32	45	70	75	60								
33	65	85	55	60								
34	45	45	50	50								
35	65	65	80	65								
36	40	75	55	120								
37	80	45	50	45								
38	55	60	65	90								
39	60	65	40	40								
40	55	60	55	80								
41	70	55	60	60								
42	90	60	70	85								
43	60	65	50	90								
44	45	55	55	40								
45	45	65	50	110								
46	70	55	65	65								
47	40	80	115	60								
48	55	60	60	50								
49	95	55	50	55								
50	55	70	50	45								
51	70	60	30	70								

画面 6-1　ヒストグラム（度数分布）の作成

手順 4)　データの始まりとしては 0 あるいは最小値の 30 が考えられるが，ここでは 0 とすると，各級の上限は 15，30……となる。セル範囲 F10：F11 にそれぞれ 15，30 と入力後，オートフィルを利用して，F20 に 165 とする。

手順 5)　［データ］→［データ分析］→［ヒストグラム］を選択後，画面 6-2 のように「入力範囲」(ヒストグラムを作成するためのデータの範囲) →“A2：D51”,「データ区間」(級の上限の範囲) →“F10：F20”,「出力先」→（例えば“H9”）を指定して,「グラフ作成」をチェックすれば，画面 6-1 の“データ区間”“頻度”およびヒストグラムが得られる。なお，この度数分布表の H21 の「次の級」は，165 を超えるデータが 0 件であることを示している（ヒストグラムではこれは必ず出力されるので，級の上限を設定するときに考慮しておけばよい)。棒グラフの作成は，［挿入］→［おすすめグラフ］を選択すると，棒グラフが示されているので，それを選択してもよい。

　ここで作成されるグラフは縦棒グラフで，棒と棒の間隔が空いている。ヒストグラムの横軸は階級値の幅を表わすものなので，今の例の場合時間間隔は横軸に対して隙間なく連続である。そのため，次のように棒グラフの間隔を 0 にする必要がある。

手順 6)　棒の 1 つを右クリックし，［データ系列の書式設定］→［系列のオプション］→［系列の重なり］→［要素の間隔］を 0%にすると画面 6-1 のヒストグラムが作成される。

度数分布表およびヒストグラムを作成した結果，次の各点がわかる。

1)　顧客の滞在時間は最短が 30 分，最長が 160 分である。

2)　分布のピークは 46 ～ 60 分にある。

3)　分布は右（滞在時間が長い）の方に尾を引いている。

このように，ヒストグラムではデータの分布特性を視覚的にとらえることはできるが，これでは分布の特性を論じたり，比較分析のための客観的な表現になり得ていない。分布の特性は一般的に中心的傾向，ちらばりの程度，左右対称性，そしてとがりの程度により数値として捉えることができる。

各特性を表す代表的な統計量には，次のものがある（統計量の後のカッコ内はその統計量を求めるための Excel の関数名。図 6-1 参照)

①　**中心的傾向**……平均値（AVERAGE)，中央値（MEDIAN)，最頻値

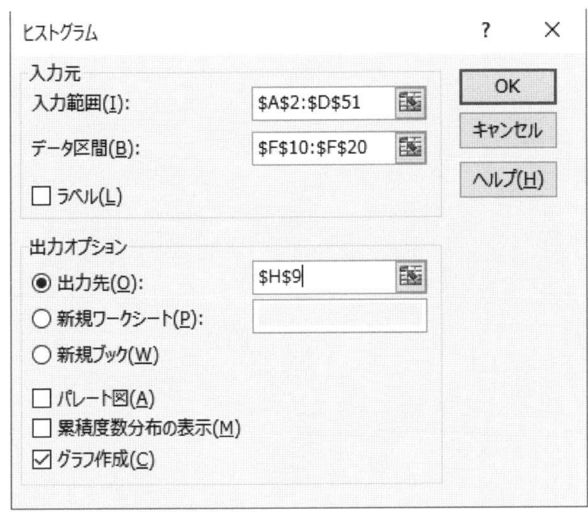

画面 6-2　ヒストグラム（度数分布）の設定

（MODE）など。

② **ちらばりの程度**……範囲（MAX－MIN），平均偏差（AVEDEV），分散（VAR），標準偏差（STDEV）など。

③ **左右対称性（歪みの程度）**……算術平均からの偏差（SKEW），四分位偏差（QUARTILE）

④ **とがりの程度**……尖り度，中心への集中度（KURT）

分布特性に関する各統計量は，上記の関数によって求めることができる他，分析ツールの中の基本統計量で求めることもできる。

補足）AVERAGEIFS では，平均をとるセル範囲を示して，ある条件を満たすセルの値のみを平均値に入れる，という条件付きの平均値を求めることができる。同様に，MAXIFS では条件付きの最大値，MINIFS では条件付きの最小値を求めることができる。分散を求める関数に VAR.S と VAR.P の2種類があるが，両者の違いは次の通りである。VAR.S が計算の対象となるデータが，母集団からの標本とみなして母集団の分散を推定するのに対して，VAR.P は計算対象のデータが母集団そのものとみなしてその分散を求める点にある。標準偏差（STDEV.S，STDEV.P）についても同様である。

次に，画面 6-3 に元の「外食チェーンアンケートデータ」の H 列の通り縦に 200 件の滞在時間が並んだ 1 系列のデータに対して，分析ツールを用いて基本統計量を求めた結果を示す。

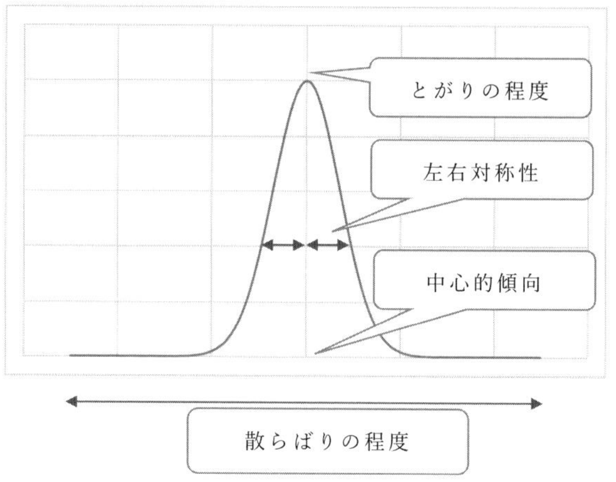

図 6-1　分布の特性

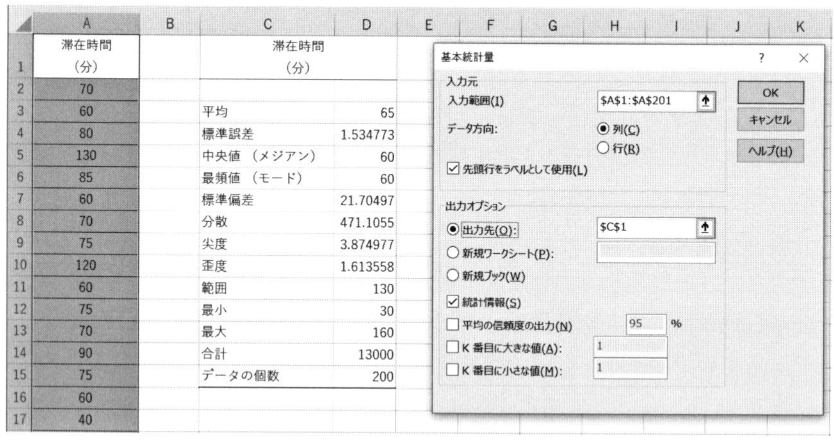

	A	B	C	D
1	滞在時間（分）		滞在時間（分）	
2	70			
3	60		平均	65
4	80		標準誤差	1.534773
5	130		中央値（メジアン）	60
6	85		最頻値（モード）	60
7	60		標準偏差	21.70497
8	70		分散	471.1055
9	75		尖度	3.874977
10	120		歪度	1.613558
11	60		範囲	130
12	75		最小	30
13	70		最大	160
14	90		合計	13000
15	75		データの個数	200
16	60			
17	40			

画面 6-3　滞在時間の基本統計量

例題 6-2

「分析ツール」の「データ分析」を用いて基本統計量を作成しなさい。

解答例

手順 1）「外食チェーンアンケートデータ」の H 列をコピーし A2：A201 の一列に貼り付ける。

手順 2）［データ］→［データ分析］→［基本統計量］を選択。

手順 3）画面6-3の右側のような画面が現れるので,「入力範囲」

→“$A$1：$A$201”，「先頭行をラベルとして使用」→チェック，「出力先」→“$C$1”，「統計情報」→チェック入力→「OK」により左側のような基本統計量が出力される。

基本統計量からは，次のような点を知ることができる。

① 顧客の滞在時間の中心は平均値が65分，中央値が60分，最頻値は60分とほぼ一致している。

② 滞在時間の分布のバラツキは全体として130分であるが，散らばりの尺度と なる標準偏差は21.70分である。これは，滞在時間が正規分布をしていれば平均値65分±21.70分間に全データの約68％が含まれ，65分±2×21.70分間に全データの約95％が含まれることを意味している。

③ 分布の形状を正規分布と比較してみると，歪度が1.61とプラスになっているのは正の方向に分布が歪を持っていることを示している（正規分布であれば歪度は0になる)。また，尖度が3.87と0を超えているのは度数分布曲線が正規分布よりもとがりの程度が強いことを示している（正規分布であれば尖度は0になる)。

2. 正規分布とは

手法の解説

データをヒストグラムによって表すことで，集団の特性を効率よく知ることができることがわかった。データに依り様々に変化するヒストグラムの形をできるだけ統一的，定量的に理解するための統計量が平均値や標準偏差であった。各データに依存したヒストグラムのばらつきと基本統計量の関係つまり誤差を正確に求めることができるのが，分布関数と呼ばれるものである。その中で最も基本となる正規分布について学ぼう。

正規分布は，平均値と標準偏差が与えられたとき，図6-2のような左右対称な曲線で表される。平均値は，曲線の中央に位置し，そこで曲線の最大値を示す。標準偏差は，平均値からの曲線の広がりの幅で表される。曲線の面積がデータの生起確率に比例する。数学的に発見したのは，ドイツの数学者ガウス（1777~1855年）であるが，現実のデータとしても身長，体重などがこの分布に

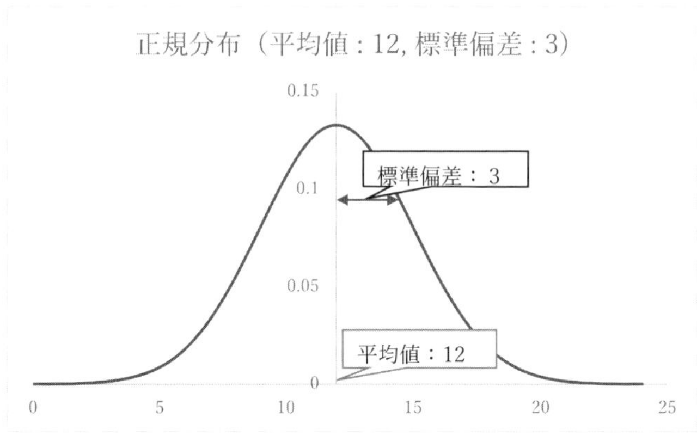

図 6-2　正規分布

近い値を示すことが知られている。逆に考えて，分析しようとしているデータが正規分布に近いならば，基本統計量を求めることが容易になる。

例題 6-3

関数 NORM.DIST を用いて正規分布を生成せよ。

解答例

手順 1）　A2，A3 にそれぞれ“0.0”，“0.5”と入力する。

手順 2）　オートフィルを用いて，A50“24”まで入力する。

手順 3）　セル B2=“NORM.DIST（A2, 12, 3, FALSE）”
“NORM.DIST”は，正規分布の値を生成する関数であり，A2 は変量を表わす横軸の値のセル，12 は平均値，3 は標準偏差，FALSE は確率密度の値つまり正規分布の高さを出力することを示す。TRUE とすると正規分布の確率の値つまり正規分布の左端から A 列に示す横軸の値までの曲線の面積となる。

手順 4）　オートフィルを用いて，B2 の式を B50 まで貼り付ける。

手順 5）　セル範囲 A2：B50 をドラッグし，［挿入］→［グラフ］→［散布図］を選択。
これで，正規分布のグラフを作成できた。ここで，平均値 12，標準偏差 3 は関数に入力したパラメータである。

これらの手順を行った結果を画面 6-4 に示す。

描いた正規分布の横軸の値がセル範囲 A2：A50 であり，縦軸の値がセル範囲 B2：B50 である。

描かれた正規分布を図 6-3 に示す。

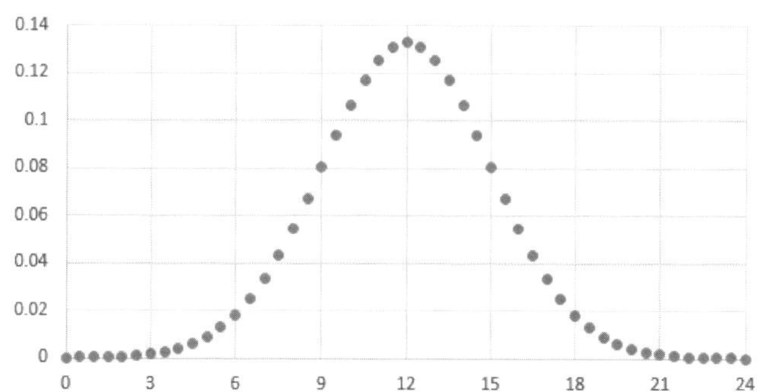

図 6-3　NORM.DIST 関数による正規分布（平均値 12，標準偏差 3）

ここで，標準偏差を 6 としたならば図 6-4 のように幅と裾が広くなり，高さは低くなる。

次に正規分布のパーセント点について述べる。いま，5% を例にとると，全体のデータの 5% となる横軸の値はいくつであるかを求めることになる。何人かの身長のデータがある場合には，身長の低い方から 5% にあたる身長は何 cm であるか，高い方から 5% にあたる身長は何 cm であるか，または高い方から 2.5% と低い方から 2.5% はそれぞれ何 cm であるか，などを求めることができる。正規分布における上側 5 パーセント水準点とは，図 6-5 に示すように，曲線の面積の左側 95% と右側 5% を区切る横軸の値のことである。横軸（身長）の大きな右側にある場合を上側 5% といい，左右両側をそれぞれ 2.5% ずつ区切る場合を両側 5% という（第 7 章 3.(3) 両側検定の図 7-3 参照）。

例題 6-4

画面 6-4 の正規分布に対して，上側 5% 点を求めよ。また，求めた点を図 6-5 で確認せよ。

解答例

関数 NORM.INV（確率の値，平均値，標準偏差）を用いる（画面 6-5）。データの上側 5% となる点を求めるには，下側つまりグラフの左側からみた確率の値 =1－0.05=0.95 の点となる。よって，確率の値 =0.95 を代入する。仮定により，平均値

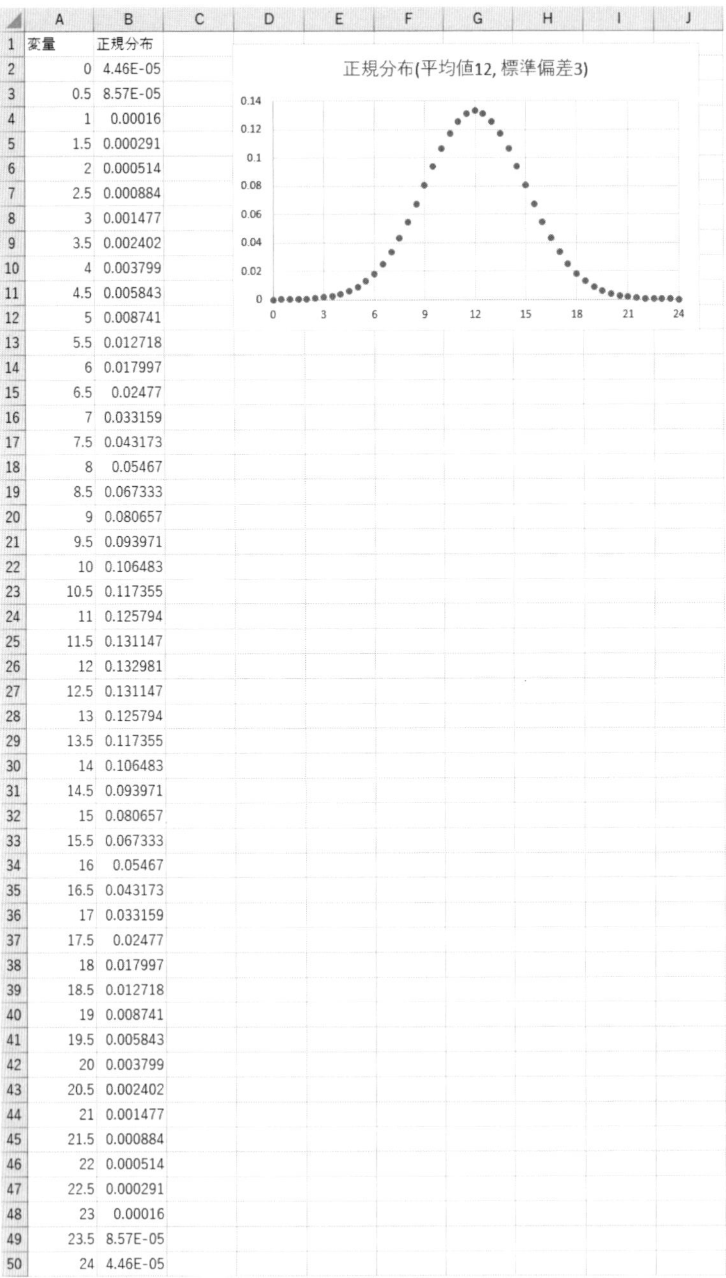

	A	B
1	変量	正規分布
2	0	4.46E-05
3	0.5	8.57E-05
4	1	0.00016
5	1.5	0.000291
6	2	0.000514
7	2.5	0.000884
8	3	0.001477
9	3.5	0.002402
10	4	0.003799
11	4.5	0.005843
12	5	0.008741
13	5.5	0.012718
14	6	0.017997
15	6.5	0.02477
16	7	0.033159
17	7.5	0.043173
18	8	0.05467
19	8.5	0.067333
20	9	0.080657
21	9.5	0.093971
22	10	0.106483
23	10.5	0.117355
24	11	0.125794
25	11.5	0.131147
26	12	0.132981
27	12.5	0.131147
28	13	0.125794
29	13.5	0.117355
30	14	0.106483
31	14.5	0.093971
32	15	0.080657
33	15.5	0.067333
34	16	0.05467
35	16.5	0.043173
36	17	0.033159
37	17.5	0.02477
38	18	0.017997
39	18.5	0.012718
40	19	0.008741
41	19.5	0.005843
42	20	0.003799
43	20.5	0.002402
44	21	0.001477
45	21.5	0.000884
46	22	0.000514
47	22.5	0.000291
48	23	0.00016
49	23.5	8.57E-05
50	24	4.46E-05

画面 6-4

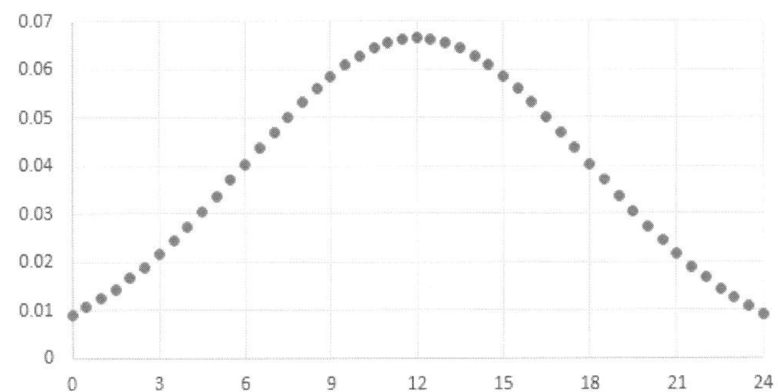

図 6-4　NORM.DIST 関数による正規分布（平均 12，標準偏差 6）

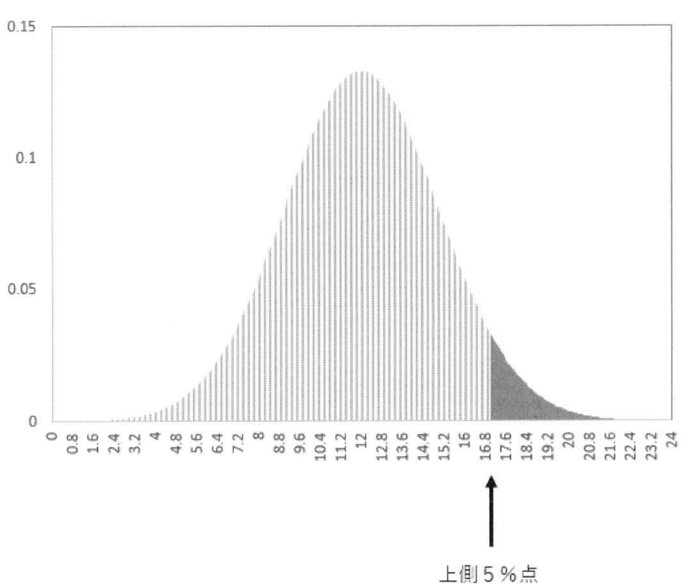

図 6-5　正規分布（平均値 12, 標準偏差 3）の上側 5% 水準点

A1　=NORM.INV(0.95,12,3)

	A	B	C	D	E	F
1	16.93456					

画面 6-5　正規分布 95% 点のデータ値を求める

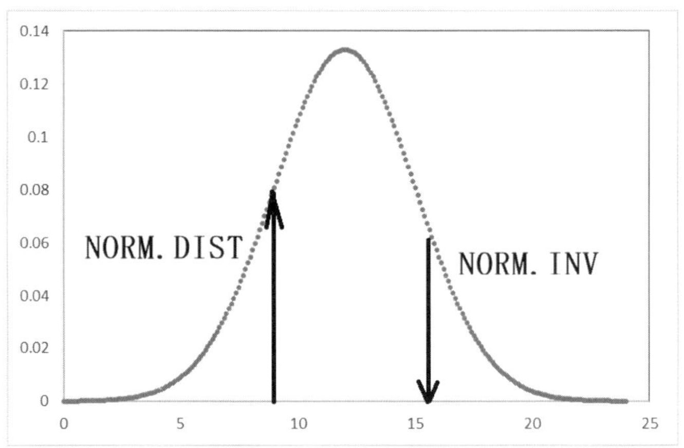

図 6-6　NORM.DIST と NORM.INV

=12 を入力し，標準偏差 =3 を入力する。結果は，約 16.9 である。平均値 12 からのずれは，約 4.9 である。

手順 1)　セル A1"=NORM.INV（0.95, 12, 3)"（画面 6-5）

また，図 6-5 で矢印をつけたのが，上側 5%点である。

ここで用いた 2 つの関数 NORM.DIST と NORM.INV は，それぞれ入力する値と出力する値の関係が逆の関係である。つまり，左辺に出力，右辺の括弧内に入力を示すと，以下の通りとなっている（図 6-6)。

縦軸の値 = NORM.DIST（横軸の値）；横軸の値から縦軸の値を求める。

横軸の値 = NORM.INV（累積値)；累積値から横軸の値を求める。

3.　データの標準化とは

手法の解説

一般にデータの集合である分布の形状は，その中心的傾向を平均値等で表されまた散らばりの程度を標準偏差等で表されることを，前節の「1. ヒストグラム（度数分布）とは」で学んだ。なお，平均値，標準偏差は次式で求められる。

平均値：$\bar{x} = \frac{\sum_i x_i}{n}$

標準偏差：$s=\sqrt{\frac{\sum_i(x_i-\overline{x})^2}{n}}$

次に，各データを平均値を基準（原点）として各データと平均値との距離を標準偏差を単位として表すことをデータの標準化という。

データの標準化：$z_i=\frac{x_i-\overline{x}}{s}$

例えば，平均値が12，標準偏差が3の分布があるとする。その中の18というデータは（18－12)/3 = 2となる。これは18が平均値12を2標準偏差上回っていることを示している。

このデータの標準化を行うと全ての分布は平均0，標準偏差1の標準正規分布に変換される。そのため，分布の形状や測定単位の異なった分布間の相互比較が可能になると同時に，分布内のデータの位置を標準偏差に基づいて捉えることができるようになる。

標準正規分布を用いて，標準偏差σ（=1）と分布量の割合の関係をみる(図6-7)。ここで，注意点は「区間1σ」の幅は－σから＋σまでの2σ（=2）となる点である。

1σ区間とは，－1から1までの幅2の区間のことであり約68%，

2σ区間とは，－2から2までの幅4の区間のことであり約95%，

3σ区間とは，－3から3までの幅6の区間のことであり約99.7%が含まれる。

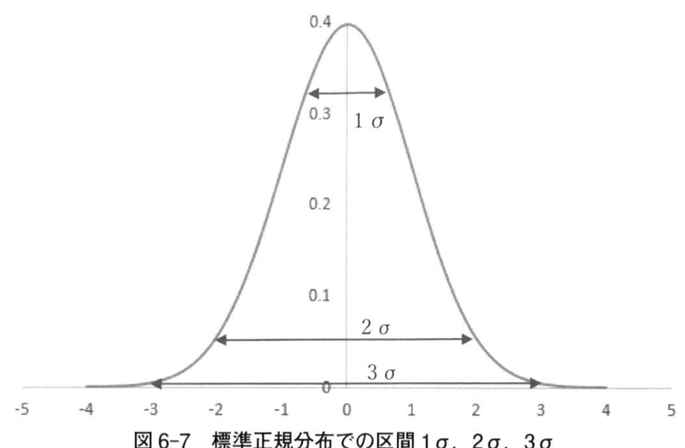

図6-7　標準正規分布での区間1σ，2σ，3σ

例題 6-5

関数 NORM.S.DIST を用いて標準正規分布を生成せよ。

解答例

手順 1)　セル A2，セル A3 にそれぞれ 0.0，0.5 と入力する。

手順 2)　オートフィルを用いて，セル A50 の値 24 まで入力する。

手順 3)　変量を標準化するため，ここでは平均値＝12，標準偏差＝3 と設定する。セル F2“=12”，セル F3“=3”。標準化された変量は，セル A2 の変量の値に対してセル B2“=(A2-$F$2)/$F$3”となる。これを，オートフィルを用いてセル B50 まで貼り付ける。

手順 4)　セル C2“=NORM.S.DIST（B2, FALSE)”。
NORM.S.DIST は，標準化された正規分布の値を生成する関数であり，セル B2 は横軸の値のセルの指定，FALSE は確率密度の値つまり標準正規分布の値（高さ）を出することを示す。TRUE とすると標準正規分布の確率の値つまり標準正規分布の左端からの面積の値を出力する累積値となる。

手順 5)　オートフィルを用いて，セル C2 の式をセル C50 まで貼り付ける。

補足）B 列に示した標準化された変量は，関数 STANDARDIZE（値, 平均値, 標準偏差）を用いて求めることができる。

手順 6)　セル範囲 B2：C50 をドラッグし，［挿入］→［グラフ］→［散布図］を選択。

これらの手順を行った結果を画面 6-6 に示す。

標準正規分布は，元の変量がいかなる正規分布であっても，つまり変量の最大値，最小値，および正規分布を用いた変量の平均値，標準偏差が異なる集団でも，標準化の操作によりそれらの集団の分布は同じ（標準正規分布の）グラフになる。その結果，データの値の単位（kg，cm，人，個）などは消えることになる。

課題 6-1

画面 6-1 のヒストグラムの平均値と画面 6-3 の標準偏差を入力し，関数 NORM.DIST により正規分布を発生させて，正規分布のグラフとヒストグラムを比較してみなさい。

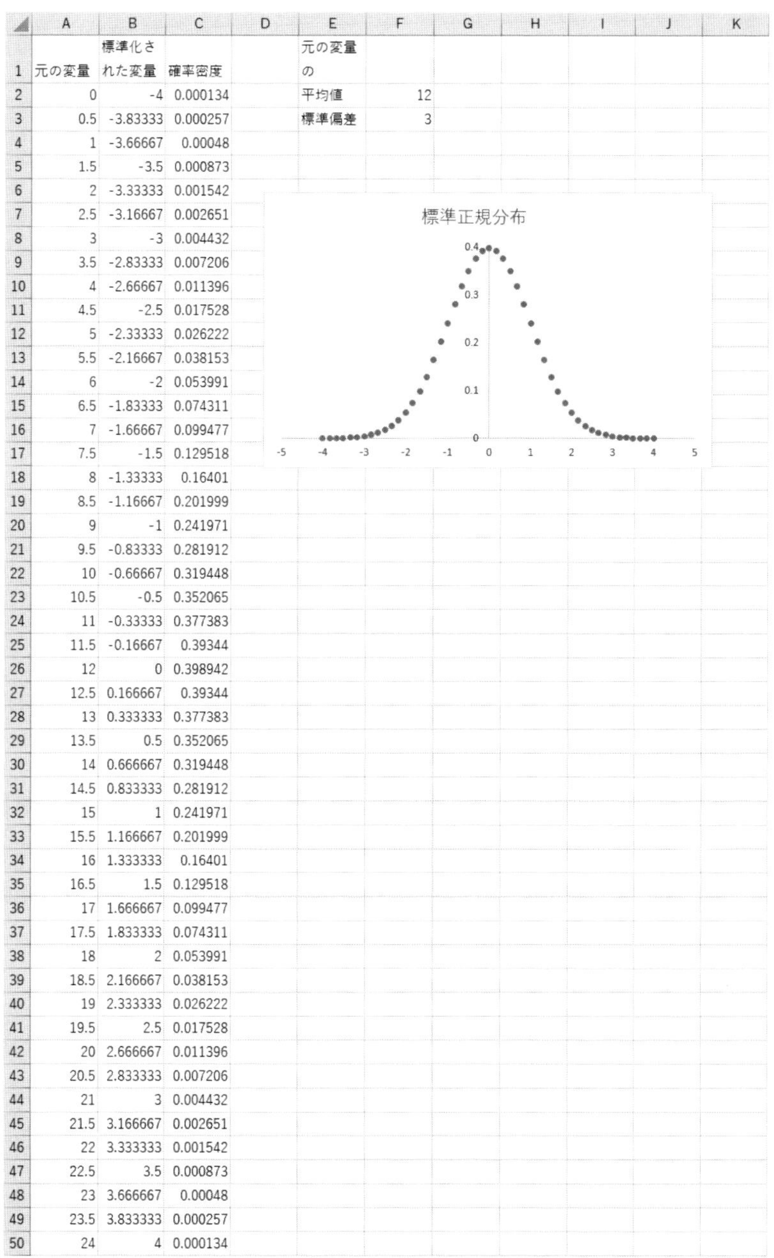

	A	B	C	D	E	F
1	元の変量	標準化された変量	確率密度		元の変量の	
2	0	-4	0.000134		平均値	12
3	0.5	-3.83333	0.000257		標準偏差	3
4	1	-3.66667	0.00048			
5	1.5	-3.5	0.000873			
6	2	-3.33333	0.001542			
7	2.5	-3.16667	0.002651			
8	3	-3	0.004432			
9	3.5	-2.83333	0.007206			
10	4	-2.66667	0.011396			
11	4.5	-2.5	0.017528			
12	5	-2.33333	0.026222			
13	5.5	-2.16667	0.038153			
14	6	-2	0.053991			
15	6.5	-1.83333	0.074311			
16	7	-1.66667	0.099477			
17	7.5	-1.5	0.129518			
18	8	-1.33333	0.16401			
19	8.5	-1.16667	0.201999			
20	9	-1	0.241971			
21	9.5	-0.83333	0.281912			
22	10	-0.66667	0.319448			
23	10.5	-0.5	0.352065			
24	11	-0.33333	0.377383			
25	11.5	-0.16667	0.39344			
26	12	0	0.398942			
27	12.5	0.166667	0.39344			
28	13	0.333333	0.377383			
29	13.5	0.5	0.352065			
30	14	0.666667	0.319448			
31	14.5	0.833333	0.281912			
32	15	1	0.241971			
33	15.5	1.166667	0.201999			
34	16	1.333333	0.16401			
35	16.5	1.5	0.129518			
36	17	1.666667	0.099477			
37	17.5	1.833333	0.074311			
38	18	2	0.053991			
39	18.5	2.166667	0.038153			
40	19	2.333333	0.026222			
41	19.5	2.5	0.017528			
42	20	2.666667	0.011396			
43	20.5	2.833333	0.007206			
44	21	3	0.004432			
45	21.5	3.166667	0.002651			
46	22	3.333333	0.001542			
47	22.5	3.5	0.000873			
48	23	3.666667	0.00048			
49	23.5	3.833333	0.000257			
50	24	4	0.000134			

画面 6-6　NORM.S.DIST による標準正規分布の作成

第7章

確率分布の利用

1. 母集団と標本

例えば，日本の大学生が1カ月に稼ぐアルバイト代の平均金額を調べたいとする。通常，平均を求めるには，日本の大学生全員に対して調査しなければならないがそれは非常に難しい。そこで，一部の学生に調査をしてその平均を計算している。では，どのようにすれば，日本の大学生全体のアルバイト代の平均金額を調べられるのだろうか。ここでは，一部のデータから全体を知る方法を学ぶ。統計学において，調べようとする調査対象全体のことを「母集団(population)」，調査対象から抽出した一部のことを「標本（sample)」と言う。母集団全体に対して調査し，傾向をつかむ方法を「全数調査」という。例えば，5年に1度実施される国勢調査は日本に居住している個人全員を対象としており全数調査である。一方，母集団が非常に大きな場合には，全体の調査は難しいため，一部を標本として選び出して傾向を調べ，結果から母集団の傾向を推測する。この方法を「標本調査」という。このように，標本を使って母集団の様々な特性を推測する考え方を推測統計という。

(1)　母集団

研究や調査などの対象となるデータ全体のこと。例えば，「日本の大学生全体の身長と体重」データなど。

(2)　標　本

母集団から抽出したデータの集合のこと。サンプルともいう。例えば，「京都府の大学生の身長と体重」データなど。

母集団の平均を「母平均（population mean)」，分散を「母分散（population variance)」といい，標本の平均を「標本平均（sample mean)」，分散を「標本分散（sample variance)」という。アンケート調査などで標本調査をするのは，

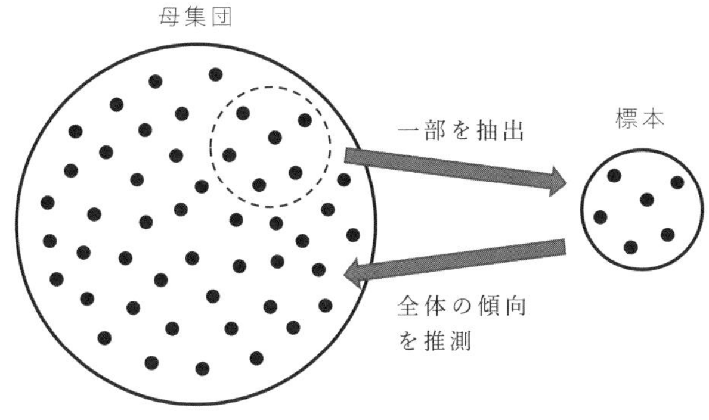

図 7-1　母集団と標本の関係

標本調査の結果をもとに母集団を推測するためである（図 7-1）。ただし，標本を使った調査では，母集団についての情報を確実には知ることはできないため，できるだけズレや偏りが少なくなるようにする必要がある。

(1) 抽出の種類

母集団から抽出した標本を使ってデータの傾向を調べ，母集団の傾向を正確に推測する。標本のサンプルサイズが大きければ推測の精度が高くなるが，かといってサンプルサイズを大きくしようとすると調査が大がかりになるなど作業量が多くなる。標本の抽出にあたっては，母集団全体の特徴を正確に表したものになるよう，各サンプルが独立で等確率に抽出されるように注意を払う必要がある。また，調査対象となるデータの特性に適した抽出方法を選択することも重要である。ここでは，よく利用される抽出方法をいくつか紹介する。

① **単純無作為抽出法**……最も基本的な抽出方法で，母集団から乱数表や乱数サイコロなどを用いて必要なサンプルを抽出する方法。単純な方法であるが，抽出数が多いと非常に手間がかかる。

② **系統抽出法**……母集団に通し番号を付けた後，無作為に1つサンプルを選び，以降等間隔にサンプルを抽出する方法。簡単に抽出できるが，並び順に周期性があると偏りを持った標本になる可能性がある。

③ **層別抽出法**……母集団を幾つかの層に分けておき，その中から必要なサンプルを無作為に抽出する方法。各層の分布が大きく異なる場合に有効で，標準誤差を小さくできるが，母集団の構成をよく理解した上で各層に

分ける必要がある。

④　**集落抽出法**……母集団を幾つかのクラスター（集落）に分け，幾つかのクラスターを無作為抽出して全数調査する方法。時間と手間を抑えられるが，クラスター内は似た傾向を持ちやすく，標本に偏りが生じやすい。

⑤　**多段抽出法**……母集団を幾つかのブロックに分割して無作為にブロックを選び，選んだブロックをさらに小さなブロックに分割してその中からサンプルを抽出する方法。抽出効率が高いが，多段になると標本に偏りが生じやすい。

(2) 標本の抽出

「分析ツール」（読み込み方法については，「第2章 6. 分析ツール」参照）の「サンプリング」を用いて単純無作為抽出法，系統抽出法による標本抽出について説明する。

例題 7-1

画面 7-1 は，「第4章 データの所在と取り込み」で取り上げた「外食チェーンアンケートデータ（数値・項目名データ）」である。このデータから 20 人分の標本データを抽出しなさい。

	A	B	C	D	E	F
1	No.	同伴者	来店人数（人）	支払金額（税込）	来店時間	ドリンクバー注
2	1	友人	3	3,359	11:00～14:00	3
3	2	恋人	2	1,909	11:00～14:00	2
4	3	友人	2	1,139	14:00～17:00	2
5	4	友人	4	1,621	14:00～17:00	4
6	5	友人	2	1,249	14:00～17:00	2
7	6	友人	3	3,689	17:00～20:00	0
8	7	恋人	2	2,360	17:00～20:00	2
9	8	友人	3	1,051	17:00～20:00	3
10	9	友人	5	4,697	17:00～20:00	5
11	10	恋人	2	1,844	20:00～23:00	0
12	11	友人	3	3,821	20:00～23:00	3
13	12	なし	1	548	8:00～11:00	1

…

⋮

画面 7-1　外食チェーンアンケートデータ（数値・項目名データ）

解答例

手順 1）　分析ツール（［データ］→［分析］→「データ分析」）から「サンプリ

ング」を選択する（画面7-2）。

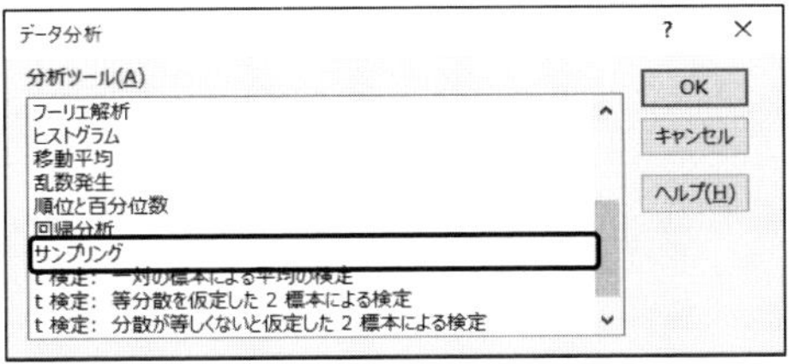

画面7-2 「分析ツール」ダイアログボックス

手順2）「サンプリング」ダイアログボックスの各項目を設定する（画面7-3）。ここでは，抽出結果が分かりやすいように，A列「No.」を抽出する。

【入力元】無作為抽出したいデータの列（量的変数のみ）

【標本の採取方法】

・周期変化：一定の間隔を空けてデータを抽出する（系統抽出法）

・ランダム：無作為で抽出する（単純無作為抽出法）

【出力オプション】抽出したデータの出力先

例えば，系統抽出法で周期10として，新しいワークシートに抽出する場合は画面7-3のように設定する。

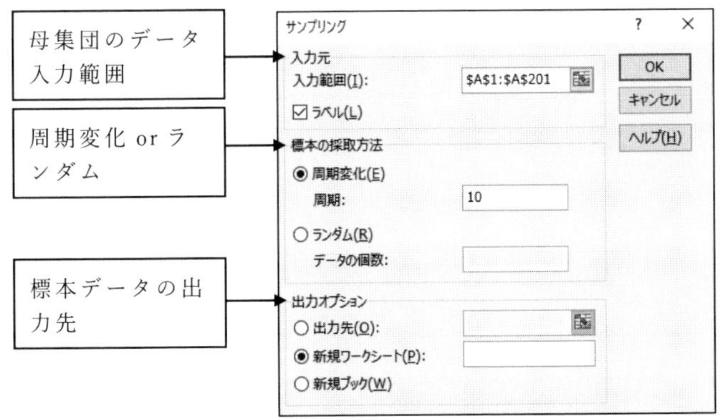

画面7-3 「サンプリング」ダイアログボックス

手順3）「外食チェーンアンケートデータ」は200件あるため，20人分の標本データが抽出される。同様に，単純無作為抽出法で抽出した結果と比較すると違いがよくわかる（画面7-4）。

	A	B
2	周期変化（周期：10）	ランダム（データの個数：20）
3	10	48
4	20	43
5	30	163
6	40	86
7	50	19
8	60	74

画面 7-4　2つの標本の抽出結果（例）

補足）標本の採取方法で「ランダム」を用いて抽出すると，抽出したサンプルを母集団に戻して次のサンプルを抽出するため，サンプルが重複する可能性がある。重複しない抽出方法としては，RAND 関数を用いて乱数を割り振って並べ替え，上から必要な数をサンプルとして取り出す方法がある。

課題 7-1

「外食チェーンアンケートデータ」を用いて，周期変化（周期：10）とランダムでＤ列「支払金額（税込)」の標本データをそれぞれ 20 件抽出し，平均値を比較しなさい。

(3) 標本平均と母平均

標本平均から母平均を推定しようとする場合，標本から得た特徴をもとに母集団の特徴を推測しても完全に一致することはほとんど無い。ただし，サンプルサイズを大きくして標本の抽出を繰り返し，得られた標本平均の分布をヒストグラムに表すと，母平均を中心とした正規分布に近づいていくことが知られている。このことは，たくさんの標本平均を集めて平均を計算すると，母平均とほぼ等しくなることを表している。統計的推定は，この考え方に基づいている。

2.　統計的推定

(1) 統計的推定の基礎

統計的な手法を用いて特徴を明らかにしようとするとき，母集団の一部である標本を調査して得られた特徴をもとに母集団の特徴を推測する。このような手法を統計的推定という。

先に述べた例のように，日本の大学生が1カ月に稼ぐアルバイト代の平均金額を調査したい場合，母集団は日本の大学生全体であるが，全員を対象に調査することは難しい。そこで，一部の大学生を対象に調査し，日本の大学生全体のアルバイト代の平均金額を推定する。

(2) 区間推定

統計的推定には，大きく分けて「点推定」と「区間推定」の2種類がある。点推定とは，標本から得た統計量をもとに，母集団の統計量をズバリ推定する方法のことである。例えば，標本から得た身長の平均を母集団の身長の平均とする場合である。区間推定とは，標本から得た統計量をもとに，母集団の統計量が収まる範囲を確率的に推測する方法のことである。例えば，標本から得た身長の平均から母集団の平均は95%の確率（信頼度）でこのくらいの範囲に収まりそうだと推測する場合である。区間推定は，国内の野菜の生産量，内閣の支持率，ドラマの視聴率など，多くの場面で利用されている。本書では，区間推定について扱う。

課題7-1 で抽出した「外食チェーンアンケートデータ」の「支払金額（税込）」の標本データを用いて，「支払金額（税込）」の母平均を区間推定しなさい。

解答例

手順1）「支払金額（税込）」の標本データを開き，分析ツール（［データ］→［分析］→「データ分析」）を選択する。

手順2）「分析ツール」ダイアログボックスから「基本統計量」を選択し，表示されたダイアログボックスの項目を設定する（画面7-5）。

手順3）信頼度95%の信頼区間が計算される（表7-1）。

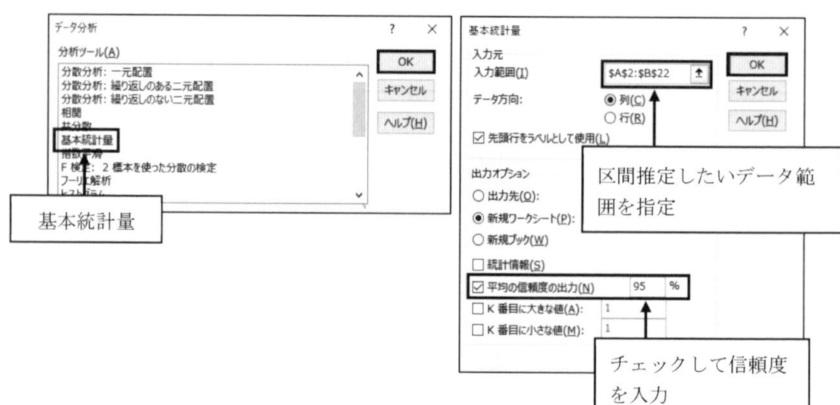

画面 7-5　「分析ツール」ダイアログボックスの入力値

表 7-1　95% 信頼区間

	周期変化
信頼度(95.0%)(95.0%)	474.4791

この例では，［標本平均 ± 474.4791］が信頼度 95% の信頼区間であることを表している。これは，母平均 -474.4791 ≤ 標本平均 ≤ 母平均 +474.4791］ということを意味している。この式を変形すると，［母平均 -474.4791 ≤標本平均］より［母平均≤標本平均 +474.4791］，［標本平均≤母平均 +474.4791］より［標本平均 -474.4791 ≤母平均］と置き換えられる。

したがって，「標本平均」をもとに「母平均」は，［標本平均 -474.4791 ≤母平均≤標本平均 +474.4791］の範囲であると 95% の信頼度で区間推定できる。

課題 7-2

「外食チェーンアンケートデータ」を用いて，周期変化（周期：10）とランダムで H 列「滞在時間（分）」の標本データをそれぞれ 20 件抽出し，2 つの標本について，「滞在時間（分）」の母平均を区間推定しなさい。また，標本データを 40 件抽出した場合の区間推定と比較しなさい。なお，ともに信頼度 95% とする。

3. 統計的仮説検定

統計的仮説検定とは，母集団の特徴に対する仮説を立て，仮説が正しいと仮定したうえで，実際に観察された標本から得られた情報をもとに検証し，結論を導く方法である。仮説検定は，「仮説が正しいとして検証を行い，矛盾が生じた場合に仮説が誤りであると判断する」という背理法により行う。示したいこととは逆の仮説を立て，仮説が成立する確率がどの程度かを調べる。そして，その確率の低さを示すことで仮説を棄却し，示したいことが正しいと結論づける。一見，回りくどいように見えるが，これはある仮説が正しいと証明するためには，全ての可能性を調べる必要があり非常に困難であるのに対し，1つの例外を見つけ出すことは比較的容易であるためである。

(1) 統計的仮説検定の手順

統計的仮説検定は，次の4つの手順で行う。

① **仮説の設定**……得られたデータが疑わしいと思われるとき，検定では2つの仮説をたてる。1つは示したいことと逆の否定したい仮説で「帰無仮説」といい，もう1つは，帰無仮説に対して正しいと主張したい仮説で「対立仮説」という。

例）　帰無仮説：大学生のアルバイト代は平均15万円／月である。
　　　対立仮説：大学生のアルバイト代は平均15万円／月より少ない。

② **検定統計量とその分布の仮定**……帰無仮説が正しいと仮定した上で，検定対象となる母集団に対して標本調査をする。そして，収集した値から検定統計量を求めて確率分布を仮定する。標準正規分布，t分布（平均値），カイ二乗分布（偏り），F分布（分散）に基づく式がよく使われる。

③ **検定の判断基準の設定**……「帰無仮説のもとで，標本調査によって得られた結果の起こりやすさ」について，検定統計量をもとに判断する。この判断をする基準を「有意水準」といい，有意水準をもとに「めったに起こらない」領域として棄却域を設定する。

例）「帰無仮説：15万円に等しい」，「対立仮説：15万円より少ない」

…左側検定

④ **仮説の判定**……検定統計量と棄却域をもとに帰無仮説が棄却されるのか，採択されるのかを判定する。例えば，大学生のアルバイト代について100人にアンケート調査を行った結果，図7-2のような分布になったとすると，帰無仮説の平均15万円は極めて稀な場合となる。仮説検定の結果，帰無仮説は棄却される。

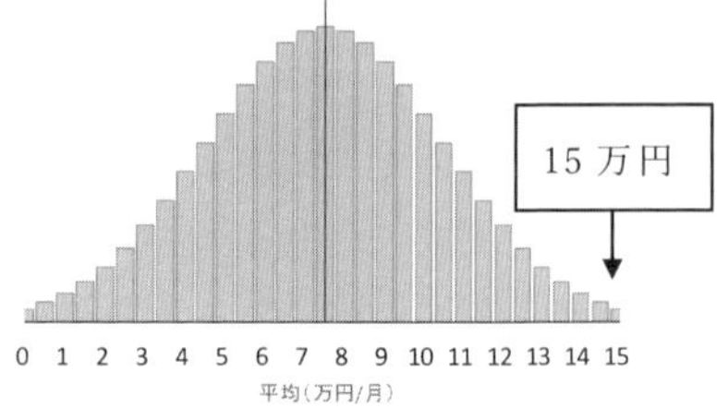

図 7-2　アルバイト代の平均の分布

(2) *P* 値と有意水準 *α*

有意水準 α は，帰無仮説を棄却するか採択するかの基準となる確率のことで，5%（α =0.05）や1%（α =0.01）がよく用いられる。P 値とは，帰無仮説が正しいとした場合に，検定統計量が観察された値となる確率のことで，P 値が有意水準より小さければ，めったに起こりえないことが起こっており帰無仮説は正しくないと結論づける。

(3) 両側検定と片側検定

仮説検定では，仮説の立て方によって両側検定と片側検定どちらを用いるかが決まる（図7-3)。立てた仮説に「…と等しい（差がある)」のように方向性が無い場合には両側検定を行い，「…の方が大きい（小さい)」のように方向性がある場合には片側検定を行う。有意水準 α のとき，図7-3に示すように両側検定では左右の合計が α となるように，片側検定では片側で α となるように棄却域を設定する。例えば，有意水準5%のとき，両側検定では左側，右側それぞれ2.5%（合計で5%)，片側検定では5%に設定する。一般的に両側検定の方が片側検定に比べて厳しい検定であると言える。

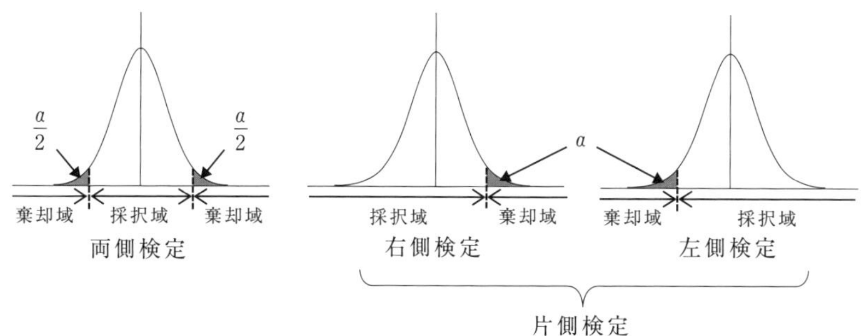

図7-3　両側検定と片側検定

(4) 第1の過誤と第2の過誤

仮説検定の結論は，100％正しいというわけではない。確率に基づいている限り，結論が誤っている可能性は必ずある。このことは，表7-2に示すように，真である帰無仮説を誤って棄却した場合（第1の過誤），偽である帰無仮説を誤って採択した場合（第2の過誤）と呼ばれる。第1の過誤は，有意水準をより小さくすることで低減でき，第2の過誤は，サンプルサイズを十分大きくすることで低減できる。2つの過誤のうちどちらがより重大な結果をもたらすかを検討することが必要である。

表7-2　第1の過誤と第2の過誤

		真実	
		帰無仮説が真	帰無仮説が偽
検定結果	帰無仮説を棄却しない	正しい	第2の過誤
	帰無仮説を棄却する	第1の過誤	正しい

(5) 平均の差の検定と自由度

ビジネスなどの実務場面では，複数のデータを比較して，データ間に明らかな違いが「ある」or「ない」のかを明らかにし，経営の意思決定に生かす場面が数多く存在する。データに対して仮説検定を行う場合には，標本から得られた平均が母集団の平均と等しいのかを検定する1標本の検定，標本から得られた２つの平均に差があると判断できるのかを検定する２標本の検定の２種類の方法がある。

標本の特徴から母集団の特徴を明らかにする場合，母集団の特徴が分かっている場合には，正規分布を利用するが，わからない場合には，t 分布を用いる。t 分布は正規分布とよく似た形の分布をしており，「自由度（degree of freedom)」によって分布の形が変わるという特徴を持っている。自由度とは，サンプルサイズ n の標本で自由に決めることができる数値という意味で n-1 を用いる。図 7-4 に，自由度を変化させたときの t 分布の形を示す。自由度 50 の t 分布は，ほぼ標準正規分布に等しくなる。

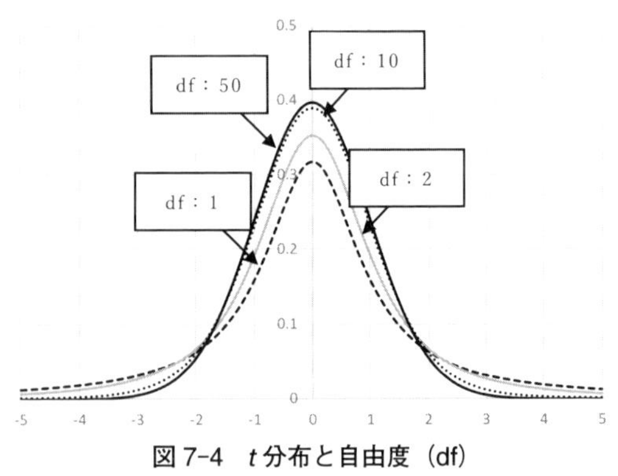

図 7-4　t 分布と自由度（df)

①　１標本の検定

例題 7-3

ある飲料メーカーで製造された飲料 10 本を無作為抽出して内容量を測ったところ，画面 7-6 のようになった。この飲料の内容量が 350ml，標準偏差が 0.23 であるとき，内容量のばらつきは誤差の範囲内であると言えるかを調べなさい。

解答例

手順 1)　画面 7-6 をもとに，セル範囲 A1：B14 に必要なデータを入力する。

手順 2)　帰無仮説：飲料の内容量のばらつきには差が無い（誤差の範囲である)。

対立仮説：飲料の内容量のばらつきには差がある。

手順 3)　標準偏差が分かっているので，正規分布の値による検定を行う。

片側確率 =Z.TEST（B2 : B11, B13, B14）
両側確率 =MIN（片側確率, 1- 片側確率）*2 ≒ 0.492

手順 4）有意水準 5% とすると,
0.492＞0.05
となり，仮説は採択される。つまり，内容量のばらつきは誤差の範囲内である。

	A	B
1	個体番号	内容量(ml)
2	1	349.9
3	2	350.0
4	3	350.0
5	4	350.0
6	5	349.9
7	6	350.0
8	7	349.9
9	8	350.0
10	9	349.9
11	10	349.9
12		
13	母集団の平均	350.0
14	母集団の標準偏差	0.23

画面 7-6　入力データ

課題 7-3

あるカフェでは，コーヒー豆を 200g 袋詰めにして販売している。カフェで買ってきたコーヒー豆 10 袋の重さを測ったところ，表 7-3 のようになった。標準偏差が 0.37 であるとき，重さのばらつきは誤差の範囲内であるといえるかについて，有意水準 5% で明らかにしなさい。

表 7-3　入力データ

個体番号	内容量(g)
1	200.8
2	199.4
3	199.7
4	200.6
5	198.6
6	198.8
7	201.9
8	198.8
9	200.0
10	198.7

母集団の平均	200.0
母集団の標準偏差	0.37

②　2 標本の検定

2 標本の検定では，母集団の分布が何らかの確率分布によることを前提にしたパラメトリック検定と母集団の分布が分かっていないノンパラメトリック検定の 2 つの検定方法がある。本章では，パラメトリック検定を扱う。パラメトリック検定では，2 標本の間に「対応がある」か「対応が無い」かによって検定の方法が異なるので，図 7-5 のフローチャートを参考に検定の方法を選択するとよい。

1）　対応がある場合の検定

例えば，同じ対象者に異なる条件で調査をしてデータを取り，それぞれの条件下での母集団の平均が等しいかどうかを検定する場合などである。次の例題を使って考えてみよう。

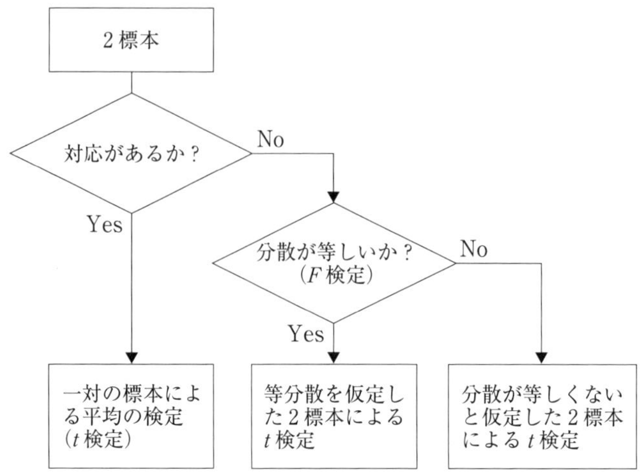

図 7-5　2 標本の検定のフローチャート

例題 7-4

ある授業の担当教員が，授業の学習効果を調べるために授業前と授業後に小テストを実施した。画面 7-7 は，その時のテストの成績である。それぞれの平均得点を求めると，事前テストが 72 点，事後テストが 83 点であった。この結果から，「事前テストに比べ事後テストの方が平均点が高かったため，学習効果はあった」という分析をした。この分析結果が正しいと言えるかを，有意水準 5% で検定しなさい。

	A	B	C
1	学籍番号	事前テスト	事後テスト
2	B9001	60	85
3	B9002	65	80
4	B9003	70	95
5	B9004	85	70
6	B9005	90	80
7	B9006	50	75
8	B9007	70	80
9	B9008	85	90
10	B9009	65	85
11	B9010	80	90
12			
13	平均値	72	83

画面 7-7　成績データ

解答例

手順 1)　仮説の設定

帰無仮説：事前テストと事後テストで平均点に差が無い。

対立仮説：事前テストと事後テストでは事後テストの方が平均点が高い。

手順 2)　事前テストと事後テストの対象者は，10 名とも同じ学生であるので，対応がある場合の検定となる。

手順 3)　分析ツール（［データ］→［分析］→「データ分析」）を選択する。次に，「分析ツール」ダイアログボックス（画面 7-8）で“*t* 検定：一対の標本による平均の検定”を選択し，各項目を設定する。

・変数1の入力範囲：事前テストのデータ範囲
・変数2の入力範囲：事後テストのデータ範囲
・仮説平均との差異：0（2つのデータの意味は同じ）
・α：有意水準5%（0.05）
・出力オプション：結果の出力先

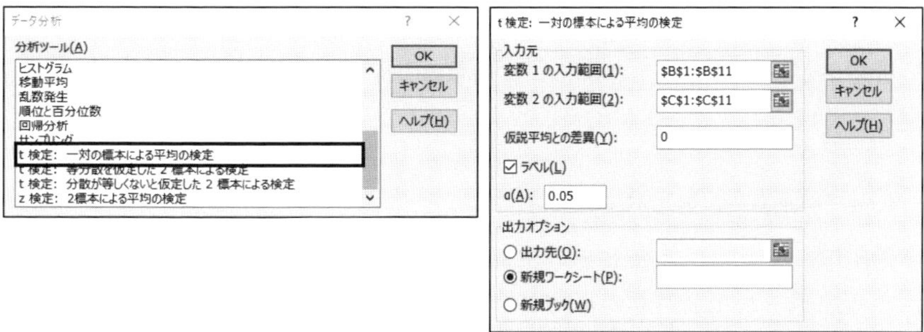

画面7-8　「分析ツール：t検定」のダイアログボックス

手順4）　図7-6の出力結果をもとに検定を行う。対立仮説に方向性があるので，片側検定を行う。「t境界値 片側」と「t」を比較すると，

$|-2.433| \geq 1.833$　（$|t| \geq t$境界値 片側）

となっている。また，P（$T \leq t$）片側≒0.019で有意水準である5%を下回っており，「事前テストと事後テストで平均点に差が無い」という帰無仮説は棄却される。つまり，事前テストと事後テストでは事後テストの方が平均点が高いと結論づけられる。

t-検定：一対の標本による平均の検定

	事前テスト	事後テスト
平均	72	83
分散	162.22222	56.666667
観測数	10	10
ピアソン相関	0.0753272	
仮説平均との差異	0	
自由度	9	
t	-2.432792	
P(T<=t) 片側	0.0189045	
t 境界値 片側	1.8331129	
P(T<=t) 両側	0.037809	
t 境界値 両側	2.2621572	

白い部分の面積＝95%
ここまでの面積＝5%
t=2.433
1.833

図7-6　2標本の平均値のt検定

課題 7-4

表 7-4 は，肥料を与える前 5 日間と与えた後 5 日間で，植物の成長速度に違いがあるかについて調べたものである。それぞれの平均成長速度を求めると，施肥前が 2.32cm，施肥後が 3.43cm であった。この結果から，「肥料を与えた方が，成長速度が早いため施肥の効果は高い」という分析をした。この分析結果が正しいと言えるかを，有意水準 5%で検定しなさい。

表 7-4　植物の成長速度

個体番号	施肥前（cm）	施肥後（cm）
1	3.2	4.5
2	2.1	2.4
3	2.7	2.3
4	2.0	3.7
5	1.8	2.8
6	1.4	3.2
7	3.4	3.1
8	2.3	4.8
9	1.7	3.6
10	2.6	3.9
平均値	2.32	3.43

2)　対応が無い場合の検定

例えば，A 組の生徒と B 組の生徒の成績を比較する場合など，異なる母集団から抽出された 2 標本の平均が等しいかどうかを検定する場合で，分散が「等しいと仮定」するか「等しくないと仮定」するかで検定の方法が異なる。次の例題を使って考えてみよう。

例題 7-5

経営する 2 つの店舗の客の滞留時間に違いがあるのかを調べるため，それぞれ 15 人分の滞留時間データを無作為抽出した（画面 7-9）。2 つの店舗の平均滞留時間を求めると，大阪駅前店が 38.5 分，京都駅前店が 31.8 分であった。この結果から，「大阪駅前店と京都駅前店で客 1 人当たりの平均滞留時間に差がある」と言う判断をした。この分析結果が正しいと言えるかを，有意水準 5%で検定しなさい。

	A	B	C
1	観測No.	大阪駅前店（分）	京都駅前店（分）
2	1	39	20
3	2	15	40
4	3	19	37
5	4	32	33
6	5	55	29
7	6	33	40
8	7	43	29
9	8	30	9
10	9	11	45
11	10	40	35
12	11	60	34
13	12	49	40
14	13	24	42
15	14	58	11
16	15	69	33
17			
18	平均値	38.5	31.8

画面 7-9　2 店舗の客の滞留時間

解答例

手順 1）　仮説の設定

帰無仮説：大阪駅前店と京都駅前店で客 1 人当たりの平均滞留時間に差が無い。

対立仮説：大阪駅前店と京都駅前店で客 1 人当たりの平均滞留時間に差がある。

手順2)　2店舗の来店客は母集団が異なっていると見なせるので，2標本による検定となる。まず，図7-5のフローチャートにあるように分散が等しいと仮定できるかを調べる。VAR.S関数を使って2店舗の滞留時間の分散を計算すると，大阪駅前店が301.6，京都駅前店が116.6となる。分散が等しいか等しくないかを明確に判断できないため，F検定による等分散の検定を行う。

手順3)　分析ツール（[データ] → [分析] →「データ分析」）を選択する。次に，「分析ツール」ダイアログボックス（画面7-10）で“F検定：2標本を使った分散の検定”を選択し，各項目を設定する。

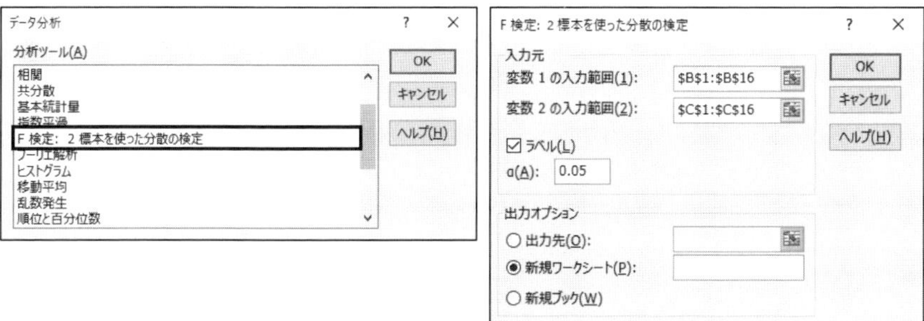

画面7-10 「分析ツール：F検定」のダイアログボックス

・変数1の入力範囲：大阪駅前店のデータ範囲
・変数2の入力範囲：京都駅前店のデータ範囲
・α：有意水準5%（0.05）
・出力オプション：結果の出力先

補足)　エクセルの「分析ツール」によるF検定では，正しい結果を得るために「変数1の分散＞変数2の分散」となるように設定する必要がある。

手順4)　図7-7の出力結果をもとに検定を行う。「観測された分散比」と「F境界値 片側」を調べると，

$2.586 \geq 2.484$（観測された分散比≥F境界値 片側）

となっている。また，P（$F \leq$ f）片側≒0.043で有意水準である5%を下回っており，「2標本の分散に差が無い」という帰無仮説は棄却される。つまり，2標本の分散には差があると言う結果になる。

F- 検定：2 標本を使った分散の検定

	大阪駅前店（分）	京都駅前店（分）
平均	38.46666667	31.8
分散	301.552381	116.6
観測数	15	15
自由度	14	14
観測された分散比	2.58621253	
P (*F*<=f) 片側	0.043125541	
F 境界値 片側	2.483725741	

図 7-7　*F* 検定の結果

手順 5)　「分析ツール」ダイアログボックス（画面 7-11）で“t 検定：分散が等しくないと仮定した 2 標本による検定”を選択し，各項目を設定する。

・変数 1 の入力範囲：大阪駅前店のデータ範囲

・変数 2 の入力範囲：京都駅前店のデータ範囲

・ α ：有意水準 5%（0.05）

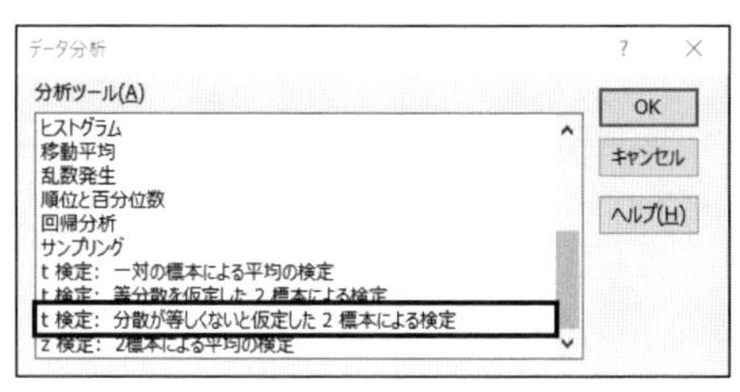

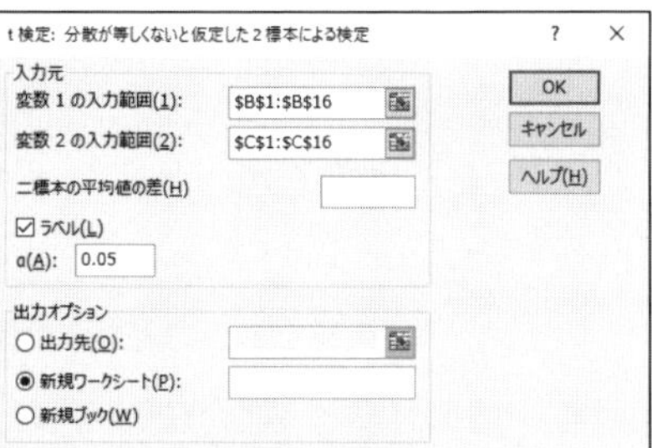

画面 7-11　「分析ツール：*t* 検定」のダイアログボックス

手順 6)　図 7-8 の出力結果をもとに検定を行う。対立仮説に方向性がないので，両側検定を行う。「t 境界値　両側」と「t」を比較すると，

$|1.263| \leq 2.069$（$|t| \leq t$ 境界値　両側）

となっている。また，P（$T \leq \mathrm{t}$）両側 ≒ 0.219 で有意水準である 5% を上回っており，「大阪駅前店と京都駅前店で客 1 人当たりの平均滞留時間に差が無い」という帰無仮説は棄却されない。つまり，2 つの店舗の客 1 人当たりの平均滞留時間には差が無いと結論づけられる。

t-検定：分散が等しくないと仮定した2標本による検定

	大阪駅前店（分）	京都駅前店（分）
平均	38.46666667	31.8
分散	301.552381	116.6
観測数	15	15
仮説平均との差異	0	
自由度	23	
t	1.262661921	
$P(T <= t)$ 片側	0.109681475	
t 境界値 片側	1.713871528	
$P(T <= t)$ 両側	0.21936295	
t 境界値 両側	2.06865761	

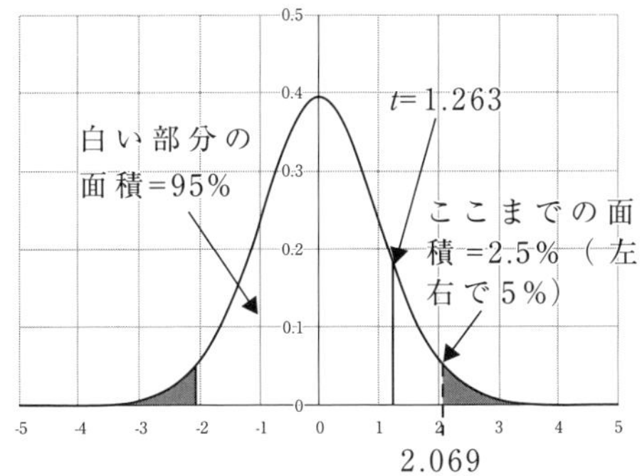

図7-8　2標本の平均値の t 検定

課題7-5

「外食チェーンアンケートデータ」を用いて，H列「滞在時間（分)」の男女別に標本データを抽出し，男女間で滞在時間の平均値に差があると言えるかを有意水準5%で検定しなさい。

補足）　エクセルの「分析ツール」を使わずに次の式で t 値を計算し，t 値表で t 境界値を調べることもできる。

1)　対応がある場合の検定

$$t=\frac{2\text{標本の差の平均}}{\sqrt{\dfrac{\text{推定母分散}}{n}}}$$

$$\text{推定母分散}=\frac{\sum(2\text{標本の差}-\text{差の平均})^2}{n-1}$$

ここで，n はサンプルサイズを示す。

2)　対応が無い場合の検定

$$t=\frac{X_1\text{の平均}-X_2\text{の平均}}{\sqrt{\text{推定母分散}\times\left(\frac{1}{n_1}+\frac{1}{n_2}\right)}}$$

$$\text{推定母分散}=\frac{X_1\text{の平均からの偏差の平方和}+X_2\text{の平均からの偏差の平方和}}{(n_1-1)+(n_2-1)}$$

$$\text{推定母分散}=\sum(\text{データ}-\text{平均値})^2$$

ここで，X_1 および X_2 は 2 つのデータ，n_1 は X_1 のサンプルサイズ，n_2 は X_2 のサンプルサイズを示す。

(6) 偏りの検定（カイ二乗（χ^2）検定）

カイ二乗検定は，カイ二乗分布を使って，理論的に求めた値（期待値）と実際に観測された値（観測値）との偏りを調べる方法である。帰無仮説が正しいとすれば，検定統計量がカイ二乗分布をするという特徴を利用している。適合度の検定と独立性の検定と言う 2 つの検定がある。

① 適合度の検定

調査の結果得られたクロス集計表が，理論上の分布に適合しているかを明らかにする検定を適合度の検定という。次の例題を使って考えてみよう。

例題 7-6

日本人の血液型の分布は，A 型 38%，O 型 31%，B 型 22%，AB 型 9% であると言われている。いま，大学生 100 名を対象とした調査で表 7-5 の結果が得られたとき，得られたデータは日本人の血液型分布と同じであると言えるだろうか。有意水準 5%で検定しなさい。

表 7-5　血液型の調査結果（実測値）

血液型	A 型	O 型	B 型	AB 型	計
人数（人）	40	24	26	10	100

解答例

手順 1）　仮説の設定

帰無仮説：調査結果で得られた血液型の分布は，日本人の血液型分布と同じである。

対立仮説：調査結果で得られた血液型の分布は，日本人の血液型分布と異なる。

手順2)　カイ二乗検定では，帰無仮説が正しいと仮定した場合は日本人の血液型分布と同じ比率になるはずであるという期待値を計算し（表7-6），調査の結果得られた実測値とのズレをもとに検定する。期待値は，実測値の合計と日本人の血液型分布の比率使って求めることができる。

例）A型の期待値＝計×日本人の血液型分布のA型の割合（=38%）

期待値の計は，実測値の計と同数になるようにする。

表7-6　血液型分布の期待値

血液型	A型	O型	B型	AB型	計
人数（人）	38	31	22	9	100

手順3)　次の式で検定統計量であるカイ二乗値 χ^2 を計算する。

$$\chi^2=\sum\frac{(\text{実測値}-\text{期待値})^2}{\text{期待値}}$$

計算の結果，カイ二乗値 χ^2=2.524となる。

手順4)　カイ二乗分布は自由度によって分布の形状が異なる（図7-9）。

例題では，自由度3（4−1），有意水準5%（α=0.05）であるので，CHISQ.INV.RT関数を使って境界値を計算する。

=CHISQ.INV.RT（0.05, 3)=7.815

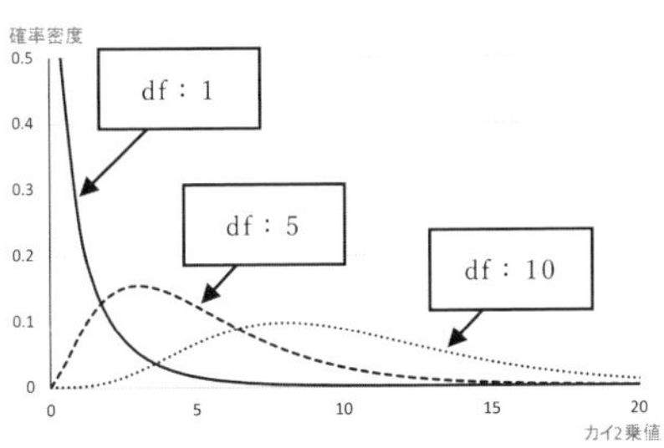

図7-9　自由度（df）とカイ二乗分布

手順3で求めた値がこの値より大きければ，帰無仮説が正しいと仮定した場合に，実測値の状況が起こる可能性が5%を下回ると判断されるので仮説は棄却されるが，

2.524 ≦ 7.815（χ^2 ≦ 境界値）

となるので仮説は棄却されない（図7-10）。したがって，調査結果で得ら

れた血液型の分布は日本人の血液型分布と違いが無いと結論づけられる。

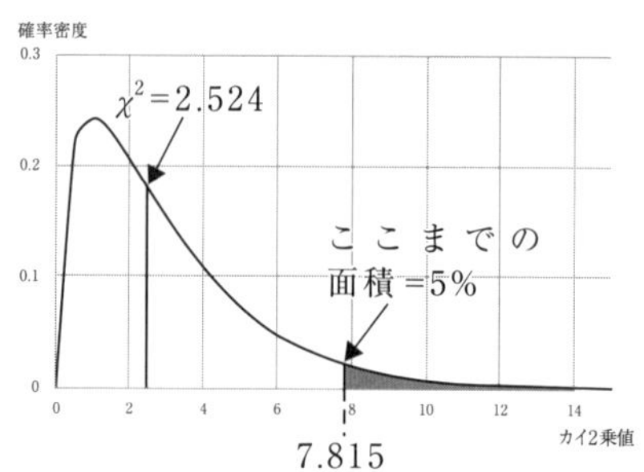

図 7-10　カイ二乗検定の結果

課題 7-6

メンデルの法則によると緑色で丸いエンドウ豆と黄色でしわのエンドウ豆を交配すると，「緑・丸」56%，「緑・しわ」19%，「黄・丸」19%，「黄・しわ」6% の割合で現れることが知られている。いま，緑色で丸いエンドウ豆と黄色でしわのエンドウ豆を交配して育てたところ，表 7-7 の結果となった。得られた結果は，メンデルの法則通りであると言えるであろうか。有意水準 5% で検定しなさい。

表 7-7　エンドウ豆の実測値

収穫された形質	緑・丸	緑・しわ	黄・丸	黄・しわ	計
個数（個）	25	8	9	8	50

②　独立性の検定

2 つ以上の変数を持つクロス集計表で，変数間に関連があるかを検定することを独立性の検定という。次の例題を使って考えてみよう。

例題 7-7

表 7-8 は，新聞にチラシを入れた場合と入れなかった場合のセール品の購入状況について調査した結果をまとめたものである。この表から，チラシ封入とセール品の購入状況に関連があるかを有意水準 5% で検定しなさい。

解答例

手順 1)　仮説の設定

帰無仮説：チラシ封入とセール品の購入状況には関連が無い（独立である）。

表 7-8　チラシ封入とセール品購入状況（実測値）

	チラシあり	チラシなし	合計
セール品を買った	58	51	109
セール品を買わなかった	39	52	91
合計	97	103	200

対立仮説：チラシ封入とセール品の購入状況には関連がある（独立ではない）。

手順2)　実測値をもとに期待値を計算する（表7-9）。

例)「チラシあり」で「セール品を買った」期待値

$$=\text{チラシあり合計}\times\frac{\text{セール品を買った合計}}{\text{総合計}}$$

表 7-9　チラシ封入とセール品購入状況の期待値

	チラシあり	チラシなし	合計
セール品を買った	53	56	109
セール品を買わなかった	44	47	91
合計	97	103	200

手順3)　検定統計量であるカイ二乗値 χ^2 を計算する。

$$\chi^2=\sum\frac{(\text{実測値}-\text{期待値})^2}{\text{期待値}}$$

計算の結果，カイ二乗値 χ^2=2.129 となる。

手順4)　自由度は，以下の式で求められる。

自由度 = $(m-1)\times(n-1)$

m：(クロス表の) 縦の変数の数

n：(クロス表の) 横の変数の数

この場合の自由度は，m は「買った」,「買わなかった」の2通り，n は「チラシあり」,「チラシなし」の2通りとなり，(2-1)×(2-1)=1 となる。有意水準5%（α =0.05）であるので境界値は，

=CHISQ.INV.RT（0.05, 1）

=3.841

手順3で求めた値がこの値より大きければ，帰無仮説が正しいと仮定した場合に，実測値の状況が起こる可能性が5%を下回ると判断されるので仮説は棄却されるが，

$2.129 \leq 3.841$（$\chi^2 \leq$境界値）

となるので仮説は棄却されない。したがって，チラシ封入とセール品の購入状況には関連が無いと結論づけられる。

補足）Excel に用意されている関数「CHISQ.TEST」を使うと，観測値と期待値から直接カイ二乗検定を行うことができる。

手順 1）観測値と期待値を計算する（画面 7-12）。

	A	B	C	D
1		チラシあり	チラシなし	合計
2	セール品を買った	58	51	109
3	セール品を買わなかった	39	52	91
4	合計	97	103	200
5				
6	期待値			
7		チラシあり	チラシなし	合計
8	セール品を買った	53	56	109
9	セール品を買わなかった	44	47	91
10	合計	97	103	200
11				

=B$4*$D2/$D$4

=SUM(B8:B9)

関数の引数

CHISQ.TEST

実測値範囲　B2:C3　= {58,51;39,52}

期待値範囲　B8:C9　= {52.865,56.135;44.135,46.865}

= 0.144572759

統計と自由度に対するカイ 2 乗分布から値を抽出して返します。

実測値範囲　には期待値に対して検定される実測値が入力されている範囲を指定します。

数式の結果 =　0.145

この関数のヘルプ(H)　　OK　キャンセル

画面 7-12　入力データと関数の引数

手順 2）「関数の引数」ダイアログボックスで，画面 7-12 のように引数を入力する。

手順 3）カイ二乗検定の結果が計算される。

CHISQ.TEST=0.145

有意水準 5%（0.05）より大きいため，帰無仮説は棄却されない。

課題 7-7

大手ファミリーレストランを経営するあなたは，最近，女性客と比べて男性客のリピート客が減少している気がしていた。そこで，性別とリピート意向に関連があるかを調べることにした。「外食チェーンアンケートデータ（数値・項目名データ）」を用いて「性別」と「リピート意向」でクロス集計を行い，その結果を使って有意水準 5%で検定しなさい。

第8章

変量間の関連性

1. 2つのデータの関連

ここでの2つのデータの関連とは，身長と体重の関係や数学のテストと理科のテストの関係など，1つの対象について2つの量的データが収集されている場合の関係のことである。これを2変量間の関連と呼ぶ。ここでは2変量間の関連の基本的な統計手法として，「相関分析」と「単回帰分析」を解説するとともに，Excelでの利用方法を紹介する。

(1) 相関分析

手法の解説

2変量間の関係の様子は散布図で捉えることができ，その関連の強さを数値で測定する方法として「相関係数」がある。

相関とは一方が変化すると，他方も変化する2変量間の関係をいい，特に相関係数は直線的な関係の強さをあらわす指標である。図8-1のように2変量のデータ群が右上がりの直線的な傾向がある場合（図8-1左上図）は，「正の相関がある」といい，右下がりの直線的な傾向がある場合（図8-1右上図）は，「負の相関がある」という。2変量のデータ群が曲線的な関係であったり，関係なく散らばったりしている場合は，「弱い相関がある」や「無相関である」という。ただし，散布図だけでは，正確な相関関係を把握することができないので，相関係数を求めて，$-1 \sim 1$の範囲で2変量間の関連の強さを確認する。求められた相関係数の値によって，一般的に表8-1のような目安がある。

ただし，相関係数は大量のデータ群からの傾向をみる際に有効な手法であり，少ないデータ群から求められる相関係数はあまり意味をもたないので注意が必要である。

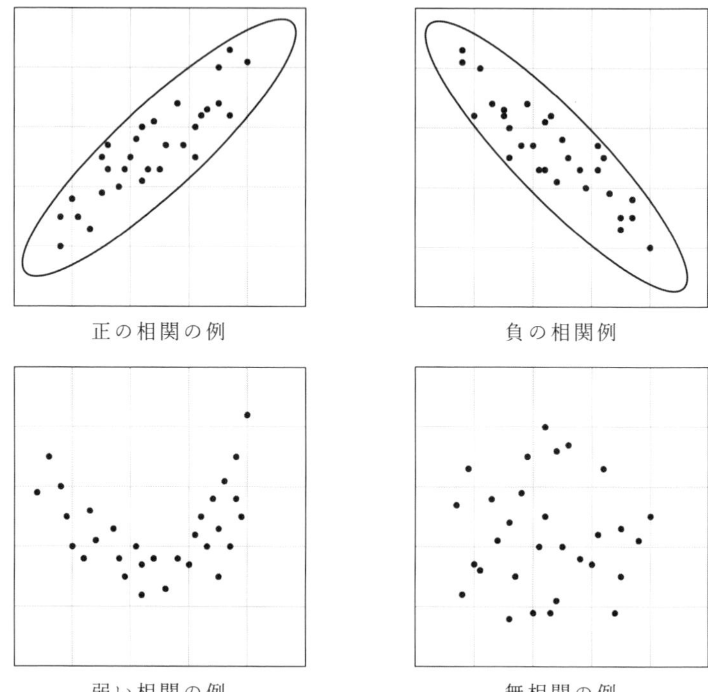

図 8-1　2 変量間の関連

表 8-1　相関係数の目安

相関係数の値	程度	相関係数の値	程度
0.7 以上 1.0 以下	強い正の相関	−0.7 以上 −1.0 以下	強い負の相関
0.4 以上 0.7 未満	正の相関	−0.4 以上 −0.7 未満	負の相関
0.2 以上 0.4 未満	弱い正の相関	−0.2 以上 −0.4 未満	弱い負の相関
0 以上 0.2 未満	相関なし	0 以上 −0.2 未満	相関なし

2 つの変量をそれぞれ x と y とおいたとき，相関係数は次の式で求めることができる。

$$\text{相関係数}r=\frac{x\text{と}y\text{の共分散}}{x\text{の標準偏差}\times y\text{の標準偏差}}=\frac{\frac{1}{n}\sum_{i=1}^{n}(x_i-\overline{x})(y_i-\overline{y})}{\sqrt{\frac{1}{n}\sum_{i=1}^{n}(x_i-\overline{x})^2}\sqrt{\frac{1}{n}\sum_{i=1}^{n}(y_i-\overline{y})^2}}$$

（n：データ数，$\overline{x}$：x の平均値，$\overline{y}$：y の平均値）

例えば，画面 8-1 はあるファミリーレストランチェーンの売上に関するデータである。各店舗の売上高に関連する要因として，周辺の世帯数，客席数，広告費の 3 つの要因が挙げられている。各要因と売上高との散布図，相関係数も画面 8-1 の通りである。

画面 8-1 より，それぞれの相関係数（目安）は，小数第 4 位を四捨五入すると，世帯数と売上高が 0.418（正の相関），客席数と売上高が 0.518（正の相関），広告費と売上高が 0.879（強い正の相関）となる。

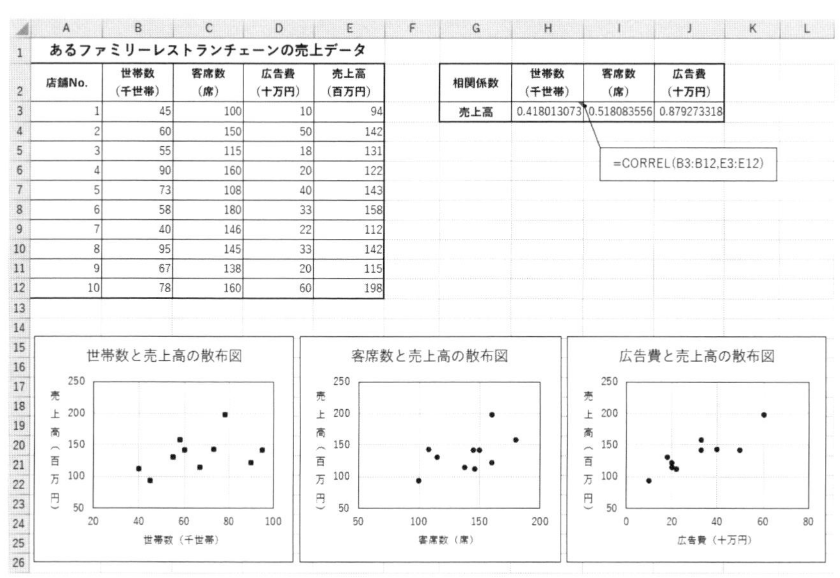

あるファミリーレストランチェーンの売上データ

店舗No.	世帯数（千世帯）	客席数（席）	広告費（十万円）	売上高（百万円）
1	45	100	10	94
2	60	150	50	142
3	55	115	18	131
4	90	160	20	122
5	73	108	40	143
6	58	180	33	158
7	40	146	22	112
8	95	145	33	142
9	67	138	20	115
10	78	160	60	198

相関係数	世帯数（千世帯）	客席数（席）	広告費（十万円）
売上高	0.418013073	0.518083556	0.879273318

=CORREL(B3:B12,E3:E12)

画面 8-1　散布図と相関係数

ファミリーレストランチェーンの売上高は周辺の世帯数，客席数，広告費との間でいずれも正の相関を持っていることがわかる。つまり，3 つの要因のどれもが増加すれば売上高も上昇する関係にある。その中でも特に広告費は売上高と強い相関を持っていることがわかる。

Excel での処理

画面 8-1 の世帯数と売上高の散布図，関数による相関係数を求める手順は以下の通りである。相関係数は，CORREL 関数で求めることができる。利用方法は，「CORREL（配列 1，配列 2)」の書式に基づき引数を指定する。ここでは配列 1 に世帯数のデータ範囲，配列 2 に売上高のデータ範囲を指定する。

手順 1)　セル範囲 A1 : E12，セル範囲 G2 : J2 とセル G3 へ文字やデータを入力し，体裁を整える。

手順 2)　世帯数と売上高の散布図を作成する。セル範囲 B3 : B12 を選択し，キーボードの［Ctrl］を押したままセル範囲 E3 : E12 を選択する。［挿入］→［散布図（X，Y）またはバブルチャートの挿入］（［グラフ］グループ）→［散布図］を選択する。暫定的なグラフができるので，グラフをクリックして，［グラフのデザイン］→［グラフ要素を追加］→［軸ラベル］から縦軸，横軸を追加・変更したり，グラフタイトルを変更したりして散布図を完成させる。

手順 3)　セル H3 に CORREL 関数を使って世帯数と売上高の相関係数を求める。セル H3 に“=CORREL(B3 : B12, E3 : E12)”と入力する。客席数，広告費と売上高の相関係数についても同様の手順で求める。

また，「分析ツール」の相関を利用すると，一度に複数の相関係数を求めることができる。［データ］→［データ分析］→［データ分析ダイアログボックス］→［相関］→［OK］と進み，相関ダイアログボックスにて画面 8-2 左のように設定を行う。入力範囲にラベル（ここではセル範囲 B2 : E2）を加えている場合は，［先頭行をラベルとして使用］にチェックを入れておかなければならない。結果として，画面 8-2 右のように入力範囲すべての相関係数が求められる。

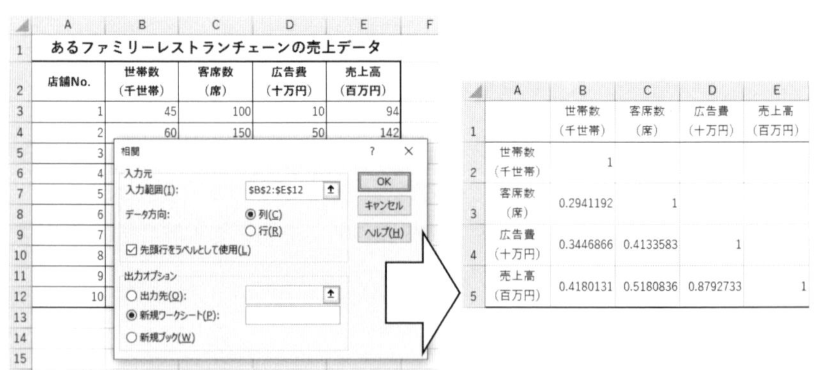

	世帯数（千世帯）	客席数（席）	広告費（十万円）	売上高（百万円）
世帯数（千世帯）	1			
客席数（席）	0.2941192	1		
広告費（十万円）	0.3446866	0.4133583	1	
売上高（百万円）	0.4180131	0.5180836	0.8792733	1

画面 8-2　分析ツールでの相関係数の求め方とその結果

例題 8-1

画面8-3は「II データ編 第4章 データの所在と取り込み」で取り上げた「外食チェーンアンケートデータ（数値データ）」の中で，17:00 ～ 20:00 の来店客のデータをランダムに20件抽出（一部の項目）したものである。画面8-3のように，セル範囲C23：I24に総合評価とその他の項目の相関係数を求めなさい。

	A	B	C	D	E	F	G	H	I	J	K
1	No.	性別	リピート意向	他者への推薦度	味付け	価格設定	接客態度	雰囲気	総合評価		
2	6	男	4	3	5	2	3	4	5		
3	9	女	5	5	4	2	5	4	6		
4	37	女	4	3	4	3	3	3	4		
5	38	女	3	3	3	4	3	3	4		
6	39	女	4	4	4	2	3	4	5		
7	81	男	3	3	3	5	4	3	5		
8	83	男	5	4	4	3	4	4	6		
9	86	女	2	1	2	3	2	2	2		
10	90	女	4	3	4	3	3	3	4		
11	91	女	5	3	4	4	3	4	5		
12	93	女	4	4	3	4	3	3	5		
13	128	男	5	3	3	5	3	3	6		
14	129	男	4	3	4	2	3	3	4		
15	132	女	5	4	4	3	3	4	5		
16	134	女	5	5	5	2	4	5	6		
17	138	女	3	3	3	3	2	3	3		
18	172	男	3	3	2	3	2	2	3		
19	176	女	4	4	4	3	2	3	4		
20	176	女	4	4	4	3	2	3	4		
21	177	女	3	3	2	3	2	3	3		
22											
23				リピート意向	他者への推薦度	味付け	価格設定	接客態度	雰囲気		
24			総合評価	0.851745859	0.697330508	0.623923259	0.055402437	0.803891965	0.771027291		
25			=CORREL(C2:C21,$I2:$I21)					=CORREL(H2:H21,$I2:$I21)			
26											
27				リピート意向	他者への推薦度	味付け	価格設定	接客態度	雰囲気	総合評価	
28			リピート意向	1							
29			他者への推薦度	0.699168551	1						
30			味付け	0.705685619	0.57815861	1					
31			価格設定	-0.12362448	-0.31389315	-0.46196514	1				
32			接客態度	0.571362388	0.534522484	0.470745112	-0.0629186	1			
33			雰囲気	0.75311668	0.699950789	0.785508795	-0.36235078	0.635166947	1		
34			総合評価	0.851745859	0.697330508	0.623923259	0.055402437	0.803891965	0.771027291	1	
35											

画面 8-3　アンケート結果の相関係数

解答例

手順1）　セル範囲D23：I23，セルC24に文字を入力し，体裁を整える。

手順2）　セルD24に総合評価とリピート意向の相関係数を求める。その際，リピート意向以外の相関係数（セル範囲E24：I24）もすべて総合評価との相関係数であるため，総合評価については絶対参照（CORREL 関数の配列 2 については常に総合評価で固定）にしておけば，この後の関数指定が容易になる。セル D24 に“=CORREL（C2：C21, $I2：$I21）”を入力する。

手順 3）　セル D24 の関数をオートフィル機能によって，セル範囲 E24：I24 までコピーする。

相関係数から，総合評価とリピート意向，接客態度，雰囲気には強い正の相関があり，総合評価と他者への推薦度，味付けには正の相関があり，価格設定には相関がないことがわかる。つまり，価格設定以外の変量が増加すれば，総合評価も増加するといえる。

課題 8-1

画面 8-3 のセル範囲 C27：J34 のように，すべての項目の相関係数を分析ツールにより求めなさい。

(2) 単回帰分析

手法の解説

相関分析は 2 つの変量間に相関関係があるかどうかを示すだけであって，因果関係（一方の変量の変化が原因となって，他方の変量の変化を引き起こすこと）を示しているわけではない。因果関係は回帰分析により扱われる。回帰分析では原因となる変量のことを説明変数（独立変数），結果となる変量のことを目的変数（従属変数）という。つまり，ある原因がある結果に与える影響を分析する手法が回帰分析である。説明変数が 1 つの場合は単回帰分析，複数の場合は重回帰分析と呼ばれる。ここでは，まず単回帰分析について解説する。

例えば，画面 8-1 の広告費と売上高の散布図をみると，強い正の相関があることから，広告費が増加すると売上高も増加するという関係であることがわかる。回帰分析ではまずデータ全体を説明する適切な直線（回帰式：$y=ax+b$, a：傾き，b：切片）を求める。回帰式を求めるには一般的に最小二乗法が利用される。最小二乗法とは，実測値と予測値との差（予測誤差）の 2 乗和を最小にする方法である。回帰式の傾き a，切片 b の求め方は以下の通りである。

$$a=\frac{n\left(\sum_{i=1}^{n}x_iy_i\right)-\left(\sum_{i=1}^{n}x_i\right)\left(\sum_{i=1}^{n}y_i\right)}{n\left(\sum_{i=1}^{n}x_i^2\right)-\left(\sum_{i=1}^{n}x_i\right)^2},\quad b=\frac{\left(\sum_{i=1}^{n}x_i^2\right)\left(\sum_{i=1}^{n}y_i\right)-\left(\sum_{i=1}^{n}x_iy_i\right)\left(\sum_{i=1}^{n}x_i\right)}{n\left(\sum_{i=1}^{n}x_i^2\right)-\left(\sum_{i=1}^{n}x_i\right)^2}$$

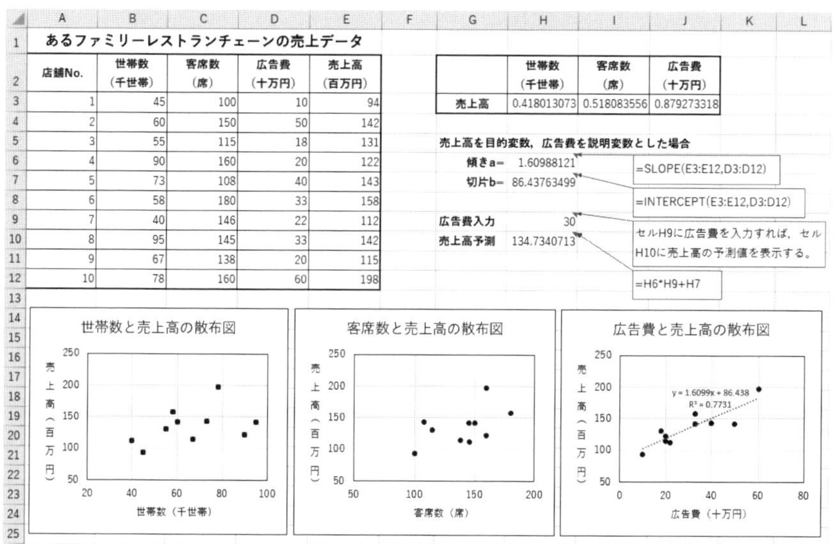

あるファミリーレストランチェーンの売上データ

店舗No.	世帯数（千世帯）	客席数（席）	広告費（十万円）	売上高（百万円）
1	45	100	10	94
2	60	150	50	142
3	55	115	18	131
4	90	160	20	122
5	73	108	40	143
6	58	180	33	158
7	40	146	22	112
8	95	145	33	142
9	67	138	20	115
10	78	160	60	198

	世帯数（千世帯）	客席数（席）	広告費（十万円）
売上高	0.418013073	0.518083556	0.879273318

売上高を目的変数，広告費を説明変数とした場合

傾きa=	1.60988121
切片b=	86.43763499
広告費入力	30
売上高予測	134.7340713

画面 8-4　回帰直線の求め方

画面 8-4 のセル範囲 G5：H10 は，画面 8-1 の広告費を説明変数，売上高を目的変数として回帰式を求めた例である。回帰式（小数第 4 位を四捨五入）は，

$$y=1.610x+86.438$$

となる。ここで，例えば，広告費を 30 十万円とすれば，回帰式の x に 30 を入力し，売上高を 134.734 百万円と予測することができる。

Excel での処理

画面 8-4 の売上高を目的変数，広告費を説明変数として回帰式を求める手順は以下の通りである。傾き a は SLOPE 関数，切片 b は INTERCEPT 関数で求めることができる。利用方法は，「SLOPE(既知の y，既知の x)」「INTERCEPT(既知の y，既知の x)」の書式に基づき引数を指定する。既知の y とは，目的変数のデータ範囲，既知の x とは説明変数のデータ範囲のことである。ここでは既知の y に売上高のデータ範囲，既知の x に広告費のデータ範囲を指定する。

手順 1)　セル範囲 G5：G7，G9：G10 に文字を入力し，体裁を整える。

手順 2)　セル H6 に回帰式の傾きを求めるために“=SLOPE（E3：E12, D3：D12)”，セル H7 に切片を求めるために“=INTERCEPT（E3：E12, D3：D12)”を入力する。

手順 3)　回帰式に基づき，セル H9 に適当な広告費を入力すれば，セル H10 に売上高の予測値が表示されるように，セル H10 に“=H6*H9+H7”を入力する。

手順 4)　画面 8-4 の広告費と売上高の散布図のように散布図上に回帰式を表示するため，グラフをクリックして［グラフのデザイン］→［グラフ要素を追加］→［近似曲線］→［その他の近似曲線オプション］を選択する。画面右側に［近似曲線の書式設定］があらわれるので，［グラフに数式を表示する］と［グラフに R-2 乗値を表示する］にチェックを入れる。

例題 8-2

画面 8-3 の総合評価を目的変数，接客態度を説明変数として，回帰式を求めよ（画面 8-5)。また画面 8-5 のように，セル L6 に接客態度を入力すれば，セル L7 に総合評価の予測値が表示されるように設定してみなさい。

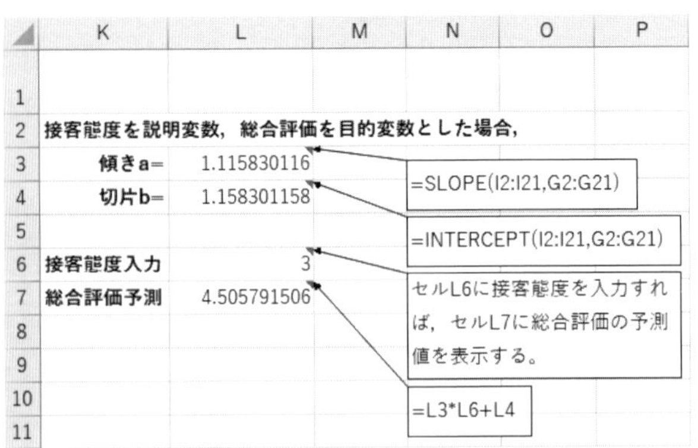

画面 8-5　総合評価と接客態度の回帰式

解答例

手順 1)　セル範囲 K2：K4，K6：K7 に文字を入力し，体裁を整える。

手順 2)　セル L3 に回帰式の傾きを求めるために“=SLOPE（I2：I21,

G2：G21)”，セルL4に切片を求めるために“=INTERCEPT(I2：I21, G2：G21)”を入力する。

手順3)　回帰式に基づき，セルL6に適当な接客態度の値を入力すれば，セルL7に総合評価の予測値が表示されるように，セルL7に“=L3*L6+L4”を入力する。

回帰式（小数第4位を四捨五入）は，y=1.116x+1.158となり，接客態度の評価が1増加すると，総合評価が1.116増加することがわかる。

2. 重回帰分析

これまでは，2変量間の関連として相関分析や単回帰分析（説明変数が1つの場合）をみてきた。しかし現実には，単一の説明変数ではなく，多くの説明変数が目的変数に影響を与えることの方が多いと考えられる。そこでここからは，重回帰分析（説明変数が複数の場合）として，いくつかの原因（説明変数）が，ある結果（目的変数）に与える影響について解説する。

手法の解説

例として，画面8-4の売上データをみてみよう。「1.(2) 単回帰分析」では，広告費と売上高の因果関係を捉えたが，実際には，広告費だけでなく，世帯数や客席数も売上高に影響を与えているかもしれない。ここで，3つの説明変数が売上高に影響を及ぼす関係はパス図であらわすことができる（図8-2)。各数値は，各説明変数が売上高（目的変数）に与える影響を数値で示したものである（数値の算出方法については後述)。これより，数値が最も大きい広告費が売上高に強い影響を与えているといえる。また決定係数とは，説明変数が目的変数をどのくらい説明できているか（回帰式の説明力）を示しており，1に近

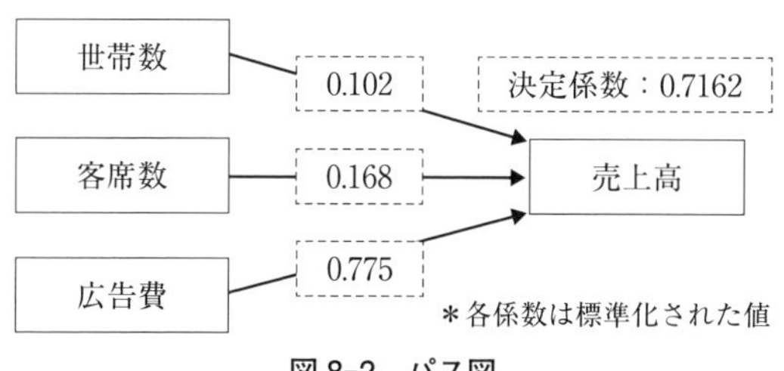

図8-2　パス図

づくほど説明力は高いといえる。

Excel での処理

重回帰分析を実行するには，分析ツールを利用する。分析ツールの回帰分析は，「1.(2) 単回帰分析」で示したような1つの説明変数と目的変数との因果関係を捉えるだけでなく，多くの説明変数と目的変数を捉えることができる強力なツールである。分析ツールの回帰分析の扱い方や出力結果の見方は，単回帰でも重回帰でもほぼ共通である。

画面8-4の売上高を目的変数，世帯数，客席数，広告費を説明変数として重回帰分析を行う方法は以下の通りである。

手順1) 「分析ツール」（[データ] → [データ分析]）→ [回帰分析] → [OK] を選択し，回帰分析ダイアログボックスを開く。

手順2) [入力Y範囲] にセル範囲E2：E12，[入力X範囲] にセル範囲B2：D12を選択する。セル範囲にラベルが含まれているため，[ラベル] にチェックを入れる。また，[有意水準] にもチェックを入れ，結果の出力先などを必要な項目を設定し（画面8-6），[OK] をクリックすると画面8-7の出力結果が得られる。

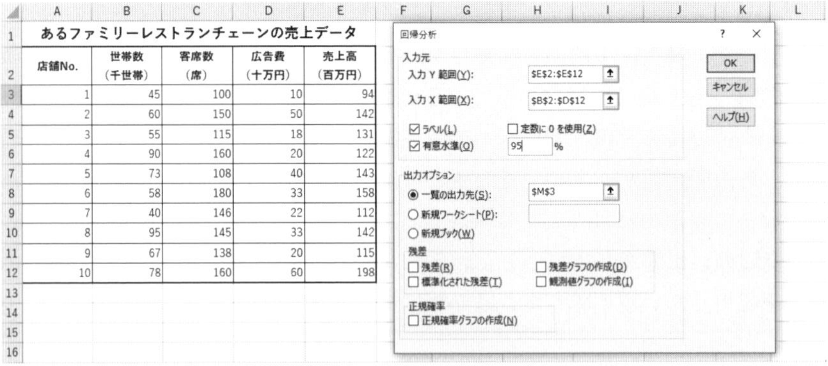

あるファミリーレストランチェーンの売上データ

店舗No.	世帯数（千世帯）	客席数（席）	広告費（十万円）	売上高（百万円）
1	45	100	10	94
2	60	150	50	142
3	55	115	18	131
4	90	160	20	122
5	73	108	40	143
6	58	180	33	158
7	40	146	22	112
8	95	145	33	142
9	67	138	20	115
10	78	160	60	198

回帰分析
入力元
入力 Y 範囲(Y): $E$2:$E$12
入力 X 範囲(X): $B$2:$D$12
☑ラベル(L)　□定数に 0 を使用(Z)
☑有意水準(O) 95 %
出力オプション
◉一覧の出力先(S): $M$3
○新規ワークシート(P):
○新規ブック(W)
残差
□残差(R)　□残差グラフの作成(D)
□標準化された残差(T)　□観測値グラフの作成(I)
正規確率
□正規確率グラフの作成(N)
OK　キャンセル　ヘルプ(H)

画面8-6　回帰分析の設定

画面8-7には多くの項目が出力されているが，要点は次の通りである。

① 「回帰統計」には，回帰分析の結果がどの程度適合しているかが示される。それは，主に重相関係数（重相関 R）と決定係数（単回帰分析の場合は重決定 *R2*，重回帰分析の場合は補正 *R2*）で判断することがで

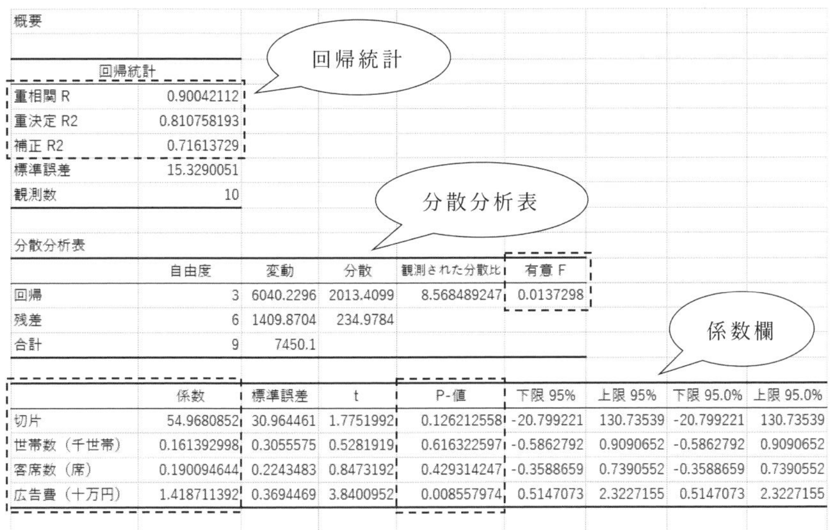

概要

回帰統計	
重相関 R	0.90042112
重決定 R2	0.810758193
補正 R2	0.71613729
標準誤差	15.3290051
観測数	10

分散分析表

	自由度	変動	分散	観測された分散比	有意 F
回帰	3	6040.2296	2013.4099	8.568489247	0.0137298
残差	6	1409.8704	234.9784		
合計	9	7450.1			

	係数	標準誤差	t	P- 値	下限 95%	上限 95%	下限 95.0%	上限 95.0%
切片	54.9680852	30.964461	1.7751992	0.126212558	-20.799221	130.73539	-20.799221	130.73539
世帯数（千世帯）	0.161392998	0.3055575	0.5281919	0.616322597	-0.5862792	0.9090652	-0.5862792	0.9090652
客席数（席）	0.190094644	0.2243483	0.8473192	0.429314247	-0.3588659	0.7390552	-0.3588659	0.7390552
広告費（十万円）	1.418711392	0.3694469	3.8400952	0.008557974	0.5147073	2.3227155	0.5147073	2.3227155

画面 8-7　回帰分析の出力結果

きる。この例では，重相関係数（重相関 R）は 0.90042112，決定係数（補正 $R2$）は 0.71613729 と高い値（分析結果の適合度が高いことを示す）になっている。すなわち，売上高について，世帯数，客席数，広告費の 3 つの説明変数によって約 71% を説明できたことをあらわしている。

② 「分散分析表」では，分析の結果が統計的にどの程度有意性を持っているかを示している。それは分散分析表の右端の有意 F で判断することができる。一般的にこの F 値が 0.05 以下であれば，有意水準 5% で統計的に有意（求められた回帰式が統計的にみて意味のある結果），さらに F 値が 0.01 以下であれば，有意水準 1% で統計的に有意であると判断される。この例では，F 値は 0.014（小数第 4 位を四捨五入）であり，有意水準 5% で統計的に有意であるといえる。

③ 「係数欄」には求められた重回帰係数が示されている。これより次の回帰式が得られたことを示している（小数第 4 位を四捨五入）。

[売上高] = 0.161 × [世帯数] + 0.190 × [客席数] + 1.419 × [広告費] + 54.968

すなわち，レストランの売上高は周辺の世帯数が 1（千世帯）増加するにつれて 0.161（百万円）増加し，店舗の客席数が 1（席）増加するにつれて，0.190（百万円）増加し，さらに広告費1（十万円）につき1.419（百万円）の増加に結びつくという関係を示している。

④　各説明変数の売上高に対する影響力については，回帰係数の大きさから広告費が最も大きいように判断しがちである。しかし，各説明変数は異なる単位やバラツキをもっており，単純に比較することができない。各説明変数の影響力を比較するためには，データの標準化（第6章「3. データの標準化とは」参照）を行ったうえで，回帰分析を行えば良い。画面8-8に標準化データとその回帰分析結果（切片と回帰係数のみ）を示す。その結果，広告費の影響力が非常に大きく，世帯数の影響力が最も小さいことがわかる。

店舗No.	標準化データ：世帯数	標準化データ：客席数	標準化データ：広告費	標準化データ：売上高
1	-1.166	-1.582	-1.311	-1.449
2	-0.337	0.386	1.235	0.219
3	-0.613	-0.992	-0.802	-0.163
4	1.320	0.779	-0.675	-0.476
5	0.381	-1.267	0.598	0.254
6	-0.447	1.566	0.153	0.775
7	-1.442	0.228	-0.547	-0.824
8	1.597	0.189	0.153	0.219
9	0.050	-0.087	-0.675	-0.719
10	0.657	0.779	1.871	2.165
平均	0.0	0.0	0.0	0.0
標準偏差	1.0	1.0	1.0	1.0

	係数
切片	0.000
標準化データ：世帯数	0.102
標準化データ：客席数	0.168
標準化データ：広告費	0.775

画面8-8　標準化されたデータでの回帰分析結果

⑤　回帰分析で重要なことは，適切な回帰式を導くことである。そのためには説明変数の選択も重要となる。係数欄の*P*-値から，各説明変数が売上高（目的変数）に影響しているかどうか（目的変数に対してその説明変数が有効であるかどうか）を確認できる。*P*-値が0.05以下であれば，有意水準5%で統計的に有意，*P*-値が0.01以下であれば，有意水準1%で統計的に有意であると判断される。この例では，広告費のみ有意水準1%で売上高に影響しており，世帯数と客席数は売上高に影響していない可能性が高いことがわかる。この例では世帯数と客席数も含めた回帰式にしている。もし説明力が高い説明変数で回帰式を構成したい場合は，世帯数や客席数を除いて回帰分析を実行して，回帰式の適合度を確認する。つまり，回帰分析は一度実行すれば終わりではなく，適切

な回帰式を導くために繰り返して実行する必要もある。

例題 8-3

画面 8-3 の総合評価を目的変数，性別から雰囲気の 7 項目を説明変数として重回帰分析を行いなさい。その後，適切な回帰式を導き出してみなさい。なお，性別については，質的変数であるため注意が必要である。

解答例

性別については質的データであり，このままでは重回帰分析を行うことができない。そのため，質的データを 0，1 のデータに変換することで量的データとして扱うようにする。これを「ダミー変数」と呼ぶ。質的データを取り扱うにはいくつかの手順を踏む必要がある。

手順 1）画面 8-9 左側のように性別を男と女に分類する。性別が男であれば，男の列には 1，女の列には 0 を入力する。性別が女であれば，男の列には 0，女の列には 1 を入力する。ただし実際には，男の列と女の列は 0 と 1 の違いだけで内容は重複している。つまり 1 つ少ないダミー変数を用意すれば良い。今回はカテゴリが 2 種類であるが，カテゴリが増えても 1 つ少ないダミー変数を用意すれば良い。そのため，男の列か女の列のどちらか一方を削除する。ここでは画面 8-9 の右側のよ

	A	B	C	D	E
1	No.	男	女	リピート意向	他者へ 推薦度
2	6	1	0	4	3
3	9	0	1	5	5
4	37	0	1	4	3
5	38	0	1	3	3
6	39	0	1	4	4
7	81	1	0	3	3
8	83	1	0	5	4
9	86	0	1	2	
10	90	0	1	4	
11	91	0	1	5	
12	93	0	1	4	4
13	128	1	0	5	3
14	129	1	0	4	3
15	132	0	1	5	4
16	134	0	1	5	5
17	138	0	1	3	3
18	172	1	0	3	3
19	176	0	1	4	4
20	176	0	1	4	4
21	177	0	1	3	3

	A	B	C	D	E	F	G	H	I
1	No.	男	リピート意向	他者への推薦度	味付け	価格設定	接客態度	雰囲気	総合評価
2	6	1	4	3	5	2	3	4	5
3	9	0	5	5	4	2	5	4	6
4	37	0	4	3	4	3	3	3	4
5	38	0	3	3	3	4	3	3	4
6	39	0	4	4	4	2	3	4	5
7	81	1	3	3	3	5	4	3	5
8	83	1	5	4	4	3	4	4	6
9	86	0	2	1	2	3	2	2	2
10	90	0	4	3	4	3	3	3	4
11	91	0	5	3	4	4	3	4	5
12	93	0	4	4	3	4	3	3	5
13	128	1	5	3	3	5	3	3	6
14	129	1	4	3	4	2	3	3	4
15	132	0	5	4	4	3	3	4	5
16	134	0	5	5	5	2	4	5	6
17	138	0	3	3	3	3	2	3	3
18	172	1	3	3	2	3	2	2	3
19	176	0	4	4	4	3	2	3	4
20	176	0	4	4	4	3	2	3	4
21	177	0	3	3	2	3	2	3	3

画面 8-9　ダミー変数の設定

うに，女の列を削除する。

手順 2)　分析ツールを使って重回帰分析を行う（画面 8-6 参照)。[入力 Y 範囲］にはセル範囲 I1：I21，［入力 X 範囲］にはセル範囲 B1：H21 を指定する。結果を画面 8-10 に示す。

1 回目の重回帰分析（画面 8-10）で，重相関係数（重相関 *R*）は 0.9786，決定係数（補正 *R2*）は 0.93296 と非常に高い値になっており，分散分析表からも回帰式が有意水準 1% で統計的に有意であることを示している。ただし，係数欄において，味付けの説明変数の *P-* 値が大きな値となっており，目的変数の総合評価に影響していない可能性が高い。ここからは適切な説明変数の選択を行い，最適な回帰式を導き出してみる。

重回帰分析における最適な説明変数の選択のために，「多重共線性（マルチコ)」が生じていないかを確認しておく必要がある。マルチコとは，目的変数とある説明変数の間に正の相関があるにもかかわらず，重回帰分析の結果ではその説明変数の係数が負になるなどの矛盾のことをいう。これは，説明変数間に強い相関関

概要								
回帰統計								
重相関 R	0.9786							
重決定 R2	0.957659							
補正 R2	0.93296							
標準誤差	0.296706							
観測数	20							
分散分析表								
	自由度	変動	分散	観測された分散比	有意 F			
回帰	7	23.89358	3.413369	38.77300338	2.619E-07			
残差	12	1.056416	0.088035					
合計	19	24.95						
	係数	標準誤差	t	P- 値	下限 95%	上限 95%	下限 95.0%	上限 95.0%
切片	-2.19517	0.534629	-4.10596	0.001456744	-3.360024	-1.030311	-3.360024	-1.030311
男	0.460414	0.162786	2.828332	0.015222785	0.1057328	0.8150943	0.1057328	0.8150943
リピート意向	0.400979	0.146506	2.736942	0.018033176	0.0817693	0.7201877	0.0817693	0.7201877
他者への推薦度	0.281031	0.125058	2.24721	0.04421902	0.0085535	0.5535082	0.0085535	0.5535082
味付け	0.076871	0.142937	0.537795	0.600550537	-0.234563	0.3883048	-0.234563	0.3883048
価格設定	0.346195	0.094707	3.655424	0.003293679	0.1398459	0.5525449	0.1398459	0.5525449
接客態度	0.403609	0.119094	3.388997	0.005377964	0.1441257	0.6630928	0.1441257	0.6630928
雰囲気	0.433615	0.198057	2.189345	0.049065429	0.002086	0.865143	0.002086	0.865143

画面 8-10　重回帰分析結果（1 回目）

係がある場合，つまり説明変数の中に類似の要素を持ったものが複数存在することが原因である。そのため，重回帰分析を行う場合は全ての説明変数間の相関係数を確認し，マルチコが生じているかどうかを確認する。

手順 3)　全ての説明変数間および説明変数と目的変数間の相関係数を分析ツールにより求める（画面 8-11）。画面 8-10 の重回帰分析結果の係数欄と画面 8-11 の目的変数（総合評価）と各説明変数の相関係数を確認する。目的変数と各説明変数間の相関はすべて正の相関であり（画面 8-11 の最終行），重回帰分析結果の説明変数の係数もすべて正であるため，マルチコは生じていないようである。ただし，味付けと雰囲気の間には特に強い正の相関があり，説明変数として類似性が高い可能性がある。そこで，味付けと雰囲気のどちらかの説明変数を除いて再度重回帰分析を行う。その際，目的変数への影響が小さい説明変数，つまり目的変数との相関係数が小さい味付けを除外する。また，上述した通り，味付けの説明変数の *P-* 値が高い値となっていることも，味付けを除外する理由である。

	男	リピート意向	他者への推薦度	味付け	価格設定	接客態度	雰囲気	総合評価
男	1							
リピート意向	0.037859599	1						
他者への推薦度	-0.177571201	0.699168551	1					
味付け	-0.037859599	0.705685619	0.57815861	1				
価格設定	0.171860016	-0.123624475	-0.313893148	-0.461965144	1			
接客態度	0.176272199	0.571362388	0.534522484	0.470745112	-0.062918605	1		
雰囲気	-0.122226466	0.75311668	0.699950789	0.785508795	-0.362350782	0.635166947	1	
総合評価	0.224681811	0.851745859	0.697330508	0.623923259	0.055402437	0.803891965	0.771027291	1

画面 8-11　相関係数

手順 4)　説明変数の味付けを除外して再度重回帰分析を実施する（画面 8-12）。重相関係数（重相関 *R*）は 0.978079，決定係数（補正 *R2*）は 0.936625 と非常に高い値になっており，分散分析表からも回帰式が有意水準 1% で統計的に有意であることを示している。ここまでは 1 回目の重回帰分析の結果と同様であるが，説明変数の係数欄の *P-* 値もすべて 0.05 以下であり，より適切な回帰式であるといえる。

これより次の回帰式が得られたことを示している（小数第 4 位を四捨五入）。

$$
\begin{aligned}
[\text{総合評価}] = &\ 0.467\times[\text{男}]\ \text{or}\ 0.000\times[\text{女}] + 0.431\times[\text{リピート意向}]\\
&+ 0.274\times[\text{他者への推薦度}] + 0.325\times[\text{価格設定}]\\
&+ 0.401\times[\text{接客態度}] + 0.479\times[\text{雰囲気}] - 2.094
\end{aligned}
$$

さらに標準化されたデータで重回帰分析を行った結果（係数のみ）を画面 8-13 に示す。リピート意向が最も総合評価に影響を与えており，次いで雰囲気，接客

概要

回帰統計	
重相関 R	0.978079
重決定 R2	0.956638
補正 R2	0.936625
標準誤差	0.288481
観測数	20

分散分析表

	自由度	変動	分散	観測された分散比	有意 F
回帰	6	23.86812	3.97802	47.80046258	4.087E-08
残差	13	1.081878	0.083221		
合計	19	24.95			

	係数	標準誤差	t	P-値	下限 95%	上限 95%	下限 95.0%	上限 95.0%
切片	-2.09383	0.486449	-4.3043	0.000856416	-3.144736	-1.042916	-3.144736	-1.042916
男	0.466694	0.157866	2.95627	0.011136861	0.1256456	0.807742	0.1256456	0.807742
リピート意向	0.431098	0.131626	3.275186	0.006028813	0.1467384	0.715458	0.1467384	0.715458
他者への推薦度	0.273652	0.120857	2.264264	0.041304398	0.0125564	0.5347468	0.0125564	0.5347468
価格設定	0.325422	0.084075	3.870613	0.001930629	0.143789	0.5070553	0.143789	0.5070553
接客態度	0.400761	0.115678	3.464455	0.004190237	0.1508541	0.6506682	0.1508541	0.6506682
雰囲気	0.47864	0.174516	2.742676	0.016770881	0.1016216	0.8556575	0.1016216	0.8556575

画面 8-12　重回帰分析結果（2 回目）

	係数	標準誤差	t	P-値
切片	0.000	0.056	0.000	1.000
男	0.191	0.065	2.956	0.011
リピート意向	0.334	0.102	3.275	0.006
他者への推薦度	0.211	0.093	2.264	0.041
価格設定	0.259	0.067	3.871	0.002
接客態度	0.289	0.083	3.464	0.004
雰囲気	0.306	0.112	2.743	0.017

画面 8-13　標準化されたデータでの回帰分析結果（係数のみ）

態度，価格設定と続いていることがわかる。

課題 8-2

「II データ編 第 4 章 データの所在と取り込み」で取り上げた「外食チェーンアンケートデータ（数値データ）」について，総合評価を目的変数，性別から雰囲気の 7 項目を説明変数として重回帰分析を行いなさい。その後，適切な回帰式を導き出してみなさい。

課題 8-3

「II データ編 第 4 章 データの所在と取り込み」で取り上げた「外食チェーンアンケートデータ（数値データ）」について，支払金額を目的変数として，説明変数は各自で設定して重回帰分析を実行し，最適な回帰式を導き出してみなさい。そして，結果から何が言えるかを考察しなさい。

第Ⅳ部
実践編

第9章

販売データの分析と活用

本章では，「第１章　企業活動とデータ分析」で示した企業活動のうち特に販売に関連するデータの分析について取り上げる。また Excel が提供する諸機能のうち，主に基本的な表の作成や式・関数，グラフの作成・編集などを利用する。

本章では，販売分析について次の基本的な手法を取り上げる。

① 売上の変動についての分析

▶**Z チャート**……月次の販売データを用いて売上の動向を俯瞰する手法

▶**傾向変動・季節変動分析**……売上高は次のような変動の合成としてとらえることができるが，そのうち傾向変動，季節変動をとり上げる。

［売上高］=［傾向変動］+［季節変動］+［循環変動］+［不規則変動］

② 商品や部門の評価についての分析

▶**ABC 分析**……重点的に管理すべき商品や部門を評価する手法

補足）販売および関連データとこれらの手法との関連については，「第４章 データの所在と取り込み」の図 4-2 を参照されたい。同図では売上高を４要因の積で表しているが，本章では加算の関係で取り扱っている。

1. 売上の変動についての分析

(1) Z チャート

手法の解説

Z チャートでは数年にわたる月別売上高を基礎データとして，次に示す２つの指標を求め（表 9-1 参照)，売上の動向を把握する手法である。

［累計売上高］

累計売上高とは，開始月から終了月までの売上高の合計をいう。表 9-1 では

１月が開始月なので，１月から各月までの売上高を合計したものが累計売上高となる。ただし，2015 年１月の場合は開始月と終了月が同じなので，2015 年１月の欄には同月のみの売上高が入っている。次に，2015 年２月の欄には開始月１月から終了月２月までの売上高の合計が入っている。以後，同様に 2015 年 12 月まで繰り返せばよい。2016 年についても同様に求めればよい。

［12 カ月移動合計］

移動合計とは，期間が一定（表 9-1 では 12 カ月間）の合計を順次繰り返していく方法である。例えば，表 9-1 では 2015 年１月～12 月の合計（557）が 2015 年 12 月の欄に，2015 年２月～2016 年１月までの合計（564）が 2016 年１月の欄に示されている。以後同様に，2016 年 12 月まで繰り返せばよい。

表 9-1　Ｚチャート用基礎データ

年	月	①売上高	②累計売上高	③12ヵ月移動合計
2015年	1月	40	40	
	2月	36	76	
	3月	46	122	
	4月	44	166	
	5月	43	209	
	6月	47	256	
	7月	35	291	
	8月	39	330	
	9月	41	371	
	10月	48	419	
	11月	51	470	
	12月	87	557	557
2016年	1月	47	47	564
	2月	32	79	560
	3月	55	134	569
	4月	50	184	575
	5月	41	225	573
	6月	47	272	573
	7月	41	313	579
	8月	45	358	585
	9月	37	395	581
	10月	55	450	588
	11月	64	514	601
	12月	93	607	607

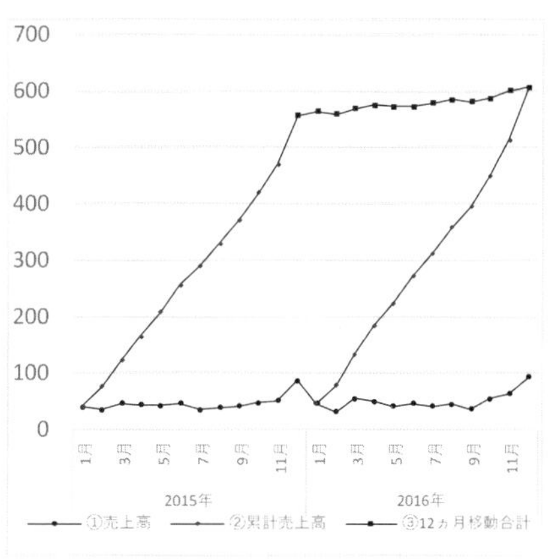

図 9-1　Ｚチャート

表 9-1 の①～③の基礎データを，年月をＸ軸，売上高をＹ軸にとることでＺチャートが得られる（表 9-1 参照）。グラフから次の点を読み取ることができるであろう。

①　月々の売上高の変動……1・2 月と 7～9 月の売上がやや少ないのに対

して，12 月が大きく伸びていること

② 年間を通しての累計売上高の動き……月々の売上高が年間を通してどのように増加しているかを示す。毎月の売上高が一定であれば，一直線で表されるが，本例では 7 月以降やや伸び悩み，年末に急に上昇していることがわかる。なお，表 9-1 に各月の販売計画とその累計を追加すれば，年間販売計画の達成状況を把握することもできる。

③ 12 カ月移動合計……これは 1 年間の季節変動を取り除いた売上高の傾向変動を示すものである。図 9-1 からは売上高が緩やかな上昇傾向にあることがわかる（季節変動，傾向変動については，次項以降を参照）。

Excel での処理

上記の処理を Excel で行う場合の操作手順の例を以下に示す。

手順 1）　Z チャート用基礎データの見出しと毎月の売上データを準備する（セル A1：C25，D1：E1）（画面 9-1 参照）。

手順 2）　2015 年の②累計売上高（セル D2：D13）を求める（画面 9-1 参照）

手順 3）　2016 年の②累計売上高（セル D14：D25）を求める（画面 9-1 参照）

手順 4）　③ 12 カ月移動合計（セル E13：E25）を求める（画面 9-1 参照）

手順 5）　Z チャートを作成する（図 9-2 参照）

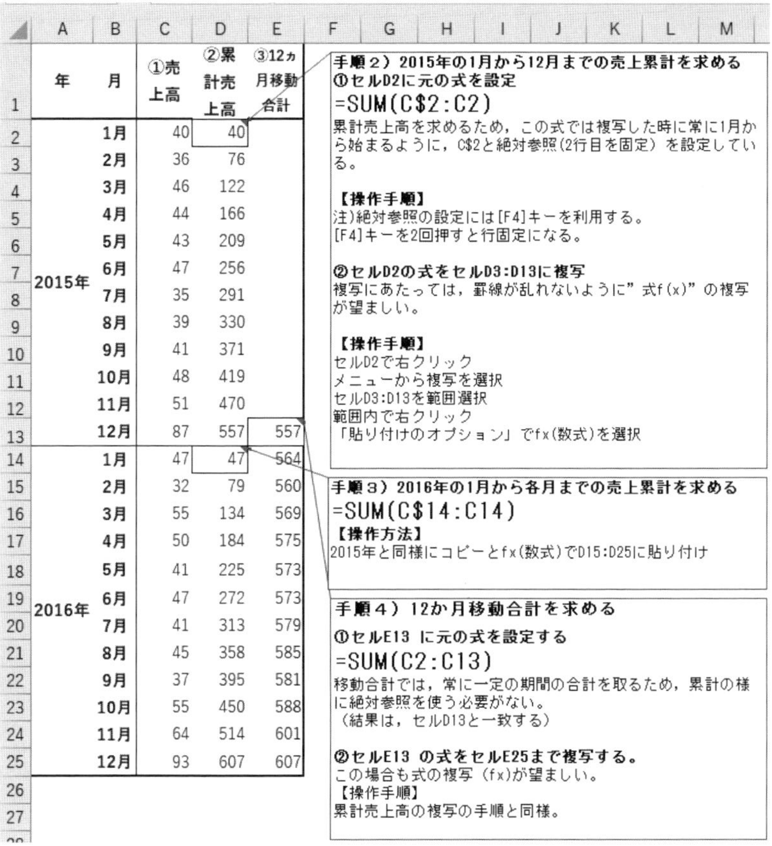

	A	B	C	D	E
1	年	月	①売上高	②累計売上高	③12ヵ月移動合計
2	2015年	1月	40	40	
3		2月	36	76	
4		3月	46	122	
5		4月	44	166	
6		5月	43	209	
7		6月	47	256	
8		7月	35	291	
9		8月	39	330	
10		9月	41	371	
11		10月	48	419	
12		11月	51	470	
13		12月	87	557	557
14	2016年	1月	47	47	564
15		2月	32	79	560
16		3月	55	134	569
17		4月	50	184	575
18		5月	41	225	573
19		6月	47	272	573
20		7月	41	313	579
21		8月	45	358	585
22		9月	37	395	581
23		10月	55	450	588
24		11月	64	514	601
25		12月	93	607	607

手順２）2015年の1月から12月までの売上累計を求める
①セルD2に元の式を設定
=SUM(C$2:C2)
累計売上高を求めるため，この式では複写した時に常に1月から始まるように，C$2と絶対参照(2行目を固定）を設定している。

【操作手順】
注)絶対参照の設定には[F4]キーを利用する。
[F4]キーを2回押すと行固定になる。

②セルD2の式をセルD3:D13に複写
複写にあたっては，罫線が乱れないように"式f(x)"の複写が望ましい。

【操作手順】
セルD2で右クリック
メニューから複写を選択
セルD3:D13を範囲選択
範囲内で右クリック
「貼り付けのオプション」でfx(数式)を選択

手順３）2016年の1月から各月までの売上累計を求める
=SUM(C$14:C14)
【操作方法】
2015年と同様にコピーとfx(数式)でD15:D25に貼り付け

手順４）12か月移動合計を求める
①セルE13 に元の式を設定する
=SUM(C2:C13)
移動合計では，常に一定の期間の合計を取るため，累計の様に絶対参照を使う必要がない。
（結果は，セルD13と一致する）

②セルE13 の式をセルE25まで複写する。
この場合も式の複写（fx)が望ましい。
【操作手順】
累計売上高の複写の手順と同様。

画面 9-1　Excel による Z チャート用基礎データ

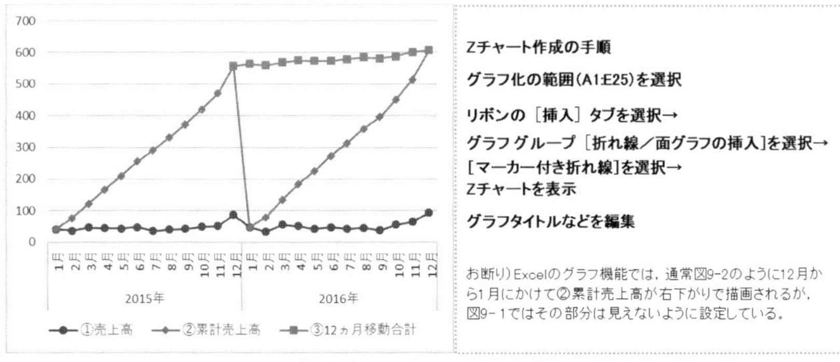

図 9-2　Z チャートの作成

例題 9-1

表 9-2 に示すのは，コンビニエンスストアの最近 5 年間の月別売上高である。以下の手順で Z チャートを作成し，どのような特徴がみられるか検討してみなさい。

表 9-2　コンビニエンスストアの月別売上高

（単位：億円）

	2014 年	2015 年	2016 年	2017 年	2018 年
1 月	7,551	7,877	8,146	8,368	8,374
2 月	7,098	7,327	7,790	7,805	7,949
3 月	8,297	8,441	8,646	8,860	9,139
4 月	7,539	8,177	8,483	8,691	8,911
5 月	8,153	8,687	8,861	9,105	9,147
6 月	8,063	8,445	8,723	8,897	9,148
7 月	8,842	9,321	9,633	9,843	9,995
8 月	8,766	9,256	9,511	9,596	9,848
9 月	8,116	8,511	8,744	8,903	9,376
10 月	8,295	8,785	9,020	9,052	9,159
11 月	8,010	8,290	8,435	8,599	8,911
12 月	8,624	8,943	9,079	9,256	9,690

出所）㈳日本フランチャイズチェーン協会 コンビニエンスストア統計データ〈https://www.jfa-fc.or.jp/particle/320.html〉より（2019 年 8 月 8 日閲覧）。

手順 1）　データを表 9-3 のように縦型に組みなおしなさい。

手順 2）　各年毎に 1 月からの累計売上高を求めなさい。

手順 3）　2014 年 12 月から 2018 年 12 月まで 12 カ月移動合計を求めなさい。

手順 4）　手順 1 ～ 3 で求めたデータを使って，Z チャートを作成しなさい。

手順 5）　Z チャートを元に，コンビニエンスストアの売上高の推移についてどのような特徴がみられるかについて考察しなさい。

解答例

表9-3　コンビニエンスストアZチャート用基礎データ

（単位：百万円）

年	月	①売上高	②累計売上高	③12ヵ月移動合計
2014年	1月	7,551	7,551	
	2月	7,098	14,649	
	3月	8,297	22,946	
	4月	7,539	30,485	
	5月	8,153	38,637	
	6月	8,063	46,700	
	7月	8,842	55,541	
	8月	8,766	64,307	
	9月	8,116	72,423	
	10月	8,295	80,719	
	11月	8,010	88,728	
	12月	8,624	97,352	97,352
2015年	1月	7,877	7,877	97,678
	2月	7,327	15,204	97,908
	3月	8,441	23,645	98,052
	4月	8,177	31,822	98,690
	5月	8,687	40,510	99,225
	6月	8,445	48,955	99,607
	7月	9,321	58,275	100,086
	8月	9,256	67,531	100,576
	9月	8,511	76,043	100,971
	10月	8,785	84,827	101,461
	11月	8,290	93,118	101,741
	12月	8,943	102,061	102,061
2016年	1月	8,146	8,146	102,330
	2月	7,790	15,936	102,793
	3月	8,646	24,582	102,997
	4月	8,483	33,065	103,304
	5月	8,861	41,926	103,477
	6月	8,723	50,649	103,756
	7月	9,633	60,282	104,068
	8月	9,511	69,793	104,322
	9月	8,744	78,537	104,555
	10月	9,020	87,557	104,790
	11月	8,435	95,992	104,935
	12月	9,079	105,070	105,070
2017年	1月	8,368	8,368	105,292
	2月	7,805	16,173	105,307
	3月	8,860	25,033	105,522
	4月	8,691	33,724	105,730
	5月	9,105	42,830	105,974
	6月	8,897	51,727	106,148
	7月	9,843	61,569	106,358
	8月	9,596	71,165	106,443
	9月	8,903	80,069	106,603
	10月	9,052	89,121	106,634
	11月	8,599	97,720	106,798
	12月	9,256	106,975	106,975
2018年	1月	8,374	8,374	106,981
	2月	7,949	16,323	107,125
	3月	9,139	25,462	107,403
	4月	8,911	34,372	107,623
	5月	9,147	43,520	107,665
	6月	9,148	52,668	107,916
	7月	9,995	62,663	108,068
	8月	9,848	72,511	108,321
	9月	9,376	81,887	108,793
	10月	9,159	91,045	108,900
	11月	8,911	99,956	109,212
	12月	9,690	109,646	109,646

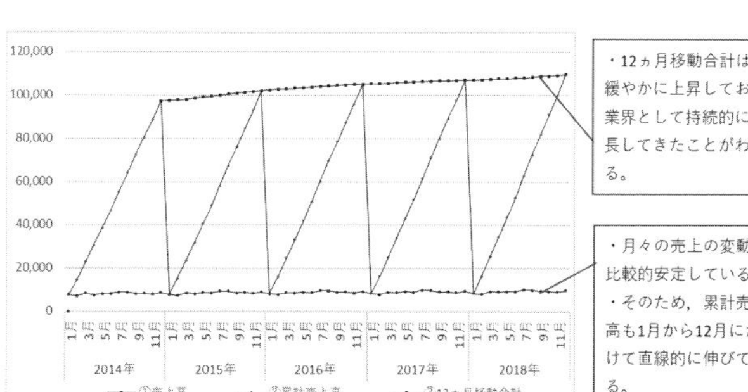

120,000
100,000
80,000
60,000
40,000
20,000
0
2014年
2015年
2016年
2017年
2018年
①売上高
②累計売上高
③12ヵ月移動合計
・12ヵ月移動合計は，緩やかに上昇しており，業界として持続的に成長してきたことがわかる。
・月々の売上の変動は比較的安定している。
・そのため，累計売上高も1月から12月にかけて直線的に伸びている。
・消費市場が伸び悩む中にあって，順調に成長してきており，消費者のニーズにうまく応えてきたことがうかがえる。

図9-3　コンビニエンスストアのZチャートと特徴

(2) 傾向変動

手法の解説

先にも触れたように，企業の売上高はいくつかの変動要因の合成と考えることができるが，ここでは循環変動を除いて次のように考える。

［売上高］=［傾向変動］+［季節変動］+［不規則変動］

今，4 期で 1 巡する 12 期を考え，そこに次の変動が含まれているとする（表 9-4 参照）。

▶傾向変動：毎期 0.5 ずつ増加

▶季節変動：1 → 2 → 3 → 2 の繰り返し

▶不規則変動：毎期最大 ±1 の範囲でランダムに変動

表 9-4　売上高とその変動要因

年	期	傾向変動	季節変動	不規則変動	売上高
1	1	0.5	1	0.1	1.6
	2	1.0	2	0.0	3.0
	3	1.5	3	0.0	4.5
	4	2.0	2	0.4	4.4
2	1	2.5	1	-0.2	3.3
	2	3.0	2	0.4	5.4
	3	3.5	3	0.3	6.8
	4	4.0	2	-0.4	5.6
3	1	4.5	1	0.1	5.6
	2	5.0	2	-0.2	6.8
	3	5.5	3	-0.4	8.1
	4	6.0	2	0.1	8.1

ここで，4 期の移動合計を順次求めてみると，そこには必ず 4 期で一巡する季節変動（合計：8）が含まれるため（図 9-4 参照），季節変動の影響を取り除くことができる。そのため，季節変動の周期がわかっている場合，その周期で売上高の移動合計を取れば，売上高から季節変動を取り除くことができ，傾向変動（厳密にはその他の変動も含まれるが）を抽出することができる。

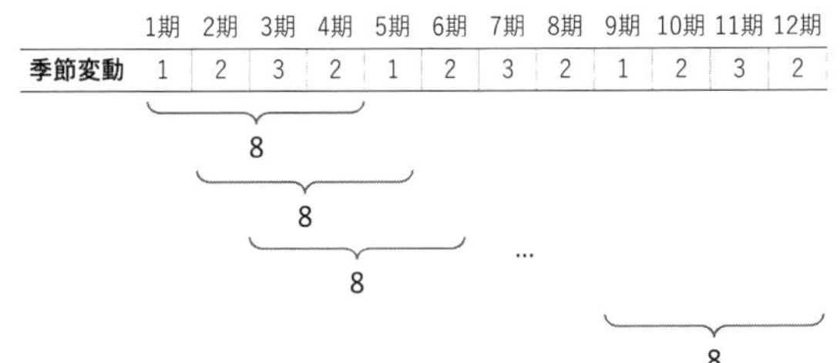

図 9-4　移動合計による季節変動の除去

以上を，グラフで確認すると，図 9-5 は各変動要因の合成として売上高になっていることを表し，図 9-6 は合成された売上高の移動平均（4 期間の移動合計の平均値）を取ることで傾向変動が抽出されることを示している。

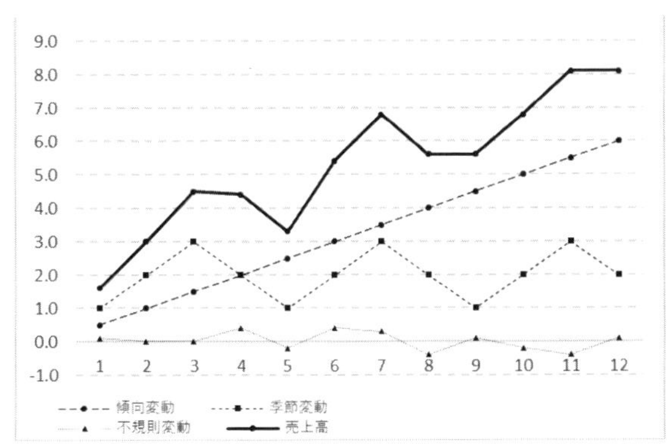

図 9-5　変動要因の合成としての売上高

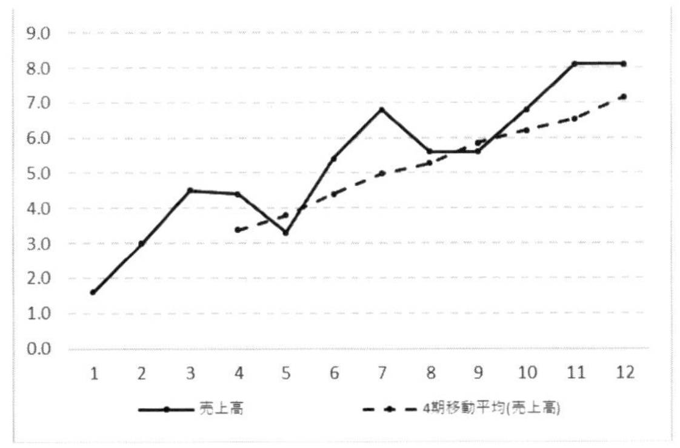

図 9-6　移動平均による傾向変動の抽出

以上より，図 9-1 および図 9-2 のＺチャートの「③ 12 カ月移動合計」は売上高に 12 カ月の周期変動（季節変動）が含まれている場合，その変動を取り除いた傾向変動を示すことになる。

なお，季節変動は，季節的な循環変動にのみ有効というわけはなく，例えば 1 週間の曜日や時間帯などによって利用客数や売上高が周期的に変動するといった場合に広く適用可能である。

(3) 季節指数

本節では，季節変動を指数化した季節指数を算出する方法として平均法をとりあげる。

表 9-5 季節変動

	1年	2年	3年	平均
1期	1.1	0.8	1.1	1.0
2期	2.0	2.4	1.8	2.1
3期	3.0	3.3	2.6	3.0
4期	2.4	1.6	2.1	2.0

手法の解説

表 9-5 は，表 9-4 の季節変動に不規則変動を加えた模擬的な季節変動データである。そのため，年によって各期の売上高はばらついているが，それを 3 年で平均すると元の季節変動に近いパターンが得られていることがわかるであろう（図 9-7 参照）。これは平均により不規則変動が打ち消しあった結果である。このように平均によって不規則変動をある程度取り除くことができる。

この原理を用いて季節指数を求めるのが，平均法による季節指数である（画面 9-2 参照）。単純な方法であるが，傾向変動が大きくない場合に効果的である。

同法では，季節指数は期間全体の 1 期あたり売上高を基準にして各期の平均売上高を求める。これは，標準的な 1 期間の販売力に対する各期の販売力の水準を示すものと理解できる。

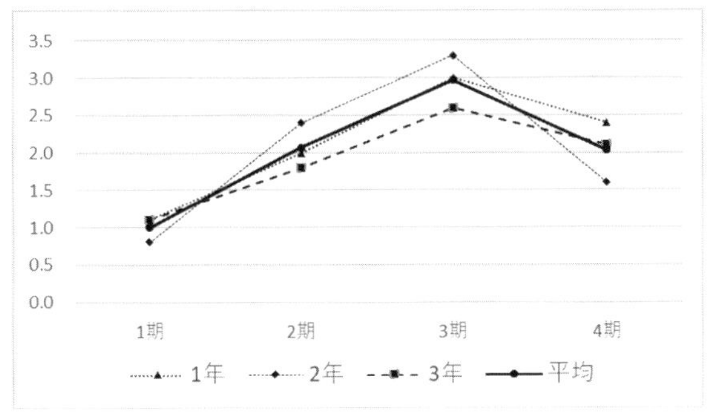

図 9-7　季節変動（平均法）

画面 9-2 では，第 1 期の平均販売力 1.0（セル E2）は全期間における 1 期分の平均販売力 2.0（セル E6）の半分にとどまっている。そのため，第 1 期の季節指数は 0.5 となっている。これに対して，3 期は平均売上高が 3.0（セル E4）と全期間の平均売上の 2.0 の約 1.5 倍となっている。このように，季節指数は 1 が基準であり，1.0 を上回るかどうかでその期の販売力の強弱を示している。そのため，全期間の季節指数の平均（セル F6）は 1 となる。

	A	B	C	D	E	F
1		**1年**	**2年**	**3年**	**平均**	**季節指数**
2	**1期**	1.1	0.8	1.1	1.0	0.50
3	**2期**	2.0	2.4	1.8	2.1	1.02
4	**3期**	3.0	3.3	2.6	3.0	1.47
5	**4期**	2.4	1.6	2.1	2.0	1.01
6	**平均**	2.1	2.0	1.9	2.0	1.00

画面 9-2　平均法による季節指数の算出

Excel での処理

手順 1)　見出し，元データなどを入力

画面 9-3 の見出しを入力（セル範囲：A2 : A6，B1 : F1）

元のデータ（年・期別売上高）を入力（セル範囲 B2 : D5）

手順 2)　各期・年の平均売上高を算出，複写（画面 9-3 参照）

手順 3)　グラフを作成（図 9-8 参照）

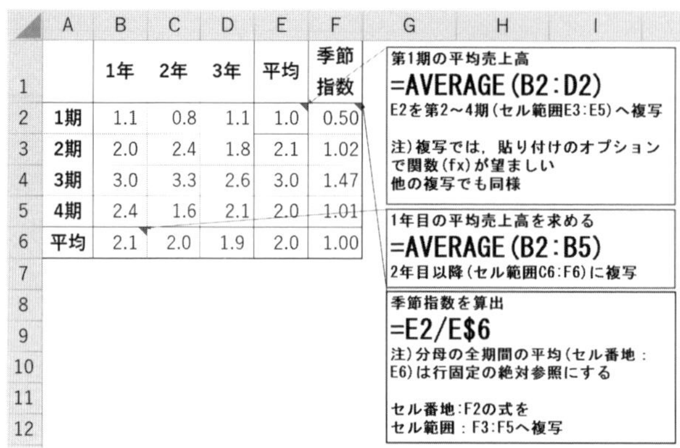

	A	B	C	D	E	F
1		1年	2年	3年	平均	季節指数
2	1期	1.1	0.8	1.1	1.0	0.50
3	2期	2.0	2.4	1.8	2.1	1.02
4	3期	3.0	3.3	2.6	3.0	1.47
5	4期	2.4	1.6	2.1	2.0	1.01
6	平均	2.1	2.0	1.9	2.0	1.00

画面 9-3　季節指数の算出（平均法）

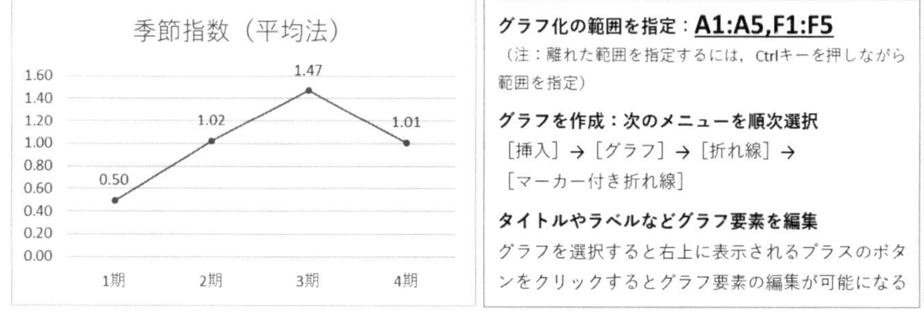

図 9-8　季節指数グラフの作成

例題 9-2

表 9-2 のコンビニエンスストアの月別売上高に対して平均法を用いて季節指数を求め，どのような特徴がみられるか検討しなさい。

手順 1)　表 9-2 のデータを表 9-3 の形式に従って見出し，月別売上高を編集しなさい。

手順 2)　5 年間の 1 月～ 12 月までの売上高の変化がどの程度似通っているかをグラフを作成して確認してみなさい。

手順 3)　Excel での処理に倣って，各月・年の平均売上高を求めなさい。

手順 4)　1 月～ 12 月の季節指数を求めなさい。その平均が 1 になっているかどうか確認しなさい。

手順 5)　季節指数の変動をグラフで確認してみなさい。

手順 6)　季節変動にどのような特徴がみられるかについて考察しなさい。

解答例

表 9-6 コンビニエンスストアの季節指数の算出（平均法）

（単位：億円）

	2014年	2015年	2016年	2017年	2018年	平均	季節指数
1月	7,551	7,877	8,146	8,368	8,374	8,063	0.93
2月	7,098	7,327	7,790	7,805	7,949	7,594	0.87
3月	8,297	8,441	8,646	8,860	9,139	8,677	1.00
4月	7,539	8,177	8,483	8,691	8,911	8,360	0.96
5月	8,153	8,687	8,861	9,105	9,147	8,791	1.01
6月	8,063	8,445	8,723	8,897	9,148	8,655	1.00
7月	8,842	9,321	9,633	9,843	9,995	9,527	1.10
8月	8,766	9,256	9,511	9,596	9,848	9,395	1.08
9月	8,116	8,511	8,744	8,903	9,376	8,730	1.01
10月	8,295	8,785	9,020	9,052	9,159	8,862	1.02
11月	8,010	8,290	8,435	8,599	8,911	8,449	0.97
12月	8,624	8,943	9,079	9,256	9,690	9,118	1.05
平均	8,113	8,505	8,756	8,915	9,137	8,685	1.00

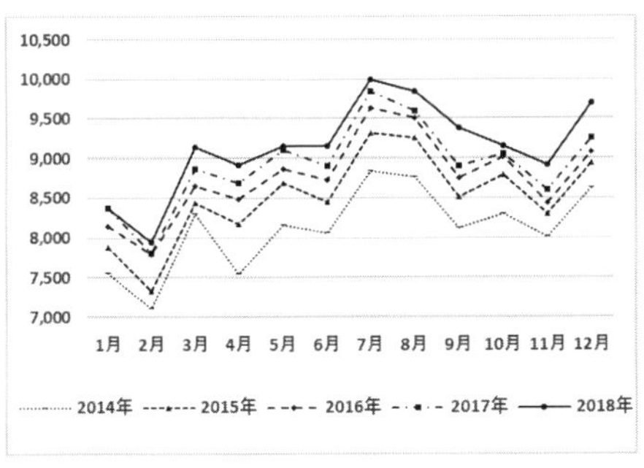

図 9-9　季節変動パターンの確認

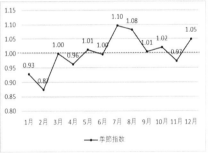

図 9-10　コンビニエンスストアの季節指数

(4) 販売計画の作成と評価

手法の解説

ここではこれまで求めてきたコンビニエンスストアの傾向変動と季節指数の活用の例として，2014 ～ 2018 年の月別販売データをもとに 2019 年度の月別販売計画を立てて，それがどの程度実績と一致するかを検討してみよう。

なお，実際の販売計画の作成にあたっては前節まで紹介してきた要因以外の要素も含めて過去のデータをもとに予測が行われることに加えて，企業の方針や戦略，競合企業の動向，今後の変動要因なども含めて検討されることになる。

手順は，次の通りである。

手順1)　過去5年間の12カ月移動平均売上高を求め（求め方は，表9-3の③12カ月移動合計と同様だが，合計でなく平均値を算出），月々の売上高とともにグラフで示す（図9-11参照）。12カ月移動平均は緩やかな上昇の傾向を示している。

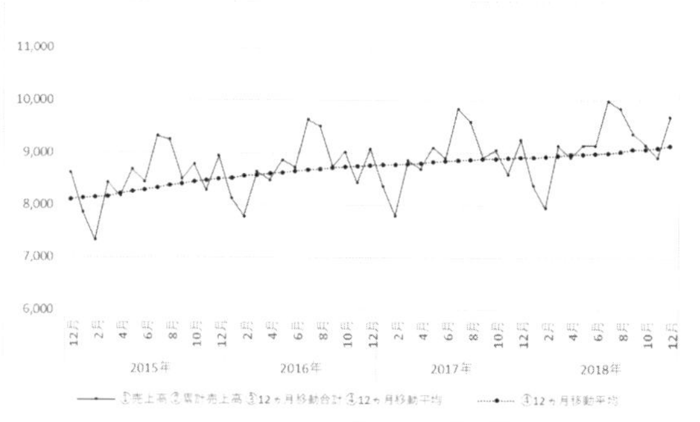

図9-11　月々の販売の推移と12カ月移動平均

手順2)　12カ月移動平均売上高（2014年12月～2018年12月）に単回帰式をあてはめ，2019年1月～6月の売上高を予測する。

ここでは，④12カ月移動平均の折れ線グラフに対して“近似曲線の追加”を用いて6カ月間の予測を行った（図9-12参照）。

表9-7　12カ月移動平均

（単位：億円）

	年	月	①売上高	④12ヵ月移動平均
	2014年	1月	7,551	
		2月	7,098	
		3月	8,297	
		4月	7,539	
		5月	8,153	
		6月	8,063	
		7月	8,842	
		8月	8,766	
		9月	8,116	
		10月	8,295	
		11月	8,010	
1		12月	8,624	8,113
2	2015年	1月	7,877	8,140
3		2月	7,327	8,159
4		3月	8,441	8,171
5		4月	8,177	8,224
6		5月	8,687	8,269
7		6月	8,445	8,301
8		7月	9,321	8,340
9		8月	9,256	8,381
10		9月	8,511	8,414
11		10月	8,785	8,455
12		11月	8,290	8,478
13		12月	8,943	8,505
14	2016年	1月	8,146	8,528
15		2月	7,790	8,566
16		3月	8,646	8,583
17		4月	8,483	8,609
18		5月	8,861	8,623
19		6月	8,723	8,646
20		7月	9,633	8,672
21		8月	9,511	8,693
22		9月	8,744	8,713
23		10月	9,020	8,733
24		11月	8,435	8,745
25		12月	9,079	8,756
26	2017年	1月	8,368	8,774
27		2月	7,805	8,776
28		3月	8,860	8,793
29		4月	8,691	8,811
30		5月	9,105	8,831
31		6月	8,897	8,846
32		7月	9,843	8,863
33		8月	9,596	8,870
34		9月	8,903	8,884
35		10月	9,052	8,886
36		11月	8,599	8,900
37		12月	9,256	8,915
38	2018年	1月	8,374	8,915
39		2月	7,949	8,927
40		3月	9,139	8,950
41		4月	8,911	8,969
42		5月	9,147	8,972
43		6月	9,148	8,993
44		7月	9,995	9,006
45		8月	9,848	9,027
46		9月	9,376	9,066
47		10月	9,159	9,075
48		11月	8,911	9,101
49		12月	9,690	9,137

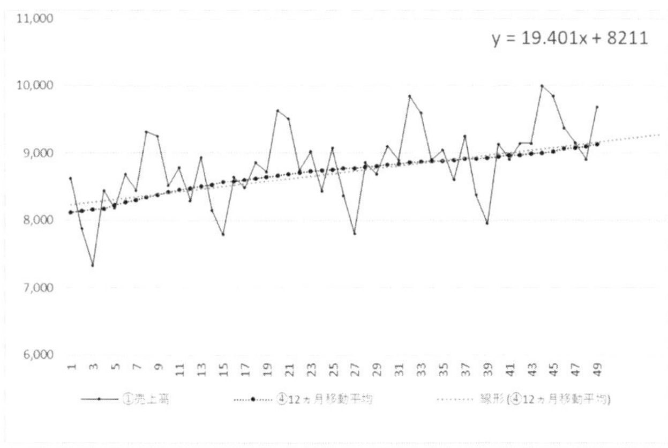

図 9-12　12 カ月移動平均売上高の単回帰式と予測

手順 3)　2019 年 1 月～6 月の移動平均売上高の予測値を求める。

図 9-12 で求めた回帰式を用いて予測する。その際，x（期間）は 2014 年 12 月が開始月なので 1，続く 2015 年 1 月が 2 となり，予測対象月である 2019 年 1 月は 50，同 6 月は 55 となる（計算結果は表 9-8 の手順 3）の欄を参照)。

表 9-8　実測値，予測値，誤差

			手順3）	手順4）		手順5）		
			12か月移動平均売上高の予測値	季節指数	季節変動を加味した月売上高の予測	2019年実績	偏差	偏差(%)
50	2019年	1月	9,181	0.93	8,524	8,770	246	2.81
51		2月	9,200	0.87	8,045	8,257	213	2.58
52		3月	9,220	1.00	9,211	9,303	92	0.99
53		4月	9,239	0.96	8,893	9,159	266	2.90
54		5月	9,259	1.01	9,371	9,407	36	0.38
55		6月	9,278	1.00	9,246	9,283	37	0.40

手順 4)　各月の予測値に季節指数をかけて，季節変動を加味した売上高の予測値を求める（表 9-8 の手順 4）の欄を参照)。

手順 5)　手順 4）で求めた予測値（販売計画）と売上実績値（ここでは執筆時点で公表されている各月の売上実績を用いた）との偏差を求めてみる（表 9-8 の手順 5)，図 9-13 を参照)。

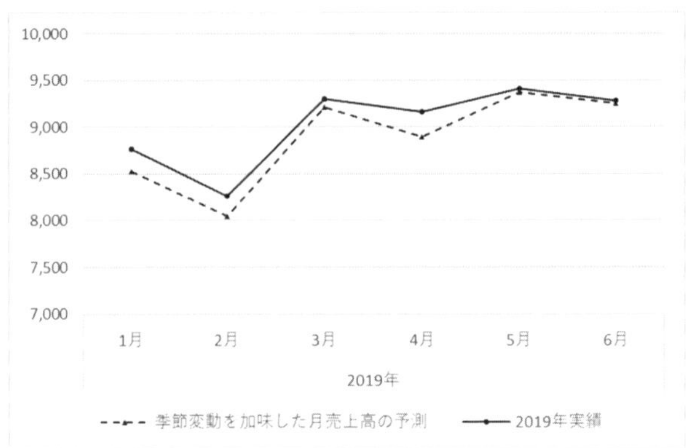

図 9-13　売上予測と実績値の偏差

手順 6)　予測の誤差（偏差）についての検討。

▶実績値が常に予測値を上回っており，消費が比較的好調な時期ではないかと推察される。

▶偏差は 0%台と 2%台であり，さらに精度の向上が必要と考えられる。

▶偏差が大きいのは 1 月，2 月，4 月であり，いずれも季節指数が 1 を下回っている月である。消費の好調さが季節指数の低い月により大きく影響しているのではないかと思われる。

課題 9-1

表 9-9 は百貨店の過去 5 年の月別売上高である。次の手順を参考にコンビニエンスストアの場合と比較してみなさい。

問 1)　傾向変動を捉えてみよう。

①　コンビニエンスストアの傾向変動と比べてみなさい。

②　両者の違いがなぜ生じているのかについて検討してみなさい。

問 2)　季節変動を捉えてみよう。

①　コンビニエンスストアの季節変動と比べてみなさい。

②　両者の違いがなぜ生じているのかについて検討してみなさい。

問 3)　2019 年 1 月～ 6 月の売上を予測してみなさい。

表9-9　百貨店の月別売上高

（単位：億円）

	2014	2015	2016	2017	2018
1月	5,600	5,424	5,310	5,209	5,157
2月	4,431	4,458	4,447	4,337	4,291
3月	6,819	5,442	5,277	5,195	5,202
4月	4,172	4,723	4,536	4,528	4,565
5月	4,618	4,887	4,629	4,589	4,506
6月	4,884	4,880	4,700	4,720	4,870
7月	5,449	5,612	5,599	5,470	5,132
8月	4,272	4,363	4,092	4,128	4,118
9月	4,407	4,464	4,234	4,334	4,198
10月	4,783	4,975	4,755	4,694	4,722
11月	5,581	5,419	5,258	5,396	5,304
12月	7,107	7,098	6,943	6,933	6,805

課題 9-2

表9-2ではコンビニエンスストアの2014年1月～2018年12月までの月別売上高を示しているが，併せてWeb提供の“第9章例題・課題データ”ファイルの例題9-2では，同期間について公表されている他のデータ項目も掲載している。

2019年1月以降，学修時点までのデータを下記のURLから補ってから，全店あるいは既存店について，年単位の変化，月単位の変化などからどのような変化が生じているか，特にコロナ感染の広がりによる影響について分析してみなさい。

注）コンビニエンスストアの売上高などのデータは，（社）日本フランチャイズチェーン協会〈https://www.jfa-fc.or.jp/particle/320.html〉内のコンビニエンスストア統計データのページから入手することができる。

2.　商品や部門の評価についての分析
—ABC分析（パレート分析）—

手法の解説

企業が扱う商品数は，数千品目～数万品目にも上ることが少なくない。しかしながら多くの場合，売上高や利益を稼ぎ出している商品はその中の一部のものに偏る傾向がみられることが多い。このような場合，売上高や利益を稼ぎ出している特定の商品を重点的に管理するのが効率的である。例えば，百貨店は多くの得意客を抱えているが，その中でも大口の顧客は外商部門が担当することで重点的な管理を行っている。

このように管理すべき対象としては多数に上るものの，その中の少数のものが実質的には大きな影響力を持つことがよく見られる。このような現象は「2：8の法則」（2割程度で8割程度を占める）あるいは「パレートの法則」と呼ばれている。

このような現象の分析に利用されるのが，ABC分析である。これは多数の管理対象をその重要性に応じて分類するための手法であり，ビジネスデータ分析の多くの場面で利用される。

以下に，商品区分別売上高を例にその分析手順を示す（表9-10参照）。

表9-10　ABC分析

商品区分	売上高（万円）	累積売上高（万円）	構成比（%）	累積構成比（%）	ランク
衣料品	2,095	2,095	32.7	32.7	A
食料品	1,715	3,811	26.8	59.6	A
雑貨	934	4,744	14.6	74.2	B
身のまわり品	808	5,552	12.6	86.8	B
家庭用品	298	5,850	4.7	91.4	B
食堂・喫茶	174	6,209	2.7	97.1	C
その他	120	6,329	1.9	98.9	C
サービス	68	6,398	1.1	100.0	C

手順1）　商品別売上データ（1週間分，1カ月分など）を準備する。

手順2）　売上高が多い順にデータを並べ替える。

手順3）　累積売上高を計算する。

手順4）　売上構成比，累積構成比を求める。

手順5）　分類基準を用いて累積構成比により商品A～Cランクに分類する。

〈分類基準の例〉

Aランク：累積比率が70%程度までの商品

Bランク：累積比率が70%程度～95%程度までの商品

Cランク：累積比率が95%程度以上の商品

手順6）　パレート図を作成する。

手順の1)～5）により商品の分類（ランク分け）はできるが，パレート図を描くとその特徴（特定の商品区分への集中の程度）をより明確にとらえることができる。

パレート図は横軸に管理対象（この例では商品区分名）を，縦軸に売上高や累積構成比をとり，棒グラフ，累積曲線でそれぞれの重要性の程度が示される。図9-14では，9商品区分のうち2つの商品区分で全売上の約60%を占めている（集中度が高い）ことがわかる。

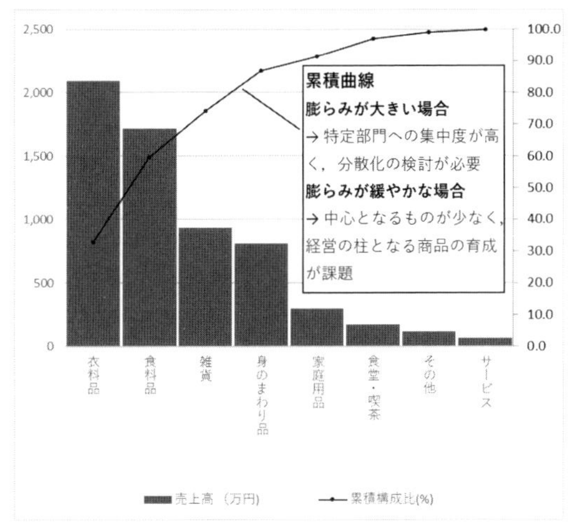

図9-14　パレート図

Excelでの処理

見出しをセル範囲A1：F1，A2：A9に，元のデータをB2：B9に入力。その後，画面9-4を参考に上記解説の手順2）以降を操作すればよい。

ここでも，累積売上高や構成比を求める際に絶対参照（行固定）を利用している。また，分類基準に応じてABCのランクを区分するために，IF関数を2回組み合わせている（多重のIF関数）点がポイントである。

画面9-4のデータから図9-14のパレート図を作成するには，次のような方法がある。

▶Excelの基本的なグラフ機能を使って作成する。

▶“組み合わせグラフ”（Excel2013以降）を使って作成する。

▶“おすすめグラフ”の“パレート図”（Excel2016で追加）を使う。

一番目の場合手順が複雑になるので，ここでは“組み合わせグラフ”を取り上げる。

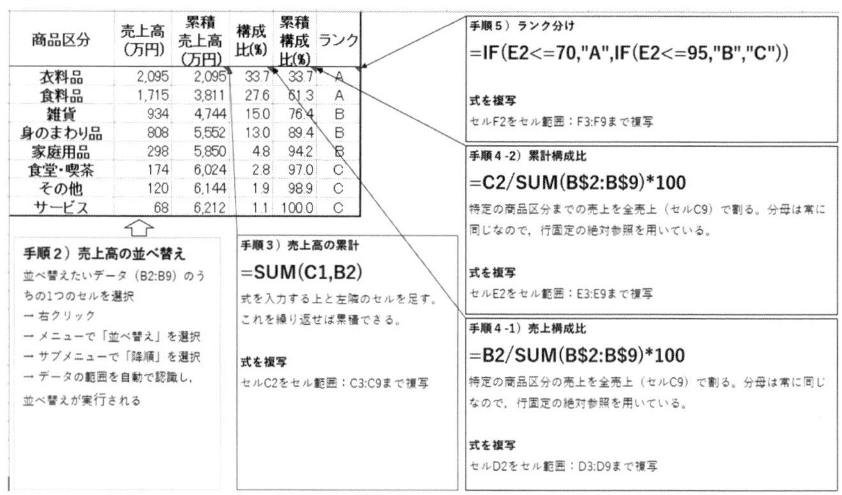

商品区分	売上高(万円)	累積売上高(万円)	構成比(%)	累積構成比(%)	ランク
衣料品	2,095	2,095	33.7	33.7	A
食料品	1,715	3,811	27.6	61.3	A
雑貨	934	4,744	15.0	76.4	B
身のまわり品	808	5,552	13.0	89.4	B
家庭用品	298	5,850	4.8	94.2	B
食堂・喫茶	174	6,024	2.8	97.0	C
その他	120	6,144	1.9	98.9	C
サービス	68	6,212	1.1	100.0	C

画面 9-4　ABC 分析の操作

まずパレート図作成に必要な範囲指定（A1：B9, E1：E9）をして，次にリボンから［挿入］→［グラフ］→［組み合わせ］→［集合縦棒-第2軸の折れ線］と選択すれば，図 9-14 のパレート図ができ上がる。

さらに，“おすすめグラフ”の“パレート図”を使うと，グラフ化したいデータの任意のセルにセルポインタを置いたうえで，次の操作で作成できる。

セル範囲 A1：B9 に対して［挿入］→［おすすめグラフ］→［パレート図］

これら“組み合わせグラフ”や“おすすめグラフ”では，手軽にパレート図の作成が可能であるが，画面 9-4 の累積や累積比率や A ～ C のランク分けの機能は有していない。

単に表やグラフができればよいということではない。他の分析でもそうだが，まずは分析の仕組みや意味を理解して結果を正しく利用できる力を身に着けることが大事である。表やグラフはあくまでそれを支援するものである。分析結果を読み取り，活かすスキルこそが求められている。

商品別売上高を ABC 分析した場合，各分類の意味およびそれに対する基本的な対応は次のようになる。

A ランク：品数は多くないが売上の 70% 前後を占める主力商品群である。
　　　　　品切れによる機会損失が発生しないようにきめ細かな重点管理が

必要となる。

Ｂランク：売上の 20 ～ 25% 前後を占める中堅的な商品群で，この中に今後Ａランクへ移行する成長商品とＣランクへ移行する衰退商品がどのような構成で含まれているかを検討する必要がある。

Ｃランク：品数は多いが売上にはあまり貢献していない（5 ～ 10%程度）商品群である。簡便な管理手法が適している。また，Ｃランクの商品についてはその取り扱いを継続するかどうかが問題となる。取り扱いの廃止については，Ｃランク商品だから即座に廃止するということではなく，今後の売上の見通し，商品構成上の位置づけ等多面的に評価すべきである。

例題 9-3

表 9-11 は 2018 年の百貨店商品区分別売上高（全国）である。このデータをもとに，手法の解説 の手順 1)～ 6）に沿って，商品区分別の ABC 分析を行いなさい。そして得られた結果について考察しなさい。

表 9-11　2018 年百貨店商品区分別売上高

	商品区分	全店舗年間売上高(億円)		商品区分	全店舗年間売上高(億円)
1	衣料品：紳士服	4,559	11	家庭用品：その他家庭用品	1,646
2	衣料品：婦人服	11,318	12	食料品：生鮮食品	3,576
3	衣料品：子供服	1,206	13	食料品：菓子	4,965
4	衣料品：その他衣料品	1,355	14	食料品：惣菜	3,859
5	身のまわり品	7,860	15	食料品：その他食料品	5,604
6	雑貨：化粧品	3,596	16	その他：食堂・喫茶	1,435
7	雑貨：美術・宝飾・貴金属	3,109	17	その他：サービス	594
8	雑貨：その他雑貨	2,165	18	その他：その他	1,193
9	家庭用品：家具	614	19	その他：商品券	1,526
10	家庭用品：家電	125			

解答例（パレート図のみ）

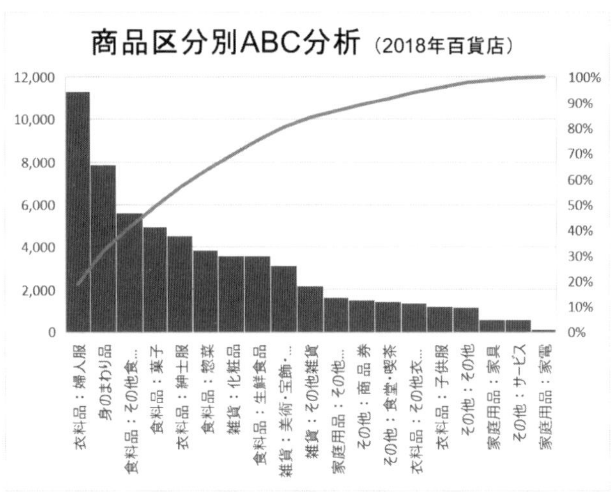

図 9-15　百貨店商品区分別 ABC 分析

課題 9-3（パレート分析の組み合わせ）

表 9-12 は同じく，2014 年の百貨店商品区分別売上高（全国）である。これについても ABC 分析を行い，2018 年の結果と比較，分析してみなさい。どのような特徴が見られるか考察してみよう。

表 9-12　2014 年百貨店商品区分別売上高

	商品区分	全店舗年間売上高(億円)		商品区分	全店舗年間売上高(億円)
5	衣料品：婦人服	13,567	11	家庭用品：その他家庭用品	2,004
13	身のまわり品	8,083	10	その他：商品券	1,854
18	食料品：その他食料品	5,232	4	その他：食堂・喫茶	1,739
19	食料品：菓子	4,662	15	衣料品：その他衣料品	1,529
2	衣料品：紳士服	4,342	6	衣料品：子供服	1,514
3	食料品：惣菜	3,699	17	その他：その他	1,201
1	雑貨：化粧品	3,577	12	家庭用品：家具	786
16	食料品：生鮮食品	3,561	9	その他：サービス	685
14	雑貨：美術・宝飾・貴金属	3,331	8	家庭用品：家電	1,854
7	雑貨：その他雑貨	2,426			

第10章

生産データの分析と活用

1. 在庫管理

小売店を例に在庫管理の重要性を説明する。商品を販売するために店頭に商品を陳列しておく必要があるが，商品が多すぎると売れ残りが生じたり，品質が低下して売れなくなったりする可能性がある。これらは不良在庫（dead stock）と呼ばれ大きな損失を生む原因となる。在庫商品が多いと管理費用が増加し，在庫をたくさん仕入れるには資金が必要で，投下資本の効率が落ち資金繰りを悪化させることにつながりやすい。一方，在庫商品が少ないと品切れが起こり，商品を売るチャンスを失う確率が高くなる。これを機会損失（opportunity loss）というが，損失は売上だけでなく，その店舗を利用する顧客が「品切れの多い店，欲しい商品がない」といった評価をして，以後その店舗を利用しなくなるなど顧客からの信用信頼を失墜する損失も考えなくてはならない。

そこで，適切な在庫を維持したい。在庫を管理するには，現在の在庫量，販売状況，発注に要するコストなどを把握する必要がある。日々の販売量はPOSレジ（販売時点情報管理のできる金銭登録機）を利用して単品ごとに把握することができる。在庫量は現物の商品数量を検数する実地棚卸で正確に把握し，その後の変化はPOSレジから得られた販売量を減ずることで把握できる。発注に要するコストには棚卸の人件費，在庫量把握のための人件費，伝票発行費，データ処理費，関連機器の償却費などが含まれる。在庫量を正確に把握するには棚卸の頻度を上げることになるが，これには費用がかかるので商品の価格や販売量などの特性によって適切な管理方法を選択することになる。

一般的に販売量と商品の特性によって管理方法を使い分けることが適切と言われている。表10-1に代表的な在庫管理方式を示す。定期発注方式は，発注サイクルを設定し，定期的に需要予測と在庫量の把握を行いながら，必要な発注量を決めて綿密に在庫量を管理する方式である。定量発注方式は，在庫量が一定の水準（発注点）を下回るとあらかじめ決定しておいた一定量（経済的発注量）を発注する方式である。2 ビン方式は，2 ビンつまり 2 つの容器に商品を入れておき，1 つの容器の商品が無くなれば次の 1 つ分を発注する方式である。

表 10-1　商品特性と在庫管理方式の選択

		販売量	
		多量	少量
商品特性	流行商品(買回り品)	定期発注方式	定量発注方式
	日常商品(最寄品)	定量発注方式	2 ビン方式など

また，ABC 分析によって表 10-2 のように管理方式を選択することができる。一般的な在庫の変化を図 10-1 に示す。商品が売れて在庫量は時間経過とともに減少し，それを補うために商品を発注する。発注から納品までの時間を調達期間と呼ぶ。

表 10-2　ABC 分析による在庫管理方式の選択

管理水準	在庫管理方式
A グループ	定期発注方式
B グループ	記帳法による定量発注方式
C グループ	記帳法によらない定量発注方式

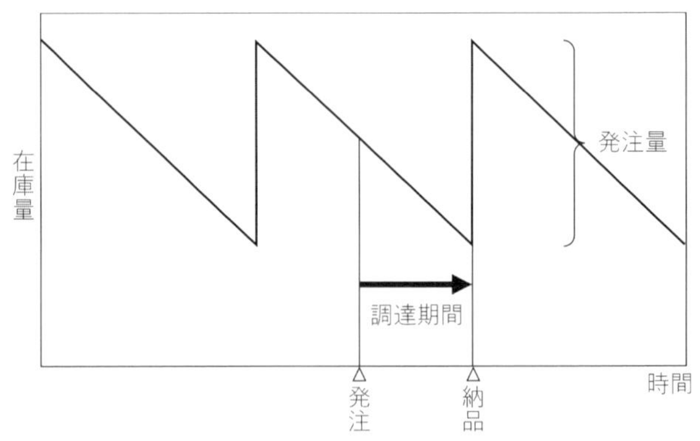

図 10-1　一般的な在庫の変化

(1) 定期発注方式

「第9章 販売データの分析と活用」で学んだABC分析で，Aグループに属する商品は売上に大きく貢献する重要な商品である。これらAグループに属する商品は重点的に管理し，頻繁に在庫量をチェックし，品切れによる機会損失をなくすと同時に無駄な在庫を減らして資金繰りをよくすることが望まれる。

きめ細かく商品を管理しようとすれば棚卸の回数を増やし，発注頻度をあげることになるが，発注頻度を増すと検品作業が増えて発注コストを上昇させるので，過不足のない適切な発注回数を知りたいところである。そこで，総在庫費用を少なくするように一定の発注間隔を決めて，発注毎に適切な発注量を決める方法が定期発注方式である。

ここでは適切な発注回数と発注量の求め方について説明する。図10-2に示すように，1回あたりの発注量が少なければ，発注回数が増えるため年間の発注費用は増加する。

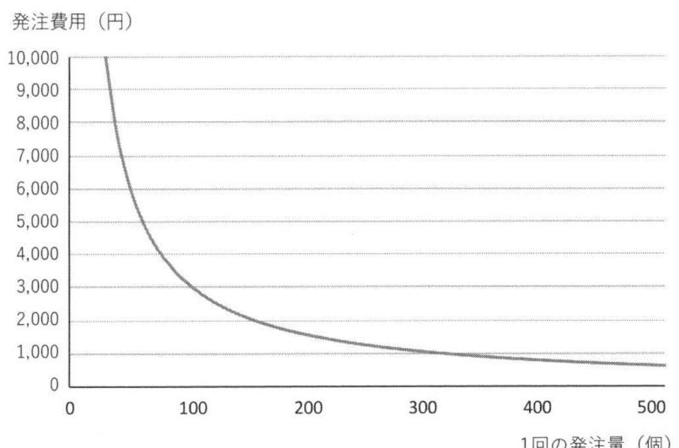

図10-2　1回の発注量と発注費用

次に，年間の保管費用は在庫量に比例するので，図10-3に示すように，1回当たりの発注量が少なければ少なく，多ければ多くなる。

年間の在庫費用は次の式で表現できる。

年間総在庫費用（TC）= 年間総保管費用（TCi）+ 年間総発注費用（TCo）

年間総需要量をR，年間の発注回数をnとすると，

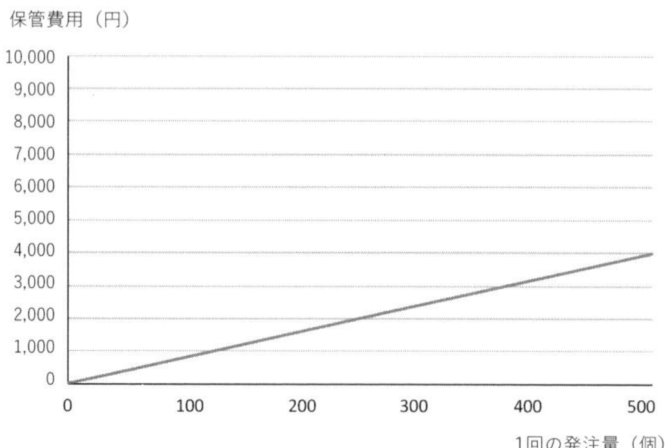

図 10-3　1 回の発注量と保管費用

年間総保管費用（TCi）= 年間平均在庫量 $\left(\frac{R}{2n}\right)$× 1 個あたり年間保管費（$Ci$）

年間総発注費用（TCo）=1 回あたりの発注費（Co）×発注回数（n）

すなわち，

$$年間総在庫費用(TC)=\frac{R}{2n}\times Ci+Co\times n$$

と表すことができる。今，R，Ci，Co を一定と見なすと，この年間総在庫費用（TC）を最も小さくする n の値は，次のように求められる。

$$経済的発注回数 n=\sqrt{\frac{RCi}{2Co}}$$

経済的発注回数の n 回発注すると，1 回あたりの発注量 q は次の式で表される。

$$q=\frac{R}{n}$$

$$=\sqrt{\frac{2RCo}{Ci}}$$

この q の値を経済的発注量（EOQ）と呼ぶ。図 10-4 のように，1 回の発注量を経済的発注量にすると年間総在庫費用が最も少なくなることがわかる。

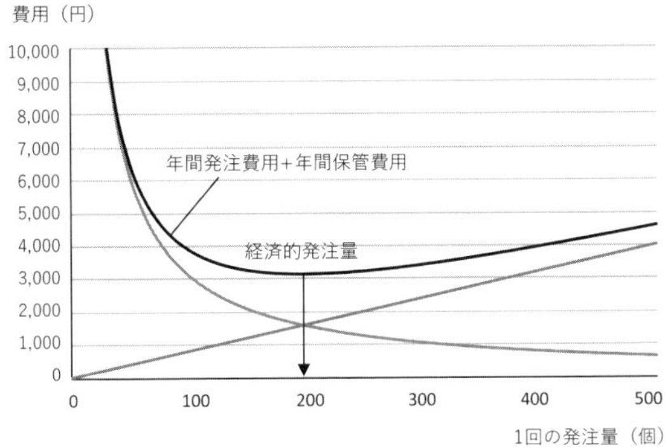

図 10-4　経済的発注量

例題 10-1

年間の総需要量が 1 万個，1 個あたりの年間保管費が 400 円，1 回あたりの発注費が 500 円の商品について，経済的発注量を求めなさい。また，年間の営業日数が 260 日の場合，発注間隔は何日にすれば良いか求めなさい。

解答例

手順 1)　セル範囲 A1：D8 に必要なデータを入力する（画面 10-1）。

	A	B	C	D
1	総需要量R（個）	10,000		
2	1個あたりの年間保管費Ci（円/個・年）	400		
3	1回あたりの発注費Co（円/回）	500		
4			発注回数n	
5			経済的発注量（EOQ）	
6			年間総在庫費用TC	
7	年間営業日数（日）	260		
8			発注間隔（日）	

画面 10-1　データの入力例

手順 2)　セル D4，D5，D6，D8 に数式を入力し，発注回数，経済的発注量（EOQ），年間総在庫費用，発注間隔の値を求める（画面 10-2）。

	A	B	C	D	E	F	G
1	総需要量R（個）	10,000					
2	1個あたりの年間保管費Ci（円/個・年）	400					
3	1回あたりの発注費Co（円/回）	500			=SQRT(B1*B2/(2*B3))		
4			発注回数n	63.2			
5			経済的発注量（EOQ）	158.1	=SQRT(2*B1*B3/B2) (=B1/D4)		
6			年間総在庫費用TC	63245.6	=B1/(2*D4)*B2+B3*D4		
7	年間営業日数（日）	260					
8			発注間隔（日）	4.1	=B7/D4		

画面 10-2　数式の入力例

この例では，定期発注方式を採用する場合，4.1 日ごとに在庫をチェックし必要な量を発注すれば最も経済的であることを示している。ただし，実際には，予め週単位で発注曜日が決まっていることが多く，地域によって配達曜日が指定されることも少なくない。そのような観点から経済的発注量に基づいて算出した発注回数および発注間隔を厳密に採用することは現実的ではないので，結果を参考にして，近い値になるように発注回数および発注間隔を決めることになる。

経済的発注量は，ハリス（F. W. Harris）らによって 1913 年に考案された手法で，商品の陳腐化を考慮していないため，そのまま現在の物流システムに当てはめるにはやや無理がある。現在は，商品の陳腐化が早く，発注回数を増やしてできるだけ在庫を持たないというのが通例である。ただ，経済的発注量の考え方は，在庫管理の基本であり，現実の様々な条件を加味することで活用可能である。

課題 10-1

年間総需要量が 9,000 個，1 個あたりの年間保管費が 400 円，1 回あたりの発注費が 500 円の商品について，経済的発注量を求めなさい。

課題 1）　セル範囲 A1：D8 に必要なデータを入力しなさい（画面 10-3）。

	A	B	C	D
1	総需要量R（個）	9,000		
2	1個あたりの年間保管費Ci（円/個・年）	400		
3	1回あたりの発注費Co（円/回）	500		
4			発注回数n	
5			経済的発注量（EOQ）	
6			年間総在庫費用TC	
7	年間営業日数（日）	244		
8			発注間隔（日）	

画面 10-3　データの入力例

課題 2）　経済的発注回数，経済的発注量を計算し，計算結果を用いて年間総在庫費用を求めなさい。

課題 3）　年間の営業日数が 244 日の場合，発注間隔を何日にすれば良いか求めなさい。

発注間隔が決まると，毎回の発注量を決めるが，一般的に次の式で表される。

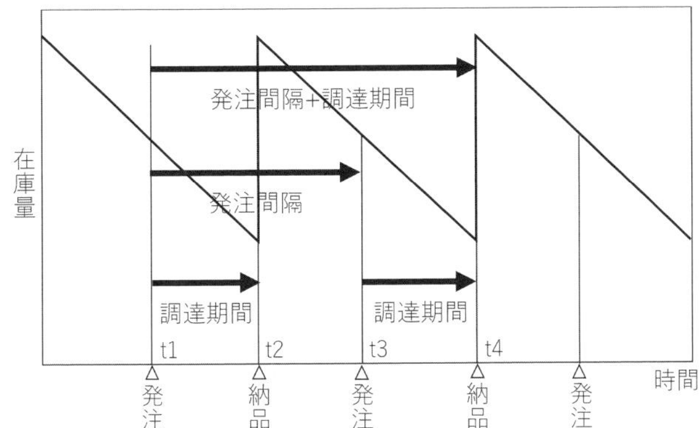

図 10-5　定期発注方式における需要予測期間

[発注量]=[(発注間隔+調達期間)の需要量]－[在庫量]－[発注残]+[安全在庫]

ただし，調達期間はあらかじめわかっており一定とする。需要量を予測する期間を（発注間隔＋調達期間）とする理由は下記の通りである。図 10-5 に示す通り t1 から t3 までが発注間隔で，t1 から t2 まで，および t3 から t4 までが調達期間である。いま t1 時点においてどれだけ発注するかを決定する立場にあるとする。t1 で発注したものは t2 に納品され，t3 で発注したものは t4 に納品される。発注から次の発注までの期間は発注間隔であるが，t1 時点で発注したものが t2 時点で納品された後，次に納品されるのは t4 時点なので，t3 で発注する量とは無関係に，t1 時点では t1 から t3 ではなく，t4 までの期間の需要量と現時点での在庫量を考慮して発注量を決定する必要がある。つまり t1 で考慮すべき需要予測期間は t1 から t3 の発注間隔ではなく，t1 から t4 の［(発注間隔＋調達期間)］となる。

定期発注方式において発注間隔の平均需要量は経済的発注量に一致するが，毎回の発注量に経済的発注量を用いず，毎回検討する理由は，1 回の発注の際に考慮する需要予測期間が発注間隔よりも調達期間分だけ長くなることや，対象となる期間の需要を綿密に予測して，在庫量を常に適正に保つためである。

①　需要量の予測

［(発注間隔＋調達期間）の需要量］は，実績データの傾向から予測するものとする。既存のデータから将来を予測する様々な数学的手法が提案されているが，Excel では，TREND 関数，GROWTH 関数，FORECAST 関数を利用でき

る。TREND 関数は最小二乗法を用いて重回帰直線に当てはめた予測を行い，GROWTH 関数は指数曲線に当てはめた予測を行う。FORECAST 関数には，最小二乗法を用いて単回帰直線に当てはめた予測を行う FORECAST.LINIER 関数と，指数平滑法を用いた予測を行う FORECAST.ETS 関数がある。

例題 10-2

画面 10-4 に示す過去 20 日間のデータを用いて，今後 6 日間の需要量を予測しなさい。

解答例

手順 1）　セル範囲 A1：A27 に営業日を入力し，セル範囲 B1：B21 に実績データを入力する（画面 10-4）。

手順 2）　以下を参考にセル C2，D2，E2 にそれぞれの数式を入力し，27 行目まで複写する。

【最小二乗法を用いた直線に当てはめた予測】

C2：=TREND（$B$2：$B$21，$A$2：$A$21，A2）

【指数曲線に当てはめた予測】

D2：=GROWTH（$B$2：$B$21，$A$2：$A$21，A2）

【指数平滑法による予測】

E2：=FORECAST.ETS（A2，$B$2：$B$21，$A$2：$A$21）

	A	B	C	D	E
1	営業日	実績	TREND	GROWTH	FORECAST.ETS
2	1	20			
3	2	18			
4	3	26			
5	4	22			
6	5	24			
7	6	26			
8	7	20			
9	8	27			
10	9	22			
11	10	24			
12	11	23			
13	12	19			
14	13	25			
15	14	22			
16	15	25			
17	16	26			
18	17	24			
19	18	21			
20	19	24			
21	20	18			
22	21				
23	22				
24	23				
25	24				
26	25				
27	26				

画面 10-4　売上データ

C 列には直線に当てはめた近似値が得られ，D 列には指数曲線に当てはめた近似値が得られる。また，E 列には実績データに指数型の重み付けを行った近似値が得られる。それぞれの結果を比較して，より適切な予測値を採用する。なお，一般的に実績データが一定の範囲内で推移しており，相関関係が想定できる場合には直線に当てはめた予測，取り扱う対象（商品）が新製品であったり，季節性がはっきりしていたりする場合など販売実績の変化が著しい場合は，指数曲線や指数平滑法による予測を採用することが多い。得られた予測値に気候やイベントの有無などの要素を考慮して予測することが大切である。

課題 10-2

「日本チェーンストア協会」(https://www.jcsa.gr.jp/) が公表している販売統計情報【元号○○年暦年（1～12 月）販売統計】を Excel に取り込んで，5 年先までの販売動向（総販売額，店舗数など）を予測しなさい。

②　予測シートを使った予測

「予測シート」機能を使うと，日付や時刻の列と，実績のデータを参照し，指数平滑法による予測値とグラフを作成してくれる。

Excel での処理

手順 1)　画面 10-4 のデータを使って処理する。予測シート使った予測では，日付や時刻を表す列の型は必ず［日付型］にしておく。

手順 2)　データ範囲（A1：B21）を選択し，［データ］→［予測］→「予測シート」を選択する。［予測シートの作成］ダイアログボックスから，以下の設定を行う（画面 10-5)。

①　予測終了：いつの時点まで予測するのか

②　オプション：予測開始，信頼区間など

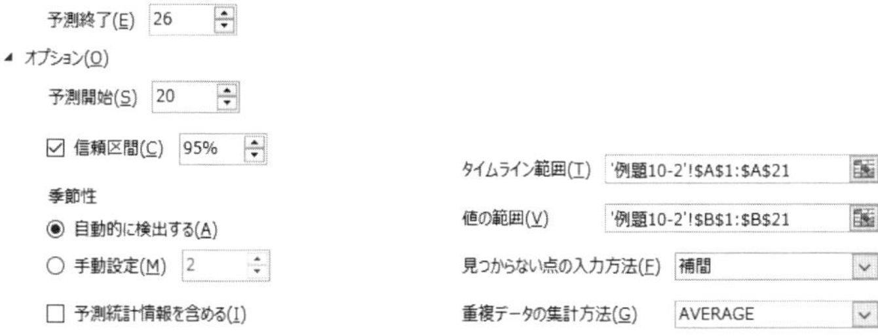

画面 10-5　予測シートの作成ダイアログボックス

【予測シートの貼り付け】

［予測シートの作成］ダイアログボックスで，［作成］をクリックすると，予測とグラフが作成される。元のデータに，［予測]，［信頼下限]，［信頼上限］の列が追加される（画面 10-6)。

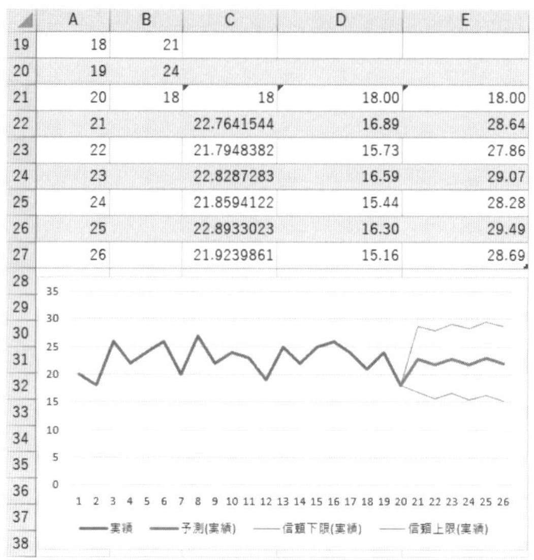

	A	B	C	D	E
19	18	21			
20	19	24			
21	20	18	18	18.00	18.00
22	21		22.7641544	16.89	28.64
23	22		21.7948382	15.73	27.86
24	23		22.8287283	16.59	29.07
25	24		21.8594122	15.44	28.28
26	25		22.8933023	16.30	29.49
27	26		21.9239861	15.16	28.69

画面 10-6　予測シートによる出力結果

③　在庫量の把握

在庫量は棚卸しと POS 情報から得られるが，定期的に陳列している商品を確認し，商品の破損，変形，汚れなど実際の在庫の状態を確認する。

④　発注残

発注残とは，すでに発注しているが納品されていない商品の数量をいう。納期の長いものや納期が遅れている場合などに発注残が発生しやすいので，発注作業の際には，必ず確認する必要がある。

⑤　安全在庫

安全在庫とは，需要量の変化に対して品切れを防ぐために準備する予備の在庫のことである。安全在庫の量は，品切れに対する厳格さ，販売状況のばらつき（標準偏差）の２つの要素をもとに決定する。品切れが起こっては困る場合やばらつきが大きい場合には安全在庫を多く，売れ残りを避けたい場合やばらつきが小さい場合には安全在庫を少なくする。安全在庫は次の式を使って計算する。

［安全在庫］=［安全係数］×［（発注間隔+調達期間）の需要量の標準偏差］×

[$\sqrt{}$(発注間隔＋調達期間)]

安全係数αは，品切れになる確率を正規分布と仮定し，表10-3のように決められる。

表10-3　安全係数α

品切れになる確率	1%以下	2.5%以下	5%以下	10%以下
安全係数α	2.33	1.96	1.65	1.28

例題10-3

画面10-1，画面10-4の商品について，安全在庫を決定しなさい。ただし，品切れが生じる確率は5%以下として考えること。

解答例

手順1）　セル範囲F28：G31に必要なデータを入力する（画面10-7）。

手順2）　（発注間隔＋調達期間）に相当する直近6日間の実績の標準偏差を求める。

G30：=STDEV.S（B16：B21）

手順3）　計算式を参考に安全在庫を求める。

G31：=G29*G30*SQRT（G28）

計算の結果，安全在庫は，11.989個であることが分かる。この値を下回ると品切れの確率が5%を超えてしまうので，小数点以下を切り上げて安全在庫は，12個と確定する（画面10-8）。

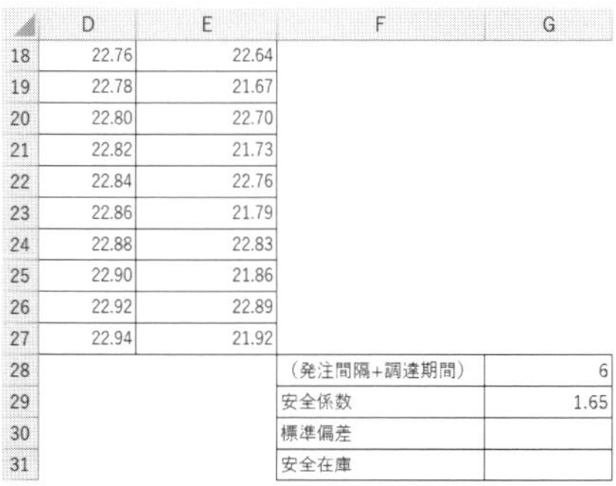

	D	E	F	G
18	22.76	22.64		
19	22.78	21.67		
20	22.80	22.70		
21	22.82	21.73		
22	22.84	22.76		
23	22.86	21.79		
24	22.88	22.83		
25	22.90	21.86		
26	22.92	22.89		
27	22.94	21.92		
28			（発注間隔+調達期間）	6
29			安全係数	1.65
30			標準偏差	
31			安全在庫	

画面10-7　データの入力例

	F	G
28	（発注間隔+調達期間）	6
29	安全係数	1.65
30	標準偏差	2.9664794
31	安全在庫	11.9894954

=STDEV.S(B16:B21)

=G29*G30*SQRT(G28)

図10-8　安全在庫の計算例

⑥ 発 注 量

例題 10-4

画面 10-1，画面 10-4 の商品について，21 日（営業日）の発注量を決定しなさい。ただし，在庫数量は 20 個，調達期間は 2 日，発注残は 0 個とする。

解答例

発注量は下記の式で計算できる。

［発注量］=［（発注間隔+調達期間）の需要量］−［在庫量］−［発注残］+［安全在庫］

ここで，例題 10-1 より商品の発注間隔は 4 日，また調達期間は 2 日であるので需要予測は 6 日間となる。したがって，21 日から 26 日までの需要量を求める。例題 10-2 で需要量を予測しているので，そこで得た 6 日間の結果を合計する。

手順 1）　セル範囲 F32：G36 に必要なデータを入力する（画面 10-9）。

	D	E	F	G
20	22.80	22.70		
21	22.82	21.73		
22	22.84	22.76		
23	22.86	21.79		
24	22.88	22.83		
25	22.90	21.86		
26	22.92	22.89		
27	22.94	21.92		
28			（発注間隔+調達期間）	6
29			安全係数	1.65
30			標準偏差	2.9664794
31			安全在庫	11.9894954
32			6日間の需要予測	
33			在庫量	20
34			発注残	0
35			安全在庫	12
36			発注量	

画面 10-9　データの入力例

手順 2）　セル G32 に次の式を入力する。

G32：=SUM（C22：C27）

手順 3）　セル G36 に次の式を入力する。

G36：=G32 − G33 − G34 + G35

発注量は 130.1 個と計算される（画面 10-10）。この値は最小二乗法による予測値をもとにしており曖昧な要素が含まれているので，四捨五入して実際の発注量は 130 個とする。

	F	G	H	I
28	（発注間隔+調達期間）	6		
29	安全係数	1.65		
30	標準偏差	2.9664794		
31	安全在庫	11.9894954		
32	6日間の需要予測	138.1	=SUM(C22:C27)	
33	在庫量	20		
34	発注残	0		
35	安全在庫	12		
36	発注量	130.1	=G32-G33-G34+G35	

画面 10-10　発注量の計算例

現実の取引において小売店の卸売業者や製造業者への発注は，経済的発注量に基づいた量や発注間隔ではなく多頻度発注が一般的で，発注量がより小さくなる傾向にある。理由は，POS（Point Of Sales）や EOS（Electronic Ordering System）などのコンピュータによる商品管理によって発注作業が容易になったこと，日常の消費財の多くは需要を上回る供給能力があり品切れの心配が少ないこと，物流機能が整備されて短納期が実現できること，在庫を減らすことで資金繰りが良くなること，需要予測と実績とのずれによって生じる不良在庫を減らしたいと考えることなどが上げられる。

これまでの式で用いた項目について，実際に運用する際のポイントは，次の通りである。年間総需要量は一定と仮定しているが，需要量が増加している場合，発注間隔（在庫チェックの間隔）を短くする必要がある。1 個あたりの年間保管費は卸売業のように倉庫に保管する場合，保管費はケースあたりの保管費と考えれば良いが，小売業のように店頭在庫の場合，通路を含めたフロアの単位面積あたりのコストを考慮する必要がある。1 回あたりの発注費には，棚卸にかかる人件費，伝票処理にかかる機器使用料および人件費，通信費などが含まれる。

(2) 定量発注方式

定量発注方式とは，在庫量があらかじめ設定された在庫水準（発注点）まで下がったときに，一定量（経済的発注量）を発注する方式である。前項の「(1) 定期発注方式」では，ABC 分析で A グループに属する商品に対して定期発注方式を用いて重点的に管理することを学んだ。定量発注方式は，主に B グループに属する商品の管理に用いる。

A グループに属する商品の場合，単品ごとに定期的に在庫量を確認し，発注ごとに需要予測するが，B グループに属する商品群の場合，できるだけ手間をかけずに必要な在庫を確保する目的で，発注毎の判断を必要としない定量発注方式を用いる。定量発注方式の場合，事前に設定しておいた発注点と POS データから得られる在庫量とを比較することで発注時期が決まり，発注量は事前に決定している経済的発注量を用いることができるので，商品の売れ行き変化に傾注でき，発注作業をほぼ自動化することが可能となる。

①　発注点の決定

発注点は，次の式で求められる。

［発注点］=［1 日の平均需要］×［調達期間］+［安全在庫］

［1 日の平均需要］は，実績を平均すれば良いが，季節性の高い商品については過去のデータから季節変動を加味する必要がある。

［調達期間］は，一般的にある程度決まっているが，バラツキがある場合，過去の実績から最も長かったものを採用する。ただし，調達期間を長くすると平均在庫が増す大きな要素となるので，できるだけ短くし，確実に守れる環境を整えることが大切である。

［安全在庫］は，前項の「⑤安全在庫」で示した式により計算する。

例題 10-5

画面 10-1，画面 10-4 の商品について，発注点を決定しなさい。ただし，品切れになる確率は 5%以下とし，発注間隔を 4 日，調達期間を 2 日とする。

解答例

手順 1)　セル範囲 C28：D35 に必要なデータを入力する（画面 10-11）。

手順 2)　セル範囲 D28：D33 には，それぞれ販売実績の平均値，標準偏差，安全係数，安全在庫の数式を入力する。

D28：=AVERAGE（B2：B21）

D29：=STDEV.S（B16：B21）

D30：1.65（表 10-3 参照）

D33：=D30*D29*SQRT（D31+D32）

手順 3)　セル D34 に次の式を入力して，発注点を求める。

D34：=D28*D32+D33

発注点は 57.6 と計算される。この数値を下回ると品切れの確率 5% を守れないので切り上げて，

D35：=ROUNDUP（D34，0）

とする。在庫水準が58個を下回ったら発注することを意味している(画面10-12)。

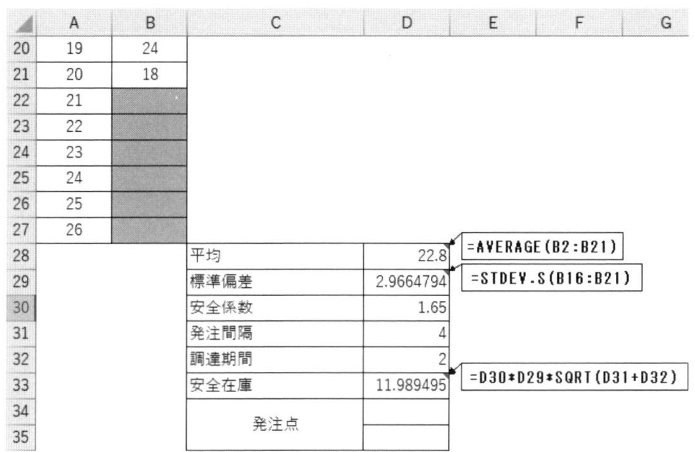

	A	B	C	D
20	19	24		
21	20	18		
22	21			
23	22			
24	23			
25	24			
26	25			
27	26			
28			平均	22.8
29			標準偏差	2.9664794
30			安全係数	1.65
31			発注間隔	4
32			調達期間	2
33			安全在庫	11.989495
34			発注点	
35				

画面10-11　データの入力例

	C	D
31	発注間隔	4
32	調達期間	2
33	安全在庫	11.989495
34	発注点	57.589495
35		58

=D28*D32+D33

=ROUNDUP(D34,0)

画面10-12　発注点の計算例

②　発 注 量

定期発注方式の場合は，発注ごとに発注量を決定するが，定量発注方式では常に一定量を発注し，経済的発注量を用いる。

定量発注方式を用いると，発注点と経済的発注量の2つの数値で在庫を管理することができる。POSシステムを用いれば在庫量は自動的に把握することができ，あらかじめ発注点と経済的発注量の2つの数値をコンピュータに入力しておけば，発注点を下回った商品を一覧にして発注すべき数量を示すことができる。担当者はその一覧を見て発注するか否かを判断すれば良い。ただし，商品には季節性があり，商品のライフサイクルも短くなる傾向が強いので，定期的に発注点と経済的発注量の適否を確認することが運用上のポイントとなる。

2. 線形計画法

(1) 生産計画

需要予測に基づき，与えられた期間や予算などの制約の中で生産すべき製品の種類や量を検討し，限られた材料や人員などの資源を配分して利益を最大にする配分方法を求める手法が線形計画法（linear programming）である。線形とは，制約条件や利益などを表す目的関数が一次式で表現されることを示している。つまり，1 個あたりの製品を作るのに必要な材料の量が，製品の生産量に関係なく一定である場合は線形である。それに対して，生産量が増すにしたがって単位あたりの材料の量が増減するような場合は一次式で表せないため非線形となる。

手法の解説

ある町のパン屋では，仕入れた小麦粉 25kg（25,000g）と砂糖 2.2kg（2,200g）を使ってドーナツと食パンを作っている。それぞれ 1 袋作るのに，表 10-4 に示す分量の小麦粉と砂糖を使用する。ドーナツ 1 袋あたり 320 円，食パン 1 袋あたり 240 円の利益が見込めるとき，それぞれ何袋作れば利益が最大になるかを，線形計画法を使って求めなさい。

表 10-4　パン屋の生産計画

材料＼商品	ドーナツ	食パン	仕入れ量
小麦粉（g）	200	300	25,000
砂糖（g）	40	20	2,200
利益（円）	320	240	

この問題の場合，ドーナツを x 袋，食パンを y 袋とすると，パン屋で立てることができる生産計画の制約式（制約条件：constraints）は，次のように表すことができる。

$200x+300y \leq 25{,}000$　（小麦粉の制約式）

$40x+20y \leq 2{,}200$　（砂糖の制約式）

ドーナツと食パンの生産数に0未満は考えられないので,

$x \geq 0$

$y \geq 0$

となる。これを非負条件という。

次に，ドーナツを x 袋，食パンを y 袋販売したときに得られる利益 P は,

$P=320x+240y$

と表すことができる。制約条件と非負条件を満たす x, y の組み合わせの中から，P の値を最大にする x, y の組み合わせを求めることが目的であるため，P の式を目的関数と呼ぶ。

上記の制約条件と非負条件を図示すると図10-6のように表現できる。なお，それぞれの条件式の交点を端点と呼ぶ。

目的関数 P を変形すると,

$$y=-\frac{4}{3}x+\frac{P}{240}$$

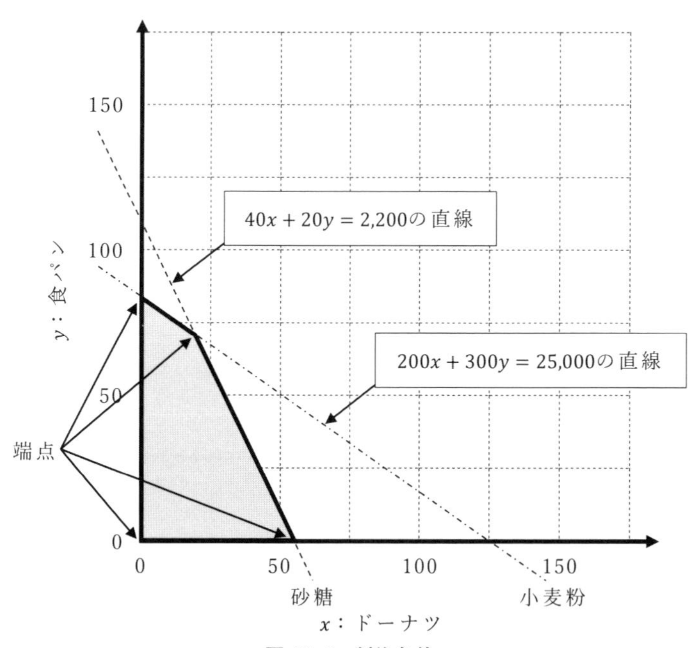

図10-6　制約条件

さらに$\frac{P}{240}$をαとおくと,

$$y=-\frac{4}{3}x+\alpha$$

と表現できる。これは，傾きが$-\frac{4}{3}$でy軸との切片がαの直線式を意味する。図 10-7 上では，傾きが$-\frac{4}{3}$の直線として表すことができる。Pを最大にするには，この直線を平行移動して，制約条件を満たす範囲内でαが最大となるx，yの組み合わせを求めれば良い。

この例題の場合，2 つの制約式の交点 $(x, y) = (20, 70)$ でαが最大となり，このときの最大利益Pは,

$$P = 320 \times 20 + 240 \times 70 = 23{,}200$$

と計算できる。

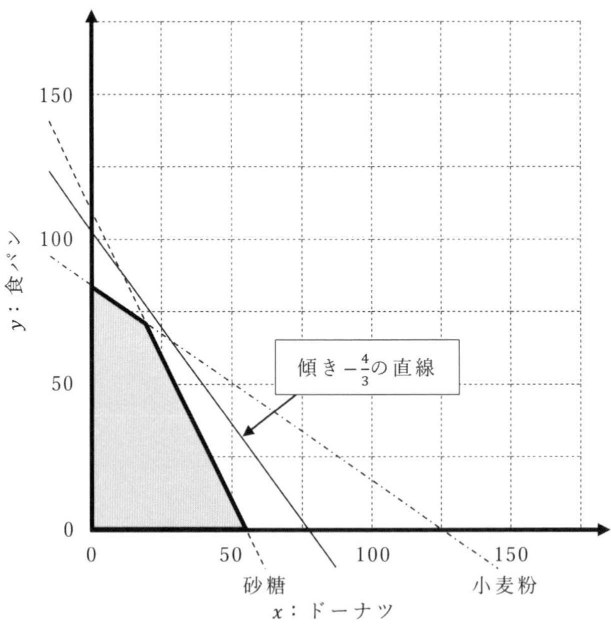

図 10-7　制約条件と目的関数

Excelでの処理

例題10-6のような定式化された線形計画問題は，Excelのソルバーを使って解くことができる。

手順1)　セル範囲A1：E5に必要なデータを入力する（画面10-13）。

	A	B	C	D	E
1		ドーナツ	食パン	合計使用量	仕入れ量
2	生産量	1	1		
3	小麦粉（g）	200	300		25,000
4	砂糖（g）	40	20		2,200
5	利益（円）	320	240		

画面10-13　データの入力例

手順2)　計算に必要なデータと数式を入力する。セルB2，C2には初期値として1を入力しておく（画面10-14）。

	A	B	C	D	E	F
1		ドーナツ	食パン	合計使用量	仕入れ量	
2	生産量	1	1			
3	小麦粉（g）	200	300	500	25,000	
4	砂糖（g）	40	20	60		
5	利益（円）	320	240	560		

=B3*B2+C3*C2

=B4*B2+C4*C2

=B5*B2+C5*C2

画面10-14　数式の入力例

手順3)　利益の合計セルD5を選択し，［データ］→［分析］→「ソルバー」を選ぶ。「ソルバーのパラメーター」ダイアログボックスで，

・目標値：最大値（利益最大化）

・変数セル：B2：C2

・制約条件の対象：

B2 ≥ 0（非負）

C2 ≥ 0（非負）

D3 ≤ E3（小麦粉の制約）

D4 ≤ E4（砂糖の制約）

・解決方法の選択：

シンプレックスLPと入力する（画面10-15）。

手順4)　［解決］をクリックすると，「ソルバーによって解が見つかりまし

画面 10-15　ソルバーのパラメーター

た。全ての制約条件と最適化条件を満たしています。」というメッセージが表示される。もし，制約条件をすべて満たす最適解が見つからなければ，制約条件を変更するなどしてソルバーの実行を繰り返す。

例題では，ドーナツを 20 袋，食パンを 70 袋生産する場合が利益を最大化し，結果として 23,200 円の利益が得られる。

課題 10-3

KYOTO 石油では，燃料 A と燃料 B の 2 種類の燃料を製造している。燃料を 1 kℓ製造するのに 2 種類の添加剤 α と β が必要となる。燃料 A を 1kℓ製造するためには，添加剤 α，β をそれぞれ 4 ℓ と 2 ℓ 必要とし，燃料 B を 1kℓ製造するためには 3 ℓ と 5 ℓ 必要とする。ただし，α の最大使用可能量は 32 ℓ /日，β は 30 ℓ /日と決まっている。見込める利益が，燃料 A が 200 万円，燃料 B が 300 万円であるとき，燃料をそれぞれ何kℓ製造すれば利益が最大になるか。

(2) 輸送計画

工場で加工された製品は，工場から出荷されて販売されて商品としての価値を持つ。その過程で，様々な施設や経路を使って配送されることになる。こうした製品の流れには，費用が発生する。この費用のことを輸送費用と言い，複数の工場と複数の事業所がある場合には，各事業所の需要に沿った商品の納品が必要になってくる。ここでは，どの工場からどの事業所に商品を運ぶと効率が良いのかを配送計画問題として考える。

手法の解説

ある部品メーカーでは，3 カ所の物流センターから 3 カ所ある加工工場に資材を輸送している。物流センターから加工工場に輸送する費用が表 10-5 のように決まっているとき，加工工場の需要量を満たしつつ，輸送費用をできるだけ抑えるには，どの配送センターからどの加工工場に資材を輸送すれば良いかを，線形計画法を使って求めなさい。ただし，各配送センターの供給量を超えないように注意すること。

表 10-5　各ルートにおける輸送費用と供給量・需要量

	工場 A	工場 B	工場 C	供給量（トン）
物流センター X（千円）	20	55	15	25
物流センター Y（千円）	45	30	35	40
物流センター Z（千円）	25	50	65	35
需要量（トン）	30	15	55	—

この問題では，

供給量の合計 = 需要量の合計

が成立する。物流センター X から工場 A，B，C への輸送量をそれぞれ x_1，x_2，x_3，物流センター Y から工場 A，B，C への輸送量をそれぞれ y_1，y_2，y_3，物流センター Z から工場 A，B，C への輸送量をそれぞれ z_1，z_2，z_3 とする。目的関数は，輸送費の合計になるので，

$$P=20x_1+55x_2+15x_3+45y_1+30y_2+35y_3+25z_1+50z_2+65z_3$$

の最小化である。

輸送計画の制約条件式は，次のように表すことができる。まず，各物流センターから供給できる資材の数についての関係式，

$x_1+x_2+x_3 \leq 25$（物流センター X からの供給量の上限）

$y_1+y_2+y_3 \leq 40$（物流センター Y からの供給量の上限）

$z_1+z_2+z_3 \leq 35$（物流センターZからの供給量の上限）

次に，各加工工場の需要量についての関係式，

$x_1+y_1+z_1=30$（工場Aの需要量）

$x_2+y_2+z_2=15$（工場Bの需要量）

$x_3+y_3+z_3=55$（工場Cの需要量）

全ての資材の個数は，負の値とはならない（非負変数）ので，

$x_1,\ x_2,\ x_3,\ y_1,\ y_2,\ y_3,\ z_1,\ z_2,\ z_3 \geq 0$

と表すことができる。制約条件と非負条件を満たす変数の中から，目的関数Pの値を最大にする変数の組み合わせを求めることが目的である。

Excel での処理

Excelのソルバーを使って問題を解く。

手順1)　セル範囲A1：F14に必要なデータを入力する（画面10-16）。

	A	B	C	D	E	F
1	輸送費用			（千円）		
2		工場A	工場B	工場C		
3	物流センターX	20	55	15		
4	物流センターY	45	30	35		
5	物流センターZ	25	50	65		
6						
7	輸送量					（トン）
8		工場A	工場B	工場C	計	供給量
9	物流センターX	0	0	0		25
10	物流センターY	0	0	0		40
11	物流センターZ	0	0	0		35
12	計					
13	需要量	30	15	55		
14					総輸送費用（千円）	

画面 10-16　データの入力例

手順2)　計算に必要なデータと数式を入力する。セル範囲B9：D11には初期値として0を入力する。次に，物流センターからの供給量，工場の需要量の数式を入力する。

手順3)　目的関数となる総輸送費用は，輸送費用×輸送量であるので，SUMPRODUCT関数を用いて，

F14：=SUMPRODUCT（B3：D5, B9：D11）

と入力する。SUMPRODUCT関数を使うと，配列の対応する要素

間の積を計算した後，その和を計算できる（画面10-17）。

	A	B	C	D	E	F	G
7	輸送量					（トン）	
8		工場A	工場B	工場C	計	供給量	
9	物流センターX	0	0	0	0		
10	物流センターY	0	0	0	0		
11	物流センターZ	0	0	0	0		
12	計	0	0	0			
13	需要量	30	15	55			
14					総輸送費用（千円）	0	
15							

=SUM(B9:D9)
=SUM(B10:D10)
=SUM(B11:D11)
=SUM(D9:D11)
=SUM(B9:B11)
=SUM(C9:C11)
=SUMPRODUCT(B3:D5,B9:D11)

画面 10-17　数式の入力例

手順4)　総輸送費用の計算式セルF14を選択し，［データ］→［分析］→「ソルバー」を選ぶ。「ソルバーのパラメーター」ダイアログボックスで，

・目標値：最小値（費用最小化）

・変数セル：B9：D11

・制約条件の対象：

B9：D11 ≥ 0（非負）
E9 ≤ F9（物流センターXの供給量）
E10 ≤ F10（物流センターYの供給量）
E11 ≤ F11（物流センターZの供給量）
B12=B13（工場Aの需要量）
C12=C13（工場Bの需要量）
D12=D13（工場Cの需要量）

・解決方法の選択：

シンプレックスLPと入力する（画面10-18）。

手順5)　［解決］をクリックすると，「ソルバーによって解が見つかりました。全ての制約条件と最適化条件を満たしています。」というメッセージが表示される。もし，制約条件をすべて満たす最適解が見つからなければ，制約条件を変更するなどしてソルバーの実行を繰り返す。

例題では，画面10-19に示す輸送計画が輸送費を最小にする最適解で，この

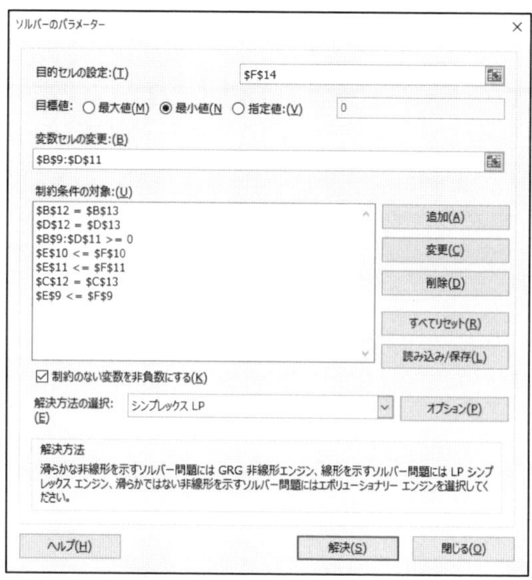

画面 10-18　ソルバーのパラメーター

	A	B	C	D	E	F
7	輸送量					（トン）
8		工場A	工場B	工場C	計	供給量
9	物流センターX	0	0	25	25	25
10	物流センターY	0	10	30	40	40
11	物流センターZ	30	5	0	35	35
12	計	30	15	55		
13	需要量	30	15	55		
14					総輸送費用（千円）	2,725

画面 10-19　輸送計画の最適解

ときの費用は2,725（千円）である。

課題 10-4

あるコンビニエンスストアでは，3つの配送センターから4カ所の店舗に商品を配送している。各配送センターの供給量，店舗の需要量，各配送センターから店舗への配送料が表 10-6 のようであるとき，全体の配送料を最小にする輸送方法を考えなさい。

表 10-6　配送センターから店舗への配送費用と供給量・需要量

	店舗 A	店舗 B	店舗 C	店舗 D	供給量（kg）
配送センター X（千円）	5	2	5	7	25
配送センター Y（千円）	7	5	3	6	20
配送センター Z（千円）	4	3	6	5	25
需要量（kg）	15	20	25	10	−

(3) 人員配置計画

企業などで新入社員の配属先や人事異動による配置などを考える際，社員の希望や適性を考慮して配置計画を立てることが多い。このような場合，社員が持っている能力を見極めながら，組織が持つ人的資源を適切に配置することが求められる。

手法の解説

A 社では，社員に様々な業務を経験させるために定期的に人事異動を行っている。今回，人事部では，社員の満足度と適正をもとに人事異動計画を立てることとし，社員へのヒアリング結果をもとに満足度と適性を評価指標として 10 段階で数値化した（表 10-7）。この表をもとに，評価指標の合計が最大となるように人事異動計画を作成しなさい。ただし，10 名の社員は各部署に 2 名ずつ配置することとする。また，現在の所属は 0 ポイントに設定しておく。

表 10-7　異動による社員の評価指標

（ポイント）

	営業部	経理部	総務部	広報部	生産管理部
社員 1	8	6	10	4	0
社員 2	0	4	10	8	6
社員 3	0	2	4	9	4
社員 4	3	6	0	10	8
社員 5	10	8	0	8	10
社員 6	4	2	10	8	0
社員 7	2	10	4	0	8
社員 8	10	0	2	8	10
社員 9	4	0	10	4	6
社員 1 0	4	10	8	0	10

この問題では，評価指標の合計が最大になるように人事異動計画を立てることである。社員 i が部署 j に異動する場合に 1，そうではない場合に 0 とする変数を x_{ij} とすると，

$$x_{ij}=\begin{cases}1 & \text{社員 } i \text{ を部署 } j \text{ に異動させる}\\ 0 & \text{社員 } i \text{ を部署 } j \text{ に異動させない}\end{cases}$$

とおける。制約条件として，社員はどこかの部署に属するので，

$$x_{i1}+x_{i2}+x_{i3}+x_{i4}+x_{i5}=1 \qquad (i=1,\ 2,\ \cdots,\ 10)$$

が成り立つ。また，各部署に 2 名ずつ異動させるので，

$$x_{1j}+x_{2j}+x_{3j}+x_{4j}+x_{5j}+x_{6j}+x_{7j}+x_{8j}+x_{9j}+x_{10j}=2 \qquad (j=1,\ 2,\ \cdots,\ 5)$$

となる。目的関数は，評価指標の合計なので，

$$P=\sum_{i=1}^{10}\sum_{j=1}^{5}e_{ij}x_{ij} \qquad (e_{ij}：\text{評価指標})$$

を最大化することである。

Excel での処理

Excel のソルバーを使って上記の考え方で問題を解く。

手順 1）　セル範囲 A1：G27 に必要なデータを入力する（画面 10-20）。

手順 2）　計算に必要な数式とデータを入力する。セル範囲 B16：F25 には初期値として 0 を入力する。次に，社員の配属先の合計，各部署の配属者数を入力する。

手順 3）　目的関数となる評価指標の合計は，社員の評価指標×異動先となるので，SUMPRODUCT 関数を用いて，
G27：= SUMPRODUCT（B3：F12, B16：F25）
と入力する（画面 10-21）。

手順 4）　評価指標の合計セル G27 を選択し，［データ］→［分析］→「ソルバー」を選ぶ。「ソルバーのパラメーター」ダイアログボックスで，

・目標値：最大値（評価指標の合計最大化）
・変数セル： B16：F25
・制約条件の対象：
B16：F25 ≧ 0（非負）
G16：G25=1（社員は 1 つの部署に所属）

	A	B	C	D	E	F	G
1	評価指標					（ポイント）	
2		営業部	経理部	総務部	広報部	生産管理部	
3	社員 1	8	6	10	4	0	
4	社員 2	0	4	10	8	6	
5	社員 3	0	2	4	9	4	
6	社員 4	3	6	0	10	8	
7	社員 5	10	8	0	8	10	
8	社員 6	4	2	10	8	0	
9	社員 7	2	10	4	0	8	
10	社員 8	10	0	2	8	10	
11	社員 9	4	0	10	4	6	
12	社員１０	4	10	8	0	10	
13							
14	異動計画						
15		営業部	経理部	総務部	広報部	生産管理部	計
16	社員 1	0	0	0	0	0	
17	社員 2	0	0	0	0	0	
18	社員 3	0	0	0	0	0	
19	社員 4	0	0	0	0	0	
20	社員 5	0	0	0	0	0	
21	社員 6	0	0	0	0	0	
22	社員 7	0	0	0	0	0	
23	社員 8	0	0	0	0	0	
24	社員 9	0	0	0	0	0	
25	社員１０	0	0	0	0	0	
26	計						
27						評価指標の合計	

画面 10-20　データの入力例

	A	B	C	D	E	F	G
14	異動計画						
15		営業部	経理部	総務部	広報部	生産管理部	計
16	社員 1	0	0	0	0	0	0
17	社員 2	0	0	0	0	0	0
18	社員 3	0	0	0	0	0	0
19	社員 4	0	0	0	0	0	0
20	社員 5	0	0	0	0	0	0
21	社員 6	0	0	0	0	0	0
22	社員 7	0	0	0	0	0	0
23	社員 8	0	0	0	0	0	0
24	社員 9	0	0	0	0	0	0
25	社員１０	0	0	0	0	0	0
26	計	0	0	0	0	0	
27						評価指標の合計	0
28							

=SUM(B16:F16)

=SUM(B25:F25)

=SUM(B16:B25)

=SUM(F16:F25)

=SUMPRODUCT(B3:F12,B16:F25)

画面 10-21　数式の入力例

B26 : F26=2（各部署への配属は各 2 名）

・解決方法の選択：

シンプレックス LP

と入力する（画面 10-22）。

手順 5）［解決］をクリックすると，「ソルバーによって解が見つかりました。全ての制約条件と最適化条件を満たしています。」というメッセージが表示される。もし，制約条件をすべて満たす最適解が見つからなければ，制約条件を変更するなどしてソルバーの実行を繰り返す。

例題では，画面 10-23 に示す異動計画が評価指標の合計を最大にする最適解で，このときの合計は 93（ポイント）である。

画面 10-22　ソルバーのパラメーター

	A	B	C	D	E	F	G
14	異動計画						
15		営業部	経理部	総務部	広報部	生産管理部	計
16	社員 1	1	0	0	0	0	1
17	社員 2	0	0	1	0	0	1
18	社員 3	0	0	0	1	0	1
19	社員 4	0	0	0	0	1	1
20	社員 5	1	0	0	0	0	1
21	社員 6	0	0	0	1	0	1
22	社員 7	0	1	0	0	0	1
23	社員 8	0	0	0	0	1	1
24	社員 9	0	0	1	0	0	1
25	社員 1 0	0	1	0	0	0	1
26	計	2	2	2	2	2	
27						評価指標の合計	93

画面 10-23　人員配置計画の最適解

課題 10-5

ある商社では，社員 5 名の異動を予定している。5 名の社員を，それぞれ 5 カ所の支店のいずれかに異動させる計画であるが，異動に要する費用をできるだけ抑えたい。社員の各支店への異動にかかる費用が表 10-8 のようであるとき，全体の費用を最小にする最適な異動計画を考えなさい。

表 10-8　社員の異動費用

（単位：千円）

	京都支店	大阪支店	奈良支店	神戸支店	名古屋支店
社員 1	15	5	30	25	25
社員 2	20	6	15	20	30
社員 3	15	5	30	15	25
社員 4	25	6	25	15	20
社員 5	20	5	15	20	30

第11章

会計データの分析と活用

会計は，経営活動における事象を貨幣尺度で測定・記録し，一定の期間における経営成績と決算日時点における企業の財政状態を明らかにして，その情報を利害関係者に提供することを目的とする。

それらの結果は決算書類にまとめられるが，金融商品取引法に基づき作成されるものは財務諸表，会社法に基づき作成されるものは計算書類と呼ばれる。このうち，主要な財務諸表としては，貸借対照表，損益計算書，株主資本等変動計算書およびキャッシュ・フロー計算書があり，これらに記載されたデータを分析することで，当該企業の経営状態に関する情報を得ることができる。

会計情報は，いわゆる上場企業の場合は，提出を義務づけられている有価証券報告書に含まれており，金融庁が運用するEDINETという提出・閲覧のシステムからインターネットを通じて入手することができる。また，会社法に基づく計算書類や証券取引所の規則によって作成・開示される決算短信等も企業のウエブサイトの投資家情報やIR（インベスターズ・リレーション）等の名前が付けられた場所に掲載されているケースが増えている。ただし，大企業の会計データについては，外部の者でも比較的容易に利用できるものの，中小・零細企業の場合は，個別に入手しなければならないのが実情である。

会計データの分析手法には様々なものがあるが，本章では，その中でも特に代表的な経営指標による分析（財務分析），損益分岐点分析およびキャッシュ・フロー分析についてみていくことにする。

1. 経営指標による分析

(1) 経営指標とは

手法の解説

経営指標は，企業の経営状態を判断するための重要な手掛かりである。主に貸借対照表や損益計算書等の財務諸表上の会計数値に基づいて算出され，また多くの指標は比率のかたちで表されるため，財務比率とも呼ばれる。

代表的なものとしては，企業の短期の支払い能力を判断するのによく用いられる流動比率や企業の財務基盤の健全性をみる固定長期適合率がある。あるいは，収益力をみる場合には，売上高総利益率，売上高経常利益率等の各種利益率が利用される。また，総資本経常利益率は企業の収益力とともに投下した総資本の使用効率を測るもので，自己資本利益率とともに，総合的な指標として重視される。

経営指標は必ずしも比率ばかりではない。例えば，従業員 1 人当たりの付加価値額をみる労働生産性や従業員 1 人当たり売上高のように金額で表されるものもある。また，総資本回転率であれば回数が，棚卸資産回転期間であれば日数がその単位となる。場合によっては，物量尺度によるものも経営指標として用いられることがある。

経営指標により経営状態を判断する際には，ある企業の異なる期の経営指標を比較・検討する期間比較や同業他社との企業間比較等が行われる。一般的な水準を表すものとして，業種や企業規模等ごとに統計的に処理され，公表されている経営指標を利用することもある。

経営指標は，一般に，成長性，収益性，健全性（安全性）および生産性等の視点から分類される。これらの経営指標によって経営状態を分析する手法を経営分析あるいは財務分析という。

(2) 経営指標の計算方法

手法の解説

ここでは，経営指標による分析に Excel を利用する場合のポイントを簡潔に説明するため，要約した貸借対照表と損益計算書を用いる。したがって，ここでは主要な経営指標の例として，画面 11-1 の要約損益計算書および要約貸借対照表から算出できる下記の 13 の指標を採り上げることにする。各指標の計算式は，次のとおりである。

1)　総合指標

$$\text{総資本経常利益率（\%）} = \frac{\text{経常利益}}{\text{総資本}} \times 100$$

2)　成長性の指標

$$\text{売上高増加率（\%）} = \frac{\text{当期売上高} - \text{前期売上高}}{\text{前期売上高}} \times 100$$

$$\text{経常利益増加率（\%）} = \frac{\text{当期経常利益} - \text{前期経常利益}}{\text{前期経常利益}} \times 100$$

$$\text{総資産増加率（\%）} = \frac{\text{当期資産合計} - \text{前期資産合計}}{\text{前期資産合計}} \times 100$$

3)　収益性の指標

$$\text{売上高総利益率（\%）} = \frac{\text{売上総利益}}{\text{売上高}} \times 100$$

$$\text{売上高営業利益率（\%）} = \frac{\text{営業利益}}{\text{売上高}} \times 100$$

$$\text{売上高経常利益率（\%）} = \frac{\text{経常利益}}{\text{売上高}} \times 100$$

4)　健全性の指標

$$\text{流動比率（\%）} = \frac{\text{流動資産}}{\text{流動負債}} \times 100$$

$$\text{固定長期適合率（\%）} = \frac{\text{固定資産}}{\text{純資産} + \text{固定負債}} \times 100$$

$$\text{総資本回転率（回）} = \frac{\text{売上高}}{\text{負債・純資産合計}}$$

5)　生産性の指標

$$\text{従業員 1 人当たり売上高（円）} = \frac{\text{売上高}}{\text{従業員数}}$$

$$\text{労働生産性（円）} = \frac{\text{付加価値}}{\text{従業員数}}$$

$$\text{労働分配率（\%）} = \frac{\text{人件費}}{\text{付加価値}} \times 100$$

参考 1　貸借対照表と損益計算書について

貸借対照表と損益計算書は，キャッシュ・フロー計算書とともに，財務諸表の中心的な書類である。これらについての詳細な説明は会計の専門書に譲ることにして，ここでは例題で扱う要約貸借対照表と要約損益計算書の見方の要点のみ説明しておく。

まず，貸借対照表は決算日時点での当該企業の財務状況を明らかにする書類で，資産の部（借方）と負債・純資産の部（貸方）に分けられる。資産の部では，企業が使用している資本の運用形態を，そして負債・純資産の部では，その資本の調達源泉を，それぞれ該当する項目（勘定科目）と金額で表示している。

資産の部は，さらに正常な営業サイクルの期間中または 1 年以内に現金化可能な流動資産とその期間を超えて長期的に保有し，利用される固定資産に区分される。流動資産には，現金・預金や受取手形，売掛金等の当座資産，原材料や仕入商品等の棚卸資産と呼ばれるものとその他の流動資産がある。固定資産には，営業用の機械，建物，土地等の有形固定資産と特許権や営業権等の無形固定資産，そして投資その他の資産が含まれる。

負債・純資産の部のうち，負債は流動負債と固定負債に分けられている。流動負債は，正常な営業サイクルの期間中または 1 年以内に返済期限が到来する短期の借入金等を，また固定負債はその期間を超えて返済期限が到来する長期の借入金等を指す。負債は返済しなければならない資本という意味で「他人資本」ともいう。これに対し，純資産の部には返済義務のない「自己資本」が記載される。これには資本金や資本剰余金や利益剰余金等が含まれる。負債・純資産合計の欄では，企業が調達した資本の総額が明らかにされるが，この金額は資産の総額と一致する。

他方，損益計算書は 1 会計年度中の収益と費用を対応させて，その年度の利益，つまり経営成果を明らかにするものである。まず，収益の最も中心である売上高から売上原価を差し引いて売上総利益が計算される。そこから販売費および一般管理費，いわゆる諸経費を控除したものが営業利益であり，これはいわばその企業の本業で得た利益であるといえる。営業利益に受取利息等の金融収益を加え，支払利息等の金融費用を差し引いたものが経常利益である。さらに，臨時的に生じる特別利益と特別損失を加減して計算された税引前当期純利益から法人税等が差し引かれて当期純利益が確定される。

参考２　付加価値について

付加価値とは，企業が経営活動を通じて新たに創出した価値のことである。製造業の場合には，外部から原材料やエネルギー，各種消耗品等を購入し，製造過程を通して製品を作り上げ，最終的には顧客に販売する。小売業，サービス業の場合には，同様に外部から購入した有形・無形のモノに品揃えのプロセスや様々なサービスを付加することによって商品・サービスを顧客に提供する。販売価格（売上高）と外部から購入した価値との差額が付加価値であり，売上高や利益とは視点が異なる，企業のアウトプットの大きさを測る１つの指標である。

営業利益や経常利益の計算過程では，費用として控除される人件費や賃借料等は，付加価値の構成要素として考えられる。

付加価値の計算方法は，次のように二通りある。

- 控除法：売上高から原材料費，水道光熱費，消耗品費，当期商品仕入高等の外部購入価値を差し引いて付加価値を算出する。
- 集計法：付加価値の構成要素として考えられる諸項目を加算することにより付加価値を算出する。創出された付加価値は各種利害関係者に分配されるが，例えば，従業員には人件費として，設備の提供者には賃借料として，資金提供者には純金融費用として，また国・地方公共団体等へは租税公課として分配されるとみることができる。集計法ではこれらの費用項目と利益を合計して付加価値を求める。

なお，減価償却費を含まない付加価値を「純付加価値」，それを含むものを「粗付加価値」という。

付加価値は，企業の生産的プロセスにおいて創出された価値がどれほどの大きさかをみるという生産的側面からの分析とともに，付加価値が各種利害関係者にどのように分配されたかをみる分配の側面での分析にとって有用な経営成果の指標といえる。

(3) Excel による経営指標の計算

Excel での処理

画面 11-1 に示す企業（小売業）の要約貸借対照表および要約損益計算書に基づき，上述の 13 の経営指標を計算する。また，それらの指標のうち８つ程

要約貸借対照表

（単位：百万円）

科目	前期	当期
流動資産	104,635	119,650
固定資産	288,839	290,108
資産合計	393,474	409,758
流動負債	77,150	78,698
固定負債	129,711	129,540
負債合計	206,861	208,238
資本金	100,000	100,000
その他純資産	86,603	101,520
純資産合計	186,603	201,520
負債・純資産合計	393,464	409,758

その他のデータ

従業員数（人）	7,243	7,511
人件費（百万円）	71,959	74,857
付加価値（百万円）	147,253	151,960

要約損益計算書

（単位：百万円）

科目	前期	当期
売上高	772,479	773,218
売上原価	566,084	563,711
売上総利益	206,395	209,507
販売費・管理費	173,516	180,912
営業利益	32,879	28,595
営業外収益	14,400	17,227
営業外費用	9,002	7,107
経常利益	38,277	38,715
特別利益	1,213	695
特別損益	1,838	1,024
税引前当期利益	37,652	38,386
法人税等	14,798	12,920
当期純利益	22,854	25,466

画面 11-1　要約貸借対照表と要約損益算書

経営指標

指標	前期	当期
総資本経常利益率（%）	9.7	9.4
売上高増加率（%）	0.2	0.1
総資産増加率（%）	4.2	4.1
経常利益増加率（%）	1.0	1.1
売上高総利益率（%）	26.7	27.1
売上高営業利益率（%）	4.3	3.7
売上高経常利益率（%）	5.0	5.0
総資本回転率（回）	2.0	1.9
流動比率（%）	135.6	152.0
固定長期適合率（%）	91.3	87.6
1人当たり売上高（千円）	106,652	102,945
労働生産性（千円）	20,330	20,232
労働分配率（%）	48.9	49.3

=G11/C13*100
=(H4-G4)/G4*100
=(D6-C6)/C6*100
=(H11-G11)/G11*100
G6/G4*100
=G8/G4*100
=G11/G4*100
=G4/C13
=C4/C7*100
=C5/(C8+C12)*100
=G4/C16*1000
=C18/C16*1000
=C17/C18*100

画面 11-2　経営指標の計算例

度を抽出して，レーダーチャートに表し，2 期間の経営状況を比較する。

手順 1)　セル番地 K4 に前期の総資本経常利益率計算する式“=G11/C13*100 を入力する。

手順 2)　セル番地 K5 には前期の売上高増加率が入力済みであるものとして，セル番地 L5 に前期の売上高増加率を求めるために，式“=(H4－G4)/G4*100”を入力する。セル番地 K6 には総資産増加率，セル番地 K7 には経常利益増加率を求めるため，同じ要領で該当する項目にあわせて式を入力すればよい。

手順 3)　セル番地 K8 に前期の売上高総利益率の計算式“=G6/G4*100”を入力。以下，売上高営業利益率（セル番地 K9）と売上高経常利益率（セル番地 K10）についても同じ要領で該当する項目にあわせて式を入れていく。

手順 4)　セル番地 K11 では前期の総資本回転率を計算するので，式“=G4/C13”を入力。この指標は，表示単位が回数である。

手順 5)　セル番地 K12 で前期の流動比率を，そしてセル番地 K13 で前期の固定長期適合率を求める。流動比率は流動資産を流動負債で割ればよいので，式“=C4/C7*100”を入力する。一方，固定長期適合率は固定資産を純資産（自己資本）に固定負債を合算したもので割るので，この場合の式は“=C5/(C8+C12)*100”となる。

手順 6)　セル番地 K14 に前期の従業員 1 人当たり売上高の式“=G4/C16*1000”を，そしてセル番地 K15 には前期の労働生産性の式“=C18/C16*1000”を入力。元のデータは表示単位が「百万円」だが，経営指標の一覧表の方は「千円」単位のため，式の最後で“1000”を掛ける。

手順 7)　セル番地 K16 で前期の労働分配率を求めるので，式“=C17/C18*100”を入力する。

手順 8)　セル番地 K5，セル番地 K6 およびセル番地 K7 を除く K 列の指標の計算式を L 列（当期）のセルにコピーする。

手順 9)　必要に応じセルの数値の表示形式を設定する。

表 11-1　レーダーチャート用設定データ

指標	前期	当期
総資本経常利益率	100.0	97.1
総資産増加率	100.0	98.5
経常利益増加率	100.0	114.4
売上高総利益率	100.0	101.4
流動比率	100.0	112.1
固定長期適合率	100.0	96.0
労働生産性	100.0	99.5
労働分配率	100.0	100.8

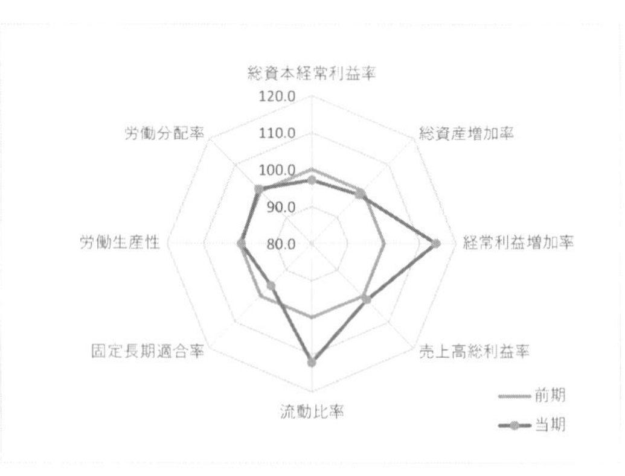

図 11-1　経営指標のレーダーチャート

手順 10)　経営指標の一覧表から 8 つの指標を適宜抽出してレーダーチャートを作成する（図 11-1）。表示単位が混在するため，そのままのデータではグラフ化することができない。ここでは，前期の指標を 100% として当期の指標と比較するようにグラフを作成することにする。なお，固定長期適合率は他の指標と異なり，小さいほどよいと判断されるものなのでグラフを読みとる際には注意を要する。

 (4) 計算結果の利用

次に，各指標の見方について説明しておくことにしよう。

▶**総資本経常利益率**……使用している資本の総額に対して経常利益，すなわち企業が通常の経営活動を通して得た利益がどれくらいの大きさであるかを示す。企業の資本の使用効率や収益力を見る総合的な指標。

▶**売上高増加率**……前期と比較して当期の売上高がどの程度増加しているのかをみる指標。もちろん増加していることが望ましいが，無理な売上拡大が行われていないかとか物価の上昇も考慮して判断しなければならない。

▶**資産増加率**……企業が所有する資産総額の当期と前期を比較した増加率。一般的には，この指標がプラスであれば，成長しているとみることができる。しかし，多額の借入金増等による資産の増加の場合や収益力の伴わない場合は要注意といえる。

▶**経常利益増加率**……最も重要な利益概念である経常利益の増加の程度を示している。いくら売上高が増加していても，経常利益の増加が伴わなければ，実質的に成長しているとはいい難い。

▶**売上高総利益率**……売上総利益は売上高から売上原価を差し引いて計算される。最も基本的な利益概念である売上総利益の売上高に対する相対的な大きさをみる指標である。業種によってかなり大きさが異なる指標でもある。

▶**売上高営業利益率**……売上総利益から販売費及び一般管理費，すなわち諸経費を控除したものが営業利益。企業の本来の営業活動から得られる利益が売上高に対してどの程度の大きさであるかをみる。

▶**売上高経常利益率**……営業利益に受取利息・受取配当等の金融収益（営業外収益）を加え，そこから支払利息や手形割引料等の金融費用（営業外費用）を差し引いたものが経常利益である。経常的な事業活動で稼得された利益の売上高に対する相対的な大きさを測る指標。

▶**流動比率**……短期的に返済しなければならない流動負債に対し，短期的に現金化可能な，返済原資となりうる流動資産がどの程度あるかをみる指標で，企業財務の健全性の指標として重視される。この比率が少なくとも100%を上回ることが求められることになるが，流動資産の中には確実に現金化できるとは限らないものも含まれるため，余裕をみて200%程度あることが理想的とされる。

▶**固定長期適合率**……本来，固定資産の調達は長期的な資本をもって行われるべきである。すぐに返済しなければならない流動負債のような短期的資本を固定化してしまうことは問題がある。こうした考え方から，この指標では固定資産総額と自己資本・固定負債合計額の相対的な関係をみる。100%以下であることが望ましい。

▶**総資本回転率**……投下資本は，生産・販売のための設備取得や原材料購入，商品の仕入れ等に使用され，売上を通じて現金となって回収され，再投資されていく。この指標は，投下された総資本が一会計期間に何回循環したかを表す。

▶**従業員１人当たり売上高**……売上高を従業員数で割ったもの。生産性をみる指標で，金額で表される。

▶**労働分配率**……付加価値に占める人件費の割合を意味し，付加価値の分配面での状況を判断する指標である。従業員のモラール（士気）の維持・向上のためには適正な人件費の支払い（労働分配）がなされなければならない。しかし，この比率が高過ぎたり，上昇傾向が長く続いていたりする場合には，人件費負担が過大になる可能性がある。

▶**労働生産性**……１人の従業員がどれだけの付加価値を創出したかをみるもので，「従業員１人当たり付加価値」ともいう。付加価値の生産的側面での分析をする指標の１つである。

さて，画面11-2で示した企業の経営指標をみると，成長性と生産性の諸指標は，概ね安定的に推移しているが，総資本経常利益率と売上高営業利益率には若干の低下が認められる。一方，流動比率と固定長期適合率に関してはもともと良好な水準にある上にさらなる改善傾向がみられ，健全性の面では優れた企業であることがうかがわれる。また，このことは画面11-3でみる自己資本比率の高さによっても裏付けられる。

例題 11-1

画面 11-1 の要約貸借対照表に基づき，各項目の構成比を計算しなさい。資産合計（または負債・純資産合計）を 100% として計算する。また，前期と当期の自己資本比率を比較するグラフを作成しなさい。

（ヒント）

自己資本比率は，総資本に占める自己資本，すなわち返済の必要のない資本の割合を意味する。この比率が大きいほど企業の財務体質が強固であるとみることができ，健全性の指標の1つに分類される。

$$\text{自己資本比率（\%）} = \frac{\text{純資産}}{\text{負債・純資産合計}} \times 100$$

また，損益計算書について構成比分析を行う場合は，売上高を 100% として各項目の構成比を計算する。

解答例

	K	L	M
1	（構成比）		
2		前期	当期
3	流動資産	26.6	29.2
4	固定資産	73.4	70.8
5	資産合計	100.0	100.0
6	流動負債	19.6	19.2
7	固定負債	33.0	31.6
8	負債合計	52.6	50.8
9	資本金	25.4	24.4
10	その他純資産	22.0	24.8
11	純資産合計	47.4	49.2
12	負債・純資産合計	100.0	100.0
13			
14			
15	（自己資本比率）		
16		前期	当期
17	負債	52.6	50.8
18	自己資本	47.4	49.2
19	資本・純資産合計	100.0	100.0
20			

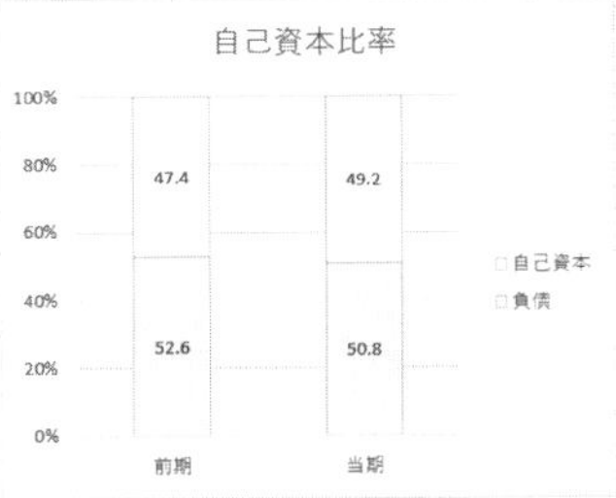

画面 11-3　構成比分析と自己資本比率の計算

例題 11-2

画面 11-1 の要約損益計算書に基づき，各項目の前期の金額を 100% とした場合の趨勢比を計算しなさい。そして，いくつかの項目について趨勢を表すグラフを作成しなさい。

（ヒント）

ある期の勘定科目の金額を基準値（100）にして，それ以降の金額を指数化し，各科目の推移をみて経営状態を分析する手法を趨勢比分析という。この例題では2期分の損益計算書のみの比較であるが，より長期的な動向をみるには，3期以上について検討することが望ましい。また，趨勢比分析は貸借対照表についても同様に行うことができる。

解答例

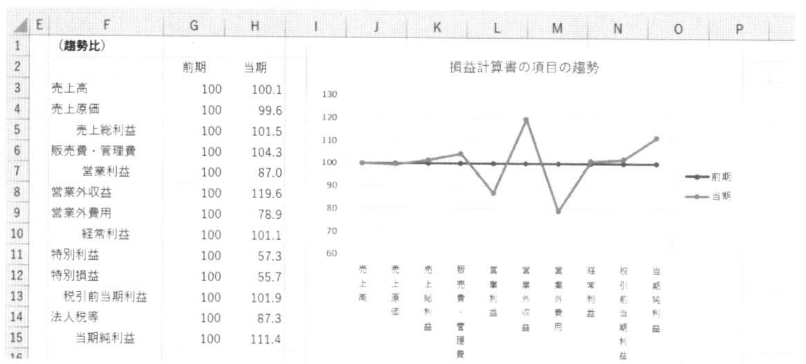

（趨勢比）

	前期	当期
売上高	100	100.1
売上原価	100	99.6
売上総利益	100	101.5
販売費・管理費	100	104.3
営業利益	100	87.0
営業外収益	100	119.6
営業外費用	100	78.9
経常利益	100	101.1
特別利益	100	57.3
特別損益	100	55.7
税引前当期利益	100	101.9
法人税等	100	87.3
当期純利益	100	111.4

画面 11-4 損益計算書の趨勢比分析

2.　損益分岐点分析

(1) 損益分岐点分析とは

手法の解説

企業の利益は収益と費用の差額である。収益が諸費用を上回れば利益が，逆の場合は損失が出ることになる。損益分岐点は，企業損益の均衡点，すなわち売上高（収益）が諸費用と同額になって利益も損失も出ない点を意味する。したがって，損益分岐点を上回る売上高をあげることができれば利益が得られ，その反対の場合には損失が出ることになる。

損益分岐点分析は，売上高・費用・利益の相互関係を分析して，企業の採算点を明らかにし，過去・現在の経営状態の把握や将来の経営計画の策定に役立てようとするものである。

損益分岐点分析の前提として，まず次のような基本概念を理解しておく必要がある。

▶**変動費**……企業の売上高（あるいは操業度）の変動に応じて比例的に増減する費用。原材料費，当期商品仕入高，荷造費，運搬費等。

▶**固定費**……売上高の変動に関わらず一定額が発生する費用。人件費，減価償却費，広告宣伝費等。

▶**限界利益**……売上高から変動費のみを差し引いて算出される利益。これは，財務会計上の利益概念ではないが，限界利益で固定費をまかなうという考え方から，損益分岐点分析では限界利益が重視される。貢献利益ともいう。

▶**損益分岐点売上高**……損益が均衡する売上高。利益を得るためにはこれより大きい売上高を実現する必要がある。反対に，これより小さい売上高であった場合には損失が出ることになる。単に「損益分岐点」というと，損益分岐点売上高を意味する場合が多いが，販売数量で表されることもあるので，ここでは「損益分岐点売上高」ということにする。これは限界利益と固定費が同額になる点でもある。

ところで，ここで分析の前提として注意しておくべき点をあげておきたい。

まず，すべての費用を変動費と固定費に区分する。しかし実際には，変動費は必ず売上高に比例するわけではないし，固定費の中にもまったく一定というものはむしろ少ない。例えば，売上規模がある程度大きくなれば，製造・販売施設を拡大したり，従業員を増やしたりする必要がある。その結果，減価償却費や人件費は増大することになる。人件費はベースアップ等によっても変動するし，材料費の仕入単価の変動もあり得る。

また，販売単価は一定として考える。損益分岐点分析において作成される損益分岐点図（利益図表）では，売上高は右上がりの直線で表される（図11-2参照)。ところが，売上高の変動に応じて，販売単価の変更が行われることがむしろ通常である。したがって，売上高を広いレンジでとらえれば，直線になるとは限らない。

したがって，損益分岐点はある一定の売上高（操業度）規模の範囲内での分析として考えるべきものである。様々な制約条件，前提条件は各種の分析につきものであって，このことが損益分岐点分析の有用性を大きく損なうものではない。むしろこの分析手法は，その方法の簡便さや理解のしやすさ，またそれゆえに対策がとりやすいこと等の理由で，実務的にはよく利用されている。重

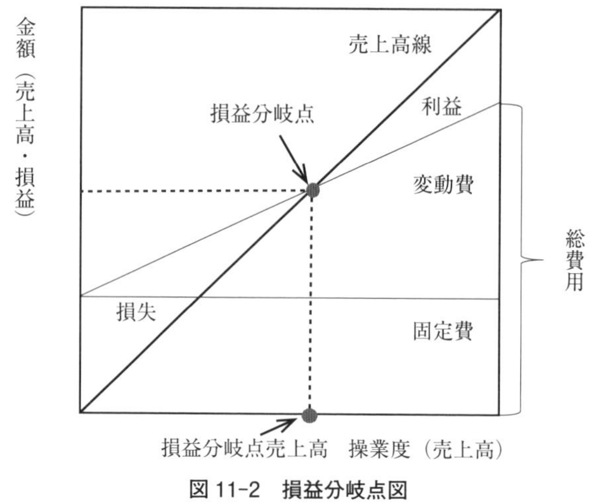

図 11-2　損益分岐点図

要なのは，制約条件を念頭に置きつつ計算したり，結果を利用したりするということであろう。

(2) 損益分岐点分析の方法

手法の解説

次に，損益分岐点分析の具体的な実施方法をみていこう。まず，すべての費用を変動費と固定費に分けなければならない。この分解のためには様々な方法があるが，ここでは勘定科目分解法により説明する。この方法は費用項目ごとに，これは変動費，こちらは固定費というように個別に分類していくやり方である。上で述べたように完全な変動費・固定資というものはむしろ少ないため，いささか思い切りが必要で問題もないわけではないが，実務的には最も簡便で有用な方法であるともいえる。

説明を簡単にするために，ここでは，原材料費，当期商品仕入高，荷造費，および運搬費を変動費，それ以外の費用を固定費としたとする。また，利益については分析の目的に応じて，営業利益，経常利益のいずれでもとりうるが，以下では営業利益を前提に考える。

売上高－変動費＝限界利益

限界利益－固定費＝営業利益（損益分岐点の場合はゼロ）

損益分岐点売上高の算出は，限界利益と固定費が同額になるため利益も損失も出ない点を探すことである。つまり，損益分析点においては，以下のようになる。

損益分岐点売上高×限界利益率 = 限界利益 = 固定費

したがって，損益分岐点売上高は下記の式で求められる。

$$\text{損益分岐点売上高} = \frac{\text{固定費}}{\text{限界利益率}}$$

ところで，限界利益率は限界利益を売上高で割ったものである。

$$\text{限界利益率（\%）} = \frac{\text{限界利益}}{\text{売上高}} \times 100 = 1 - \frac{\text{変動費}}{\text{売上高}} \times 100$$

損益分岐点売上高の算式を公式的に表せば，次のようになる。

$$\text{損益分岐点売上高} = \frac{\text{固定費}}{1 - \dfrac{\text{変動費}}{\text{売上高}}}$$

また，ある時点における売上高に対する損益分岐点売上高の相対的な位置関係を示す指標として，損益分岐点比率がある。

$$\text{損益分岐点比率（\%）} = \frac{\text{損益分岐点売上高}}{\text{売上高}} \times 100$$

この比率は，数値が小さいほど採算点まで余裕がある，すなわち安全性が高いということになる。これに類似したものとして，安全余裕率という指標も使われる。こちらは 100% から損益分岐点比率を差し引いたもので，数値が大きいほど安全性が高いことを意味する。

損益分岐点分析は，将来の販売計画や利益計画の策定にも用いられる。例えば，一定の目標利益を達成する場合に必要な売上高を求めるには，固定費に目標利益を上乗せすればよく，次の式で計算できる。

$$\text{目標利益達成のための売上高} = \frac{\text{目標利益} + \text{固定費}}{\text{限界利益率}}$$

(3) Excel による損益分岐点分析

Excel での処理

画面 11-5 に示すある企業の損益分岐点分析表を完成させ，売上高，費用および損益分岐点売上高の推移を表すグラフを作成する。ただし，総費用は既に変動費・固定費に分解され，3期分のそれぞれの金額と売上高はあらかじめ明らかになっているものとする。

手順1)　セル番地B5に限界利益を求める式“=B3－B4”を入力する。この式を範囲C5：D5にコピーする。

手順2)　セル番地B7には，営業利益を計算するための式“=B5－B6”を入力する。

手順3)　セル番地B8に変動費率を求める式“=B4/B3*100”を入力。

手順4)　セル番地B9に限界利益率を求める式“=B5/B3*100”を入力。ただし，限界利益は売上高から変動費を控除したものなので，100％から変動比率を引いても同じ結果が得られる。

手順5)　セル番地B10に損益分岐点売上高を求める式“=B6/B9*100”を入力。

	A	B	C	D	E
1	**損益分岐点分析**				
2	指標	第n期	第n+1期	第n+2期	=B3-B4
3	売上高（千円）	1,019	1,200	1,400	
4	変動費（千円）	618	720	820	=B5-B6
5	限界利益（千円）	401	480	580	=B4/B3*100
6	固定費（千円）	349	413	490	=B5/B3*100
7	営業利益（千円）	52	67	90	=B6/B9*100
8	変動費率（％）	60.6	60.0	58.6	=B10/B3*100
9	限界利益率（％）	39.4	40.0	41.4	=100-B11
10	損益分岐点売上高（千円）	887	1,033	1,183	
11	損益分岐点比率（％）	87.0	86.0	84.5	
12	安全余裕度（％）	13.0	14.0	15.5	
13					

画面11-5　損益分岐点分析の諸指標の計算

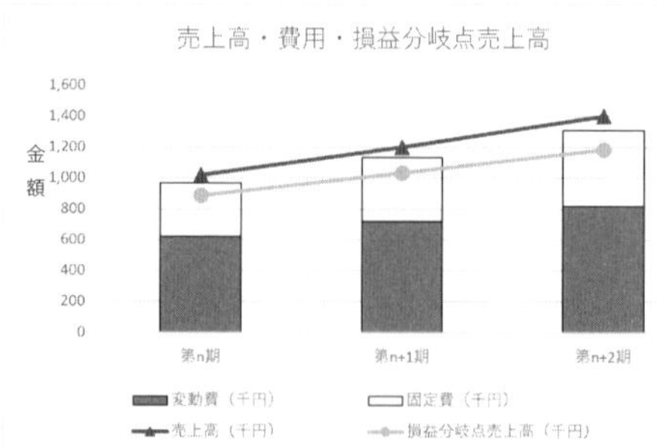

図11-3　売上高・費用・損益分岐点売上高の推移

手順 6)　セル番地 B11 に損益分岐点比率を求める式“=B10/B3*100”を入力。

手順 7)　セル番地 B12 に安全余裕率を求める式“=100－B11”を入力。

手順 8)　セル範囲 B7：B12 の式を範囲 C7：D12 にコピーする。

手順 9)　必要に応じセル内の数値の表示形式を設定する。

手順 10)　図 11-3 に示すグラフを作成する。線グラフと棒グラフを混在させるには，いったん「折れ線グラフ」を描く。その後，マウスでグラフをアクティブにし，マウスの右ボタンで［グラフの種類の変更］を選択した後，［組み合わせ］で，変動費と固定費のグラフの種類を［積み上げ棒］を選択すればよい。

(4) 分析結果の利用

損益分岐点分析は，費用・売上高・利益の相互の関係を分析するものであり，いろいろな利用の仕方がある。例えば，最も基本的な利用は，経営指標の1つとして，損益分岐点売上高や損益分岐点比率（または安全余裕率）を算出して，企業の安全性をみるものである。損益分岐点売上高は現状の売上高と比較して低いほど利益が出ることになるので，損益分岐点比率は 100% を下回ることが求められる。

画面 11-5 は，期間比較分析の一例であるが，このケースでは，期を経るごとに損益分岐点比率が徐々に下がっていて，この意味では採算性，安全性が向上しているとみられる。しかし，変動費率はほぼ横這いながら固定費の増大に伴い，損益分岐点売上高は上昇傾向にある。売上高の順調な増加によって営業利益も増加しているが，今後，売上高の伸び悩みあるいは減少局面に入る可能性に備えて，早めに固定費増大の要因を把握し，抑制・削減の方策を探っておくことが望ましいともいえる。

この事例とは逆に，損益分岐点比率が上昇傾向にあったり，著しく上下したりしている時は要注意ということになる。特に，常に損益分岐点比率が 100% を超えている場合には，しかるべき対策をとる必要がある。例えば固定費を節減可能なものと節減不可能なものとに分別し，さらに節減可能なものについて個別に対応策を詳細に検討し改善行動を実践するといったことである。

他方，損益分岐点分析は，経営計画策定や意思決定にとっても有用な情報を提供してくれる。一例をあげれば，ある目標利益を設定した場合，それを実現するのに必要な売上高はいくらであるかを計算し，それが妥当なものであるかを判断する際に活用することができる。いくつかの目標利益のケースにおける達成すべき売上高の計算，すなわちシミュレーションの簡単な例を例題 11-4 で取り上げる。

さらに，製品種別ごとに，費用を変動費・固定費に分解可能な場合には，各製品の限界利益率を明らかにし，それらの利益貢献度を把握することもできる。これは，例題 11-5 で示すように最適な製品構成（プロダクト・ミックス）の検討に有効である。

例題 11-3

画面 11-5 に示す計算結果を活用し，第 n+2 期分の損益分岐点図を描きなさい。

（ヒント） Excel で損益分岐点図を描く際のポイントを以下に示す。

(1) 画面 11-5 の結果を利用し，表 11-2 に示す表を作成する。

(2) X 軸に売上高をとり，原点（売上高が 0），損益分岐点売上高，そして損益分岐点売上高を上回る任意の売上高の 3 点を設定する。ここでは，任意の売上高を損益分岐点の 1.5 倍に設定することにする。

(3) Y 軸には売上高線，固定費線，変動費線，損益分岐点売上高線をとる。

(4) 売上高線，固定費線，変動費線，損益分岐点売上高線をグラフ化するため，X 軸で設定した 3 点，に対応した各線の値を求める。

(5) 各線の 3 点を散布図を使ってグラフ化する。具体的には，グラフに使用するデータの範囲，セル範囲 B4：E8 を選択した後，メニューから［挿入］タブの［グラフ］グループの中にある［散布図］を利用する。

(6) 図 11-4 に示すような図にならない場合は，作成した図を選択（アクティブな状態）し，［グラフのデザイン］タブにある［行 / 列の切り替え］を選択すれば，概ね類似のグラフが作成できる。

解答例

表 11-2　損益分岐点図作成用の設定データ（例）

設定項目	原点	損益分岐点	1.5 倍
X 軸	0	1,183	1,775
固定費線	490	490	490
変動費線	490	1,183	1,529
売上高線	0	1,183	1,774
損益分岐点売上高線	1,183	1,183	1,183

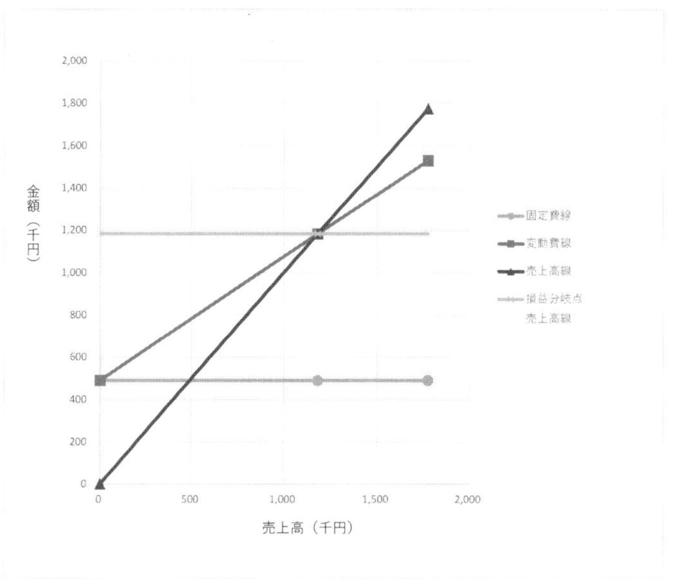

図 11-4　Excel による損益分岐点図

例題 11-4

画面 11-5 に記載の第 n+2 期に続く第 n+3 期について，目標利益の初期値と増減率（任意）を入力すれば，初期値を含め 10 通りの目標利益のパターンが自動的に設定されるように表を作成する。そして，それぞれの目標利益を達成するのに必要な売上高を求めなさい。なお，固定費と限界利益率は第 n+2 期と同じであるとする。

（ヒント）

必要売上高は，(固定費＋目標利益)／限界利益率で計算できる。セル番地B7にこれに相当する式“= (B3+B4)/(B6/100)”を入力し，それを範囲C7：K7にコピーすればよい。また，目標利益については，初期値をセル番地B9，増減率をセルB10に入力するように設定する。そして，セル番地B3にはセル番地B9のデータを参照するように“=B9”とのみ入力。セル番地C3には増減率に従って設定する目標利益を計算する式“=B3* (1+$B10/100)”を入力し，これをセル範囲D3：K3にコピーする。

解答例

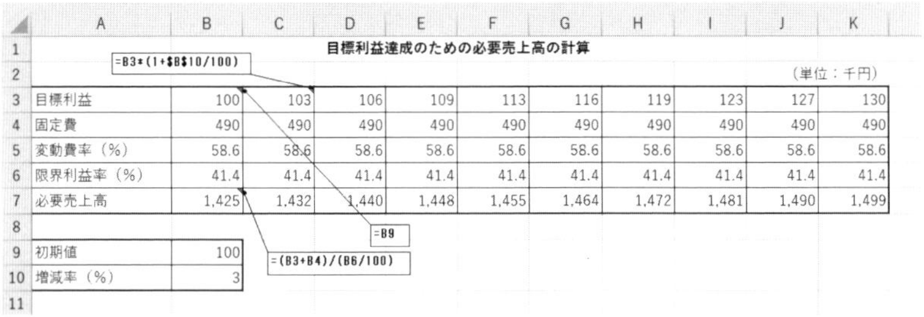

	A	B	C	D	E	F	G	H	I	J	K
1				目標利益達成のための必要売上高の計算							
2										(単位：千円)	
3	目標利益	100	103	106	109	113	116	119	123	127	130
4	固定費	490	490	490	490	490	490	490	490	490	490
5	変動費率（%）	58.6	58.6	58.6	58.6	58.6	58.6	58.6	58.6	58.6	58.6
6	限界利益率（%）	41.4	41.4	41.4	41.4	41.4	41.4	41.4	41.4	41.4	41.4
7	必要売上高	1,425	1,432	1,440	1,448	1,455	1,464	1,472	1,481	1,490	1,499
8											
9	初期値	100									
10	増減率（%）	3									
11											

=B3*(1+$B$10/100)

=B9

=(B3+B4)/(B6/100)

画面 11-6　目標利益と必要売上高の計算

例題 11-5

製品P1，P 2，P 3のそれぞれの売上高，変動費および固定費が表11-3のようであるとして，以下の設問に答えなさい。

表 11-3　製品のデータ

製　品	P1	P2	P3
売上高	1,300	650	1,090
変動費	670	260	600
固定費	530	375	390

設問 1)　製品別の限界利益，営業利益および限界利益率を求めなさい。

（ヒント）

「2.(2) 損益分岐点分析の方法」で示した計算式にあてはめて算出していけばよい。

 **解答例**

=B4-B5

（単位：百万円）

	A	B	C	D	E
3	製品	P 1	P 2	P 3	計
4	売上高	1,300	650	1,090	3,040
5	変動費	670	260	600	1,530
6	限界利益	630	390	490	1,510
7	限界利益率（%）	48.5	60.0	45.0	49.7
8	固定費	530	375	390	1,295
9	営業利益	100	15	100	215

=B6/B4*100

画面 11-7　製品別の売上高・費用・利益

設問 2)　来期の総売上高を 5% 増加させるとした場合，どの製品に注力すれば営業利益を最大にすることができるか。

（ヒント）

いずれか一種類の製品のみで，総売上高 5% 増を実現させるとして考えてみる。このケースでは，限界利益率が最も高い P2 が営業利益の増加額と増加率のいずれにおいても最大となり，この製品の売上増を図ることが最も有利であることがわかる。固定費は売上高の増減にかかわらず金額が一定であるが，変動費は売上高に比例して増減することに留意する。

なお，売上高増加率を入力するセルを作って，それを計算式で使うように設定しておけば，例題 11-3 のように，増加率を変化させてシミュレーションを行うことができる。売上高が増加した場合の営業利益は，次のようにして算出される。

売上増加時営業利益 =（売上高 + 売上高増加額）× 限界利益率 − 固定費

解答例

	A	B	C	D
12				
13	売上高増加率（%）	5.0		
14			（単位：百万円）	
15	製品	P 1	P 2	P 3
16	売上増加額	152	152	152
17	売上増加時営業利益	174	106	168
18	営業利益増加額	74	91	68
19	営業利益増加率（%）	73.7	608.0	68.3
20				
21				

```
=$E$4*($B$13/100)
=(B4+B16)*(B7/100)-B8
```

画面 11-8　売上増加時の製品別利益・増加額・増加率

設問 3)　各製品について，売上高が 10% 増加した場合の営業利益，その増加額および増加率を計算し，プロダクト・ミックス（製品の組み合わせ）を検討しなさい。

（ヒント）

営業利益額や営業利益率でみた場合と異なり，限界利益率，営業利益増加額および増加率に注目すると，製品別の利益貢献度が明らかになり，どの製品に注力するのが有利であるかがわかる。このケースでは，限界利益率の最も高い P2 の営業利益増加率が最大となるが，営業利益増加額をみると売上規模の最も大きい P1 が最大になっている。

解答例

	A	B	C	D	E
23					
24	売上高増加率（%）	10.0			
25				（単位：百万円）	
26	製品	P 1	P 2	P 3	計
27	売上増加額	130	65	109	304
28	売上増加時営業利益	163	54	149	366
29	営業利益増加額	63	39	49	151
30	営業利益増加率（%）	63.0	260.0	49.0	70.2
31					
32					

```
=B4*($B$24/100)
=(B4+B27)*(B7/100)-B8
```

画面 11-9　プロダクト・ミックスの検討

3. キャッシュ・フロー分析

(1) キャッシュ・フロー分析とは

手法の解説

① キャッシュ・フロー分析の必要性

企業の利益を明らかにする損益計算における収益と費用は，現金の動きと一致しているわけではない。例えば，売上高という収益が計上されていても，その一部が売掛金となっていて，まだ現金が入ってきていないこともあるし，費用として計上されているものの中にはまだ支払われていないものもある。

例えば，減価償却費は，収益から差し引かれて利益（または損失）が計算されるが，その期に支出されているものでなく，それに相当する現金は企業の内部にとどまっている。減価償却は，機械・設備等の有形固定資産の価額をその資産の耐用年数に渡って，一定額を費用としていく会計上の手続きであるからだ。

損益計算上は相当程度の利益があるようにみえても，実際には，支払いや返済にあてる現金が不足して，いわゆる「黒字倒産」といわれるような事態が生じる場合などがあるため，現金及び現金同等物（キャッシュ）の流入・流出を明らかにするキャッシュ・フロー計算書の作成とその分析が必要とされる。

なお，現金同等物の例としては，短期の定期預金や投資信託などがあげられる。

② キャッシュ・フロー計算書の構成と読み方

キャッシュ・フロー計算書は，本来の事業活動でのキャッシュの動きを表す「営業活動によるキャッシュ・フロー」，固定資産の取得・売却や子会社・関係会社等への投資の状況を表す「投資活動によるキャッシュ・フロー」，そして資金の調達や返済・償還に関わる「財務活動によるキャッシュ・フロー」の3つの区分から構成される。キャッシュ・フローの区分ごとの金額と当該期における増減額の合計が明らかにされ，最終的に期末時点でのキャッシュの残高が表示される。

キャッシュ・フローの分析では，まず各区分のキャッシュの金額とそれらの相互のバランスとその増減要因を検討していくことが重要である。

営業活動によるキャッシュ・フローは，本来の事業活動（本業）によって，投資や借入金の返済，株主への利益還元などに十分なキャッシュを生み出していることが望ましい。投資活動によるキャッシュ・フローは，事業の維持・継続，さらには成長のために必要な投資を行っていれば，キャッシュは入ってくる金額より出ていく金額の方が多いため，通常は赤字（マイナス）の状態になる。このマイナス分を賄うのに十分なキャッシュが営業活動で稼得できているかどうかがチェックポイントのひとつになる。他方，財務活動によるキャッシュ・フローは，投資や借入金の返済等にあてるキャッシュが十分手元にない場合，資金調達により黒字（プラス）になりうるし，反対に，キャッシュが潤沢にあれば，借入金の返済により負債を減らしたり，株主還元を行ったりした結果，赤字（マイナス）になる場合もあるので，他の２つの区分のキャッシュ・フローとのバランスとその増減の要因を検討することが肝要である。

③　キャッシュ・フロー計算書の作成

キャッシュ・フロー計算書の作成方法としては，直接法と間接法とがある。前者は，現金及び現金同等物の収入と支出を基礎資料に基づき主要な取引ごとに集計して計算書を作成する必要があるが，後者は，貸借対照表と損益計算書に基づいて作成できる。一般的には，直接法より簡便とされる間接法によって作成されることが多い。

間接法における営業活動によるキャッシュ・フローは当期純利益を起点として，実際のキャッシュの動きに即して調整することにより計算する。つまり，損益計算上は，収益として計上されていたが，キャッシュの増加にならなかった金額，例えば，売掛金などを当期純利益から減算し，反対に，費用として収益から差し引かれていたが，キャッシュは減少していなかった減価償却費のような項目の金額を加算する。また，連続する２期分の貸借対照表を比較して，棚卸資産や売掛金が増加していれば，その差額分だけキャッシュが減少したことになるので差し引き，反対にそれらが減少している場合には加算することになる。

キャッシュ・フロー計算書は，制度上，連結財務諸表の開示が義務付けられている企業であれば，連結ベースのものを作成・開示しているので，それを入手し，利用することができる。他方，キャッシュ・フロー計算書が入手できない場合は，貸借対照表と損益計算書を手掛かりとして作成すればよい。

以下では，簡単な例を設定し，キャッシュ・フロー計算書をExcelによって作成してみる。

(2) キャッシュ・フローの計算

Excelでの処理

画面11-10の比較貸借対照表と損益計算書に記載のデータを活用し，キャッシュ・フロー計算書を作成する。

比較貸借対照表（単位：千円）

科目		第n期	第n＋1期	増減
資産	現金預金	2,000	3,500	1,500
	受取手形	1,500	500	△ 1,000
	棚卸資産	3,500	4,000	500
	土地・建物	5,000	6,000	1,000
	機械・設備	2,000	4,000	2,000
負債	買掛金	2,000	2,500	500
	借入金	4,000	2,000	△ 2,000
	社債	2,000	3,000	1,000
純資産	資本金	5,000	5,000	0
	その他純資産	1,000	5,500	4,500

=E4-D4

損益計算書（第n＋1期）（単位：千円）

売上高	50,000
売上原価	30,000
売上総利益	20,000
減価償却費	2,000
その他諸費用	15,500
当期純利益	2,500

画面11-10　比較貸借対照表と損益計算書

ここでは，説明の都合上，第n期のキャッシュ・フローは計算済みであるとして，第n+1期について計算する。

① 営業活動によるキャッシュ・フロー

手順1)　セル番地F4に期首（前期末）から期末までの変化量を捉える式"= E4－D4"を入力する。その後，この式をセル範囲F5：F13にコピーする。

手順2)　損益計算書に記載のある当期純利益の値（セル番地I8）をセル番地F18に入力する（"= I8"）。

手順3)　同様に減価償却費の値をセル番地F19に入力する（"= I6"）。

手順4)　買掛金の増加額をセル番地F20に入力する（"= F9"）。

	A	B	C	D	E	F	G
15		キャッシュ・フロー計算書					
16							
17					第n期	第n＋1期	
18		Ⅰ営業活動によるキャッシュ・フロー					
19		当期純利益			1,000		
20		減価償却費			2,000		
21		買掛金の増減			600		
22		受取手形の増減			△ 200		
23		棚卸資産の増減			△ 2,000		
24		営業活動によるキャッシュ・フロー			1,400		
25		Ⅱ投資活動によるキャッシュ・フロー					
26		土地・建物の購入による支出			0		
27		機械・設備の購入による支出			△ 2,000		
28		投資活動によるキャッシュ・フロー			△ 2,000		
29		Ⅲ財務活動によるキャッシュ・フロー					
30		借入金による収入・支出			1,000		
31		社債の発行による収入			△ 500		
32		社債の償還による収入			0		
33		財務活動によるキャッシュ・フロー			500		
34		現金及び現金同等物の増減額			△ 100		
35		現金及び現金同等物の期首残高			2,100		
36		現金及び現金同等物の期末残高			2,000		
37							

画面 11-11　キャッシュ・フローの計算

手順 5)　受取手形の増加額をセル番地 F21 に入力する（“＝－F5”）。
受取手形，商品・原材料の増加はキャッシュの減少となり，買掛金の増加はキャッシュの増加となる。

手順 6)　棚卸資産の増減額をセル番地 F22 に入力する（“＝－F6”）。

手順 7)　セル番地 F23 にセル範囲 F18：22 の値を合計する。

②　投資活動によるキャッシュ・フロー

手順 1)　土地・建物の増減額をセル番地 F25 に入力する（“=F7”）。

手順 2)　機械・設備の増減額をセル番地 F26 に入力する（“=F8”）。

手順 3)　セル番地 F27 にセル範囲 F25：26 の値を合計する。

③　財務活動によるキャッシュ・フロー

手順 1)　借入金の増減額をセル番地 F29 に入力する（“＝ F10”）。

手順 2)　社債の増減額をセル番地 F30 に入力する（“＝ F11”）。

手順3)　株式発行による増加額をセル番地F31に入力する（"= F12"）。

手順4)　セル番地F27にセル範囲F25：26の値を合計する。

この例では，第n期には，営業活動で十分なキャッシュ・フローが生み出されていなかったため，投資活動により不足する分は，財務活動（この場合は借り入れ）と手元のキャッシュから賄ったため，期末時点での現金及び現金同等物を減少させている。しかし，第n+1期には投資に回されたキャッシュをカバーできるだけの営業キャッシュ・フローが得られたため，借入金の一部を返済して負債の割合を減らしても，なお期末の現金及び現金同等物残高は増加したことがわかる。

営業活動によるキャッフローから企業の維持・継続に必要な支出を差し引いたものを「フリー・キャッシュ・フロー」といい，これは分析上重視される指標の1つでもある。その計算方法にはいくつかあるが，最も一般的には営業キャッシュ・フローに投資活動キャッシュ・フローを加える。この2つのキャッシュ・フローを足し合わせるのは，投資活動によるキャッシュ・フローは通常はマイナスになるからである。フリー・キャッシュ・フローは，企業が様々な用途に使える自由度の高いキャッシュを意味しており，これが大きいほど資金に余裕があることになる。

課題 11-1

任意の2社（ライバル会社）の会計データを有価証券報告書等から入手して，比較的可能な2期分の経営指標を計算し，両社の経営状態の比較をしなさい。

課題 11-2

課題11-1で取り上げた2社について，損益分岐点分析を行いなさい。また，連続する2期分の売上高，費用および損益分岐点売上高の推移を明らかにするグラフを作成しなさい。

課題 11-3

課題11-1で取り上げた2社について，キャッシュ・フロー計算書（個別ベース）を作成しなさい。

第V部
発展編

第12章

設備投資に関する分析と活用

投資計画を立てる際に，その投資を現在価値に換算して評価するシミュレーション手法を紹介する。

1. 投資の正味現在価値

手法の解説

設備投資をする際に，その投資が将来生み出すと予想される収入あるいは利益が投資額に見合うか否かを評価したいが，今期の100万円と10年後の100万円とでは価値が異なる。そこで将来得られるであろう金額を現在価値に換算しておくと現在の投資額と比較できる。それを正味現在価値（NPV, Net Present Value）と呼ぶ。NPVは年間割引率（減価率）と各期末の収益とで決まる。

例えば，年間割引率を5パーセント，投資額3,000万円とし，翌年から期末に9,900千円，7,920千円，6,330千円，5,060千円，4,040千円の利益が得られ，第5期目の残存価値を3,000千円の例を表12-1に示す。正味現在価値は31,759.2千円となる。

年間割引率　　5.00％

表12-1　正味現在価値計算の例

期	投資	利益	利益＋残存価値	正味現在価値
0	－30,000			31,759.20
1		9,900	9,900	9,429
2		7,920	7,920	7,184
3		6,330	6,330	5,468
4		5,060	5,060	4,163
5	3,000	4,040	7,040	5,516

Excelでの処理

正味現在価値の累積を求めるには，NPV関数を用いる。書式は
NPV（割引率,値1,［値2］,...）

利率は投資期間を通じて一定の利率を指定する。値1，値2，...は定期的に各期末に発生する損益で，利益はプラス，損失はマイナスの値を代入する。値1，値2,...はキャッシュ・フローの順序であると見なされるので，期の順に記述する。

	A	B	C	D
1		年間割引率		5%
2		正味現在価値		31,759.2
3	期	投資	利益	利益＋残存価値
4	0	-30,000		
5	1		9,900	9,900
6	2		7,920	7,920
7	3		6,330	6,330
8	4		5,060	5,060
9	5	3,000	4,040	7,040

画面12-1　NPV関数を用いた計算例

D1セルにインフレ率や借入金の利息を考慮した年間割引率，B4セルに投資額を，B9セル（最終期）に残存価値（残存簿価に相当）を代入。C列は各期の利益，D列は各期の利益と最終期の残存価値の合計の式を代入。D2セルには
=NPV（D1,D5：D9）
の式を代入する。

例題12-1

例題12-1は，初年度利益（D3）と利益減少率（D4）が与えられ，毎年定率で利益が減少する例を考える。画面12-2のC7セルからC11セルには各期の利益を求める式を，D7セルからD11セルには利益と残存価値の合計を代入する式を入れ，D2セルに正味現在価値の合計が表示されるように適切な式を代入する。

	A	B	C	D
1		年間割引率		5%
2		正味現在価値		
3		初年度利益		9,900
4		利益減少率		10%
5	期	投資	利益	利益＋残存価値
6	0	-30,000		
7	1			
8	2			
9	3			
10	4			
11	5	3,000		

画面 12-2　例題 12-1 毎年利益が減少すると想定する例

解答例

	A	B	C	D
1		年間割引率		5%
2		正味現在価値		37,814.7
3		初年度利益		9,900
4		利益減少率		10%
5	期	投資	利益	利益＋残存価値
6	0	-30,000		
7	1		9,900	9,900
8	2		8,910	8,910
9	3		8,019	8,019
10	4		7,217	7,217
11	5	3,000	6,495	9,495

画面 12-3　例題 12-1 の解答例

表 12-2　例題 12-1 の解答例

セル	代入	セル	代入
C7	=D3	D7	=B7+C7
C8	=C7*(1－D$4)	D8	=B8+C8
C9	=C8*(1－D$4)	D9	=B9+C9
C10	=C9*(1－D$4)	D10	=B10+C10
C11	=C10*(1－D$4)	D11	=B11+C11
		D2	=NPV(D1,D7：D11)

2. 投資シミュレーション（シナリオ機能）

手法の解説

前節 1. で述べた通り投資に際して，現在価値に換算して正味現在価値を求めたが，インフレ率，借入利息を考慮した年間割引率や減価率などは予想であり不確定要素なので，様々に設定を変えてシミュレーションする。Excel ではシナリオ機能を用いる。シナリオは，［データ］タブの［What-If 分析］グループの［シナリオの登録と管理］ウィザードで管理される。

Excel での処理

手順 1)　データを準備

画面 12-1 の例を用いる。

手順 2)　シナリオの登録と管理

［データ］タブの［What-If 分析］グループの［シナリオの登録と管理］ウィザードを選択する。

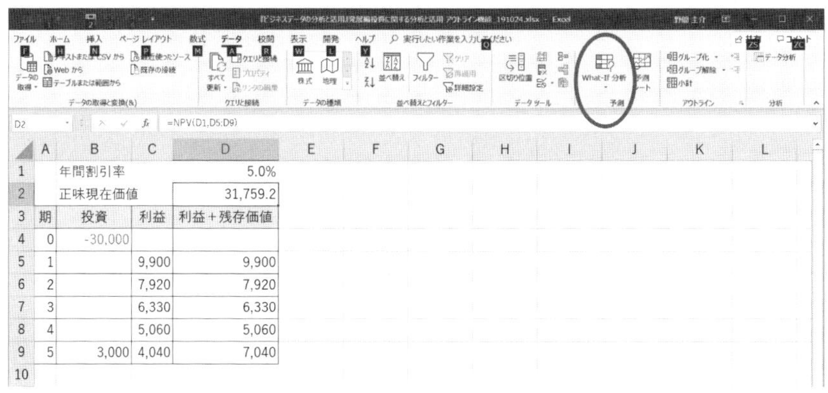

	A	B	C	D
1		年間割引率		5.0%
2		正味現在価値		31,759.2
3	期	投資	利益	利益＋残存価値
4	0	-30,000		
5	1		9,900	9,900
6	2		7,920	7,920
7	3		6,330	6,330
8	4		5,060	5,060
9	5	3,000	4,040	7,040
10				

画面 12-4　シナリオの登録と管理

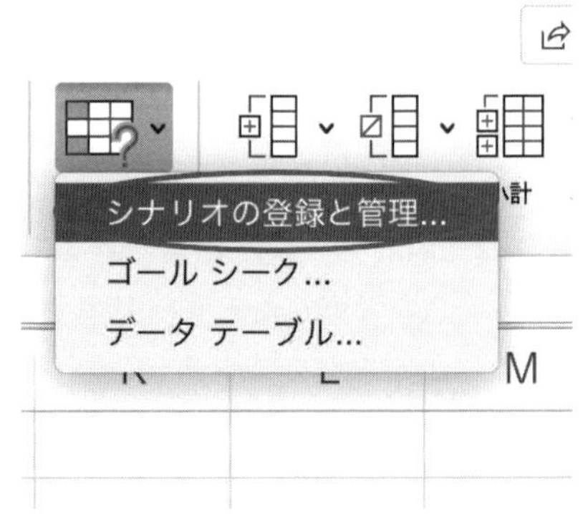

画面 12-5　シナリオの登録と管理（拡大図）

手順 3)　シナリオの追加

「シナリオの登録と管理」ダイアログボックスの「追加」ボタンを押下。

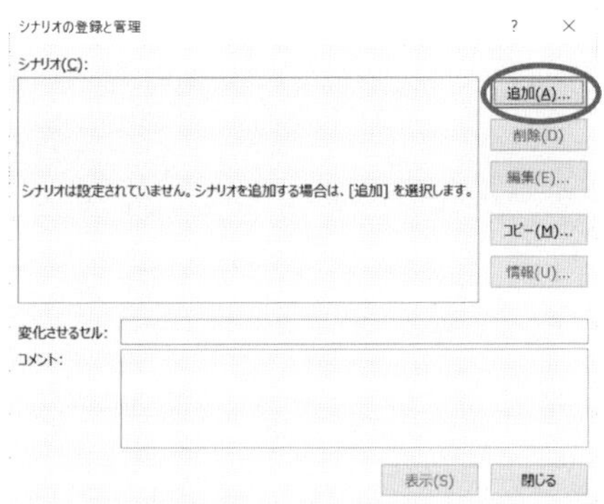

画面 12-6　シナリオの追加

手順 4)　第 1 のシナリオ

変化させるセルは D1 を選択。シナリオ名は「標準」として，「OK」ボタンを押下。

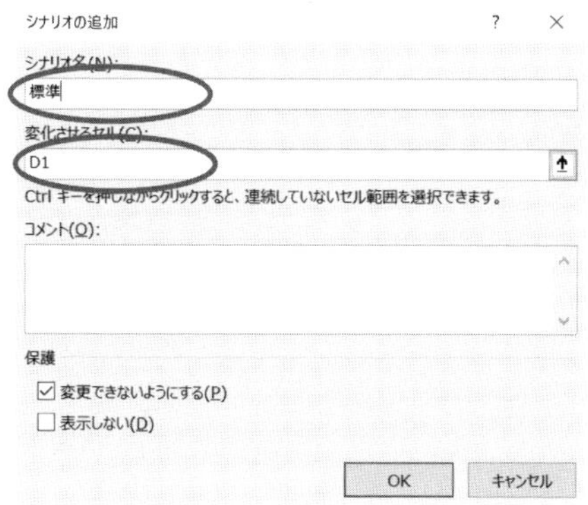

画面 12-7　第 1 のシナリオ

「シナリオの値」ダイアログボックスが開くので，$D$1 の値を 0.05 として「OK」ボタンを押下。そうするとシナリオに「標準」が登録される。

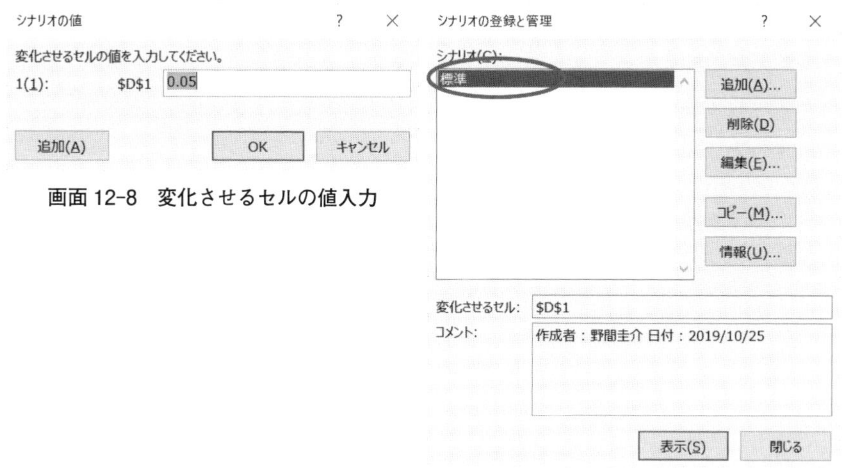

画面 12-8　変化させるセルの値入力

画面 12-9　シナリオが登録される

手順 5)　第 2 のシナリオ

「シナリオの登録と管理」ダイアログボックスの「追加」ボタンを押下。

「シナリオ名」を「低率」とし，「OK」ボタンを押下。「シナリオの値」ダイアログボックスの $D$1 欄に 0.025 を代入して「OK」ボタンを押下。そうすると，シナリオ「低率」が追加される。

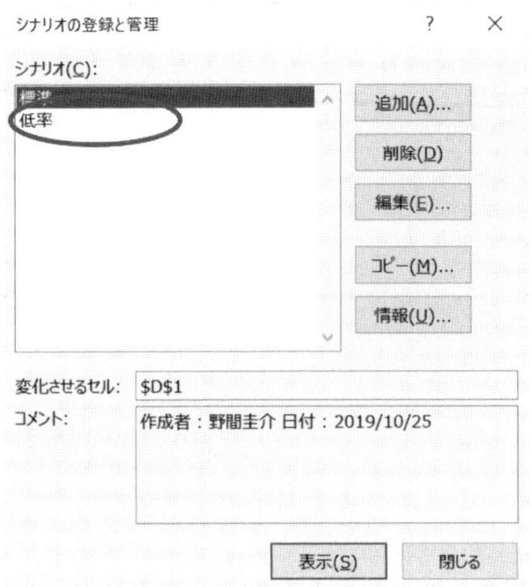

画面 12-10　低率を追加

手順 6)　第 3 のシナリオ

「シナリオの登録と管理」ダイアログボックスの「追加」ボタンを押下。

「シナリオ名」を「高率」とし，「OK」ボタンを押下。「シナリオの値」ダイアログボックスの $D$1 欄に 0.075 を代入して「OK」ボタンを押下。そうすると，シナリオ「高率」が追加される。

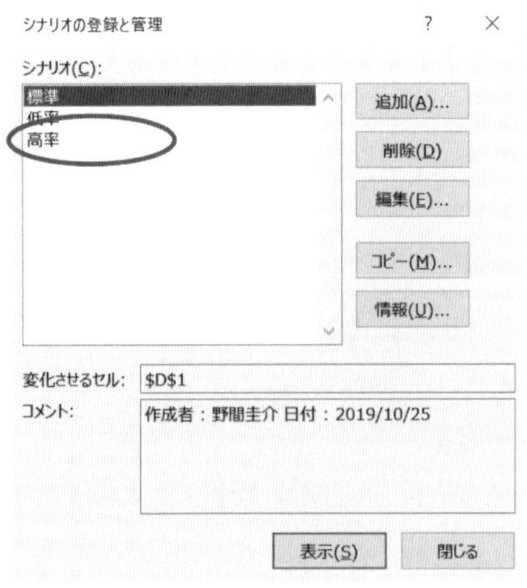

画面 12-11　高率を追加

手順 7)　任意のシナリオを表示

「シナリオの登録と管理」ダイアログボックスの「シナリオ」欄から任意のシナリオを選択して「表示」ボタンを押下すると，その値がシートに反映される。

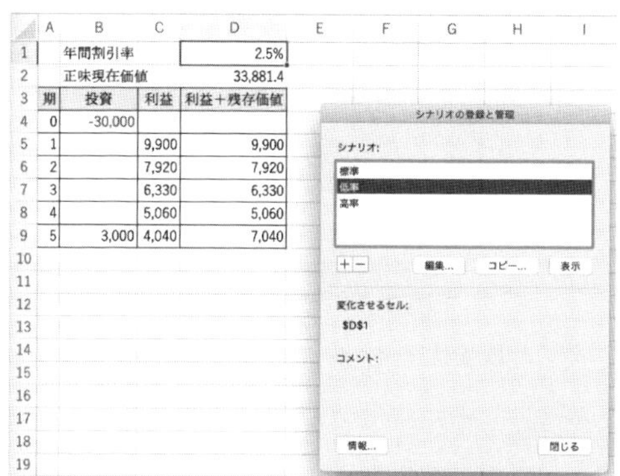

年間割引率	2.5%
正味現在価値	33,881.4

期	投資	利益	利益＋残存価値
0	-30,000		
1		9,900	9,900
2		7,920	7,920
3		6,330	6,330
4		5,060	5,060
5	3,000	4,040	7,040

画面 12-12　選択したシナリオの結果を表示

手順 8)　シナリオの情報（一覧）表示

「シナリオの登録と管理」ダイアログボックスから「情報」ボタンを押下。

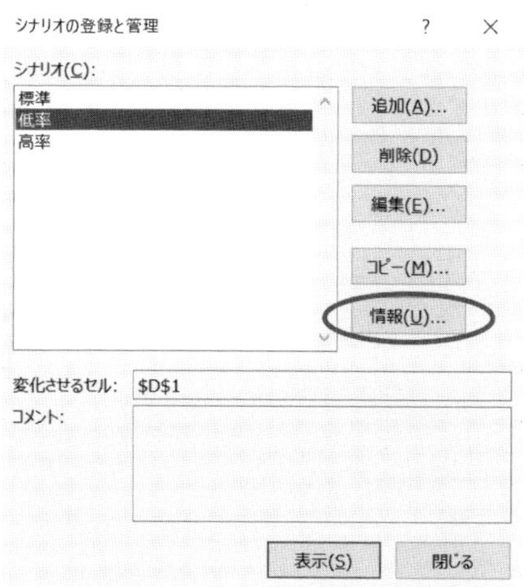

画面 12-13　シナリオ「情報」選択

「シナリオの情報」ダイアログボックスの「レポートの種類」から「シナリオの情報」を選択して「OK」ボタンを押下。そうすると，新たなシート“シナリオ情報”が作成され，シナリオの結果一覧が表示される。Excelではこの結果一覧を「シナリオ概要レポート」と呼んでいる。

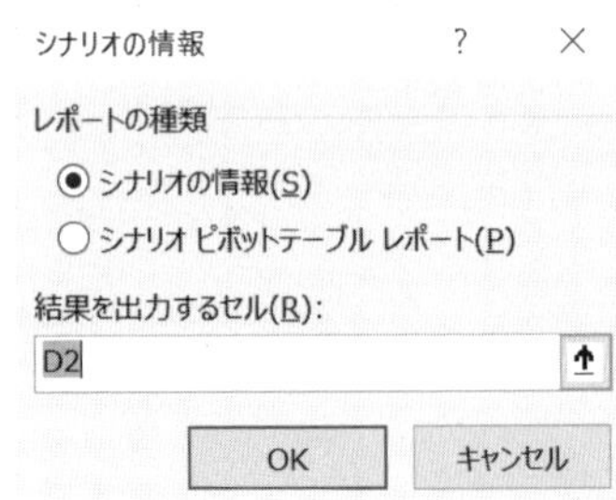

画面 12-14　レポートの種類選択

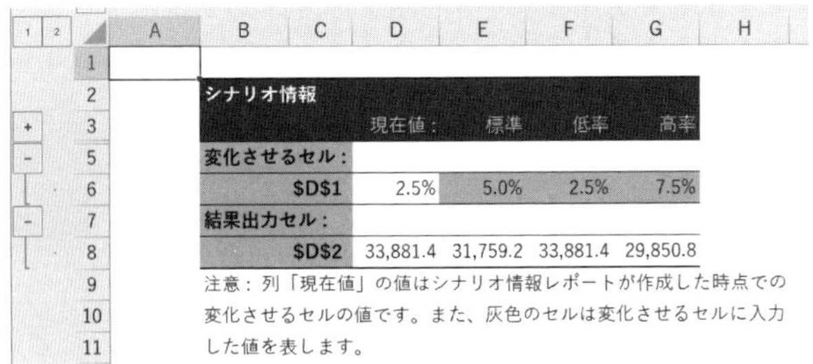

シナリオ情報				
	現在値：	標準	低率	高率
変化させるセル：				
$D$1	2.5%	5.0%	2.5%	7.5%
結果出力セル：				
$D$2	33,881.4	31,759.2	33,881.4	29,850.8

注意：列「現在値」の値はシナリオ情報レポートが作成した時点での変化させるセルの値です。また、灰色のセルは変化させるセルに入力した値を表します。

画面 12-15　シナリオ情報（結果一覧）

結果をピボットテーブル形式で表示する場合は，「シナリオの情報」ダイアログボックスの「レポートの種類」から「シナリオピボットテーブルレポート」を選択して「OK」ボタンを押下。

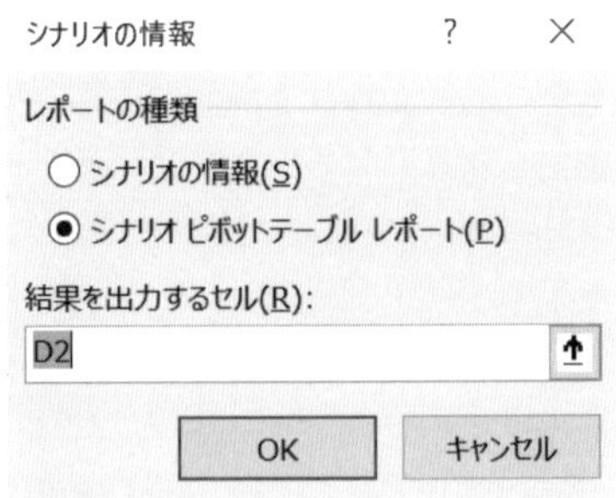

画面 12-16　シナリオピボットテーブル

例題 12-2

画面 12-3 の例題 12-1 を用いて複数のセルを変化させるシミュレーション例。画面 12-3 の“年間割引率”と“利益減少率”を，表 12-3 の組み合わせで変化させてシミュレーションする。

表 12-3　複数の値を変化させるシミュレーション

シナリオ名	年間割引率	利益減少率
標準・標準	5 パーセント	10 パーセント
標準・減価大	5 パーセント	20 パーセント
利率少・標準	2.5 パーセント	10 パーセント

解答例

手順 1)　変化させるセルの選択

「シナリオの追加」ダイアログボックスの「変化させるセル」欄に，“D1,D4”と代入，「シナリオ名」欄には“標準・標準”と入力し「OK」ボタンを押下。

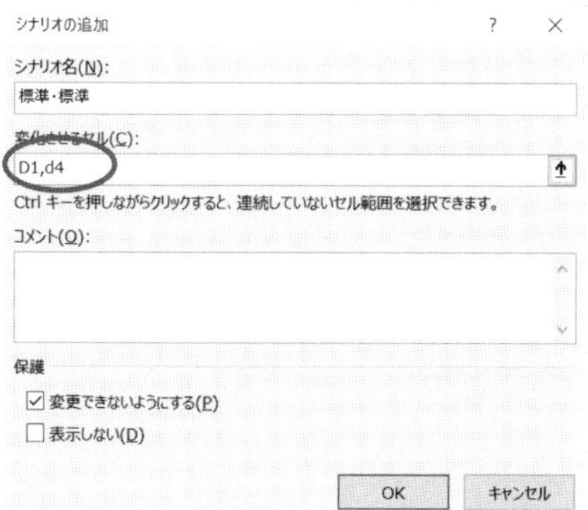

画面 12-17　複数の変化させるセルを指定

「シナリオの値」ダイアログボックスのそれぞれの値欄に，0.05 と 0.1 を入力し「OK」ボタンを押下。

シナリオの値
変化させるセルの値を入力してください。
1(1):　$D$1　0.05
2(2):　$D$4　0.1
追加(A)　OK　キャンセル

画面 12-18　複数のセル入力

手順 2）“標準・減価大”の追加

「シナリオの登録と管理」ダイアログボックスの「追加」ボタンを押下。

「シナリオ名」を“標準・減価大”とし，「OK」ボタンを押下。「シナリオの値」ダイアログボックスの $D$4 欄に 0.2 を代入して「OK」ボタンを押下。そうすると，シナリオ「標準・減価大」が追加される。

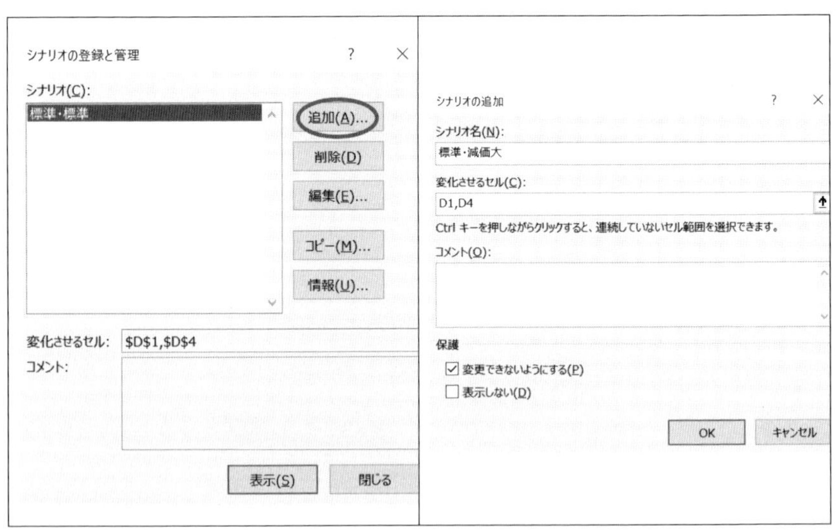

画面 12-19　シナリオの追加

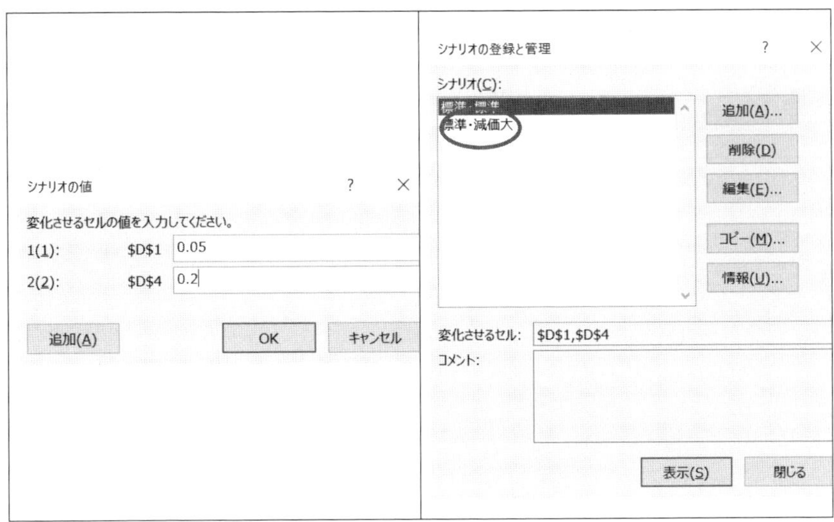

画面 12-20 “標準・減価大”の追加

手順 3) “利率少・標準”の追加

「シナリオの登録と管理」ダイアログボックスの「追加」ボタンを押下。

「シナリオ名」を“利率少・標準”とし,「OK」ボタンを押下。「シナリオの値」ダイアログボックスの $D$1 欄に 0.025 を $D$4 欄に 0.1 を代入して「OK」ボタンを押下。そうすると,シナリオ「利率少・標準」が追加される。

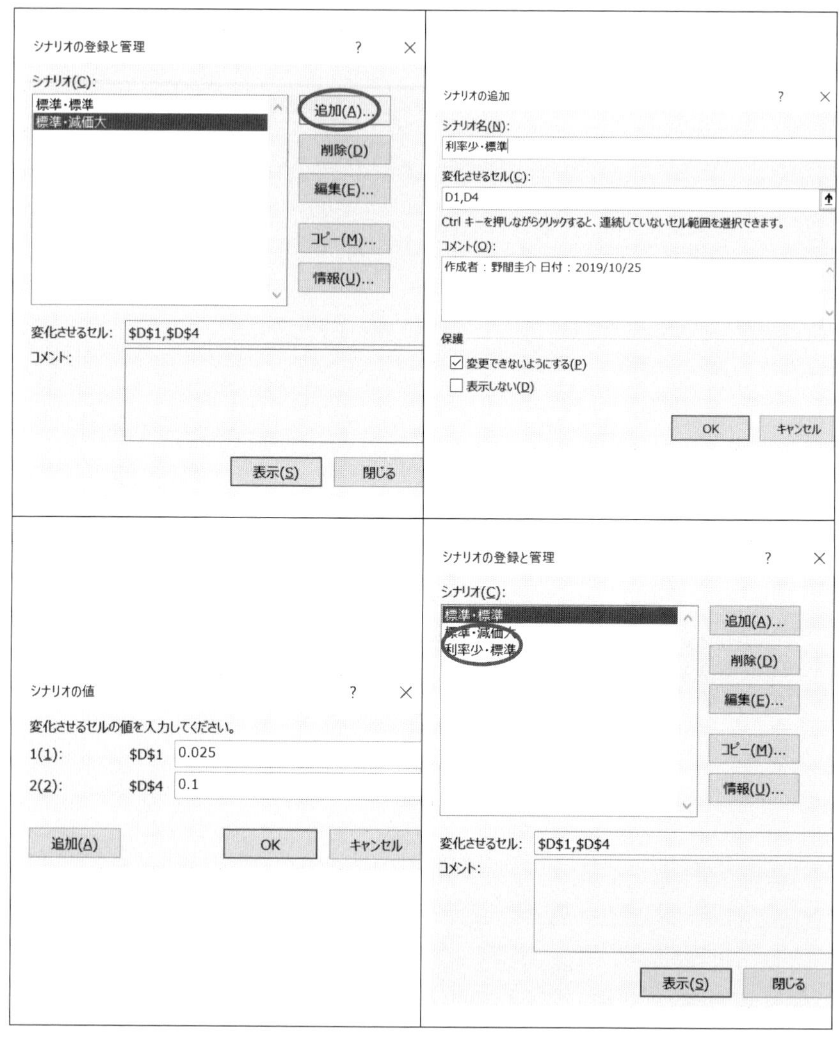

画面 12-21　“利率少・標準”の追加

手順 4)　一覧表示

「シナリオの情報」ダイアログボックスの「レポートの種類」から「シナリオの情報」を選択して「OK」ボタンを押下。そうすると，新たなシート“シナリオ情報”が作成され，画面 12-23 の通り，シナリオの結果一覧が表示される。

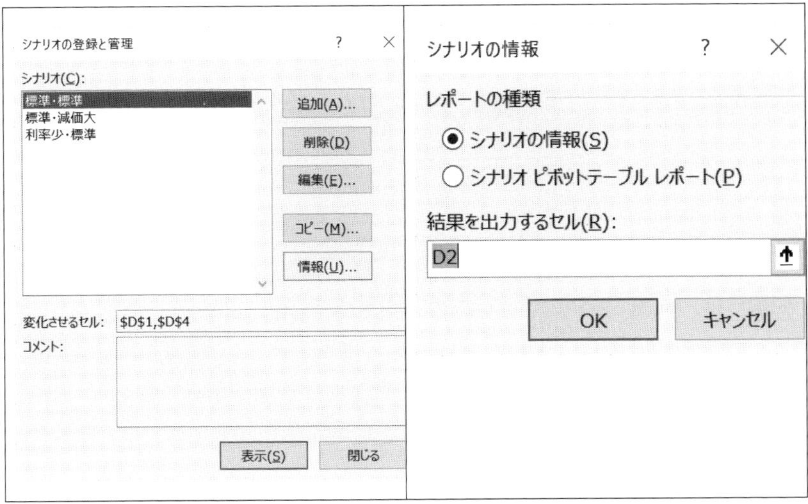

画面 12-22　シナリオの情報レポートの作成

シナリオ情報	現在値：	標準・標準	標準・減価大	利率少・標準
変化させるセル：				
$D$1	5%	5%	5%	2.5%
$D$4	10%	10%	20%	10%
結果出力セル：				
$D$2	37,814.7	37,814.7	31,783.4	40,516.5

注意：列「現在値」の値はシナリオ情報レポートが作成した時点での変化させるセルの値です。また、灰色のセルは変化させるセルに入力した値を表します。

画面 12-23　シナリオ情報レポート

第13章

POSデータの活用

本章では，画面 13-1 に示す形式のレシートデータ（2019 年 5 月下旬，レストラン A 店の顧客 100 人分。以下「レストラン POS データ」と呼ぶ）を用いて，顧客の重要性を評価する分析手法であるデシル分析と RFM 分析を取り上げる（「レストラン POS データ」については同文舘出版(株)の Web サイトからダウンロードして利用してください。)。

画面 13-1 の 2・3 行目は，顧客 C001 が 2019 年 5 月 24 日にメニュー分類で“5 アラカルト”と“4 サイドディッシュ”の 2 点を注文したこと，それはレシート No“D0677”で処理されたことを表している。このように POS データは，購入商品単位で記録されていることが多い。

	A	B	C	D	E
1	伝票No	顧客No	購入年月日	メニュー	購入額
2	D0677	C001	2019/5/24	5 アラカルト	400
3	D0677	C001	2019/5/24	4 サイドディッシュ	41
4	D5455	C002	2019/5/27	2 スープ	30
5	D5455	C002	2019/5/27	3 メインディッシュ	257
6	D5455	C002	2019/5/27	1 ライス	61

画面 13-1 「レストラン POS データ」(一部)

1. デシル分析

手法の解説

一定期間における顧客の購入金額に基づいて，10 段階にランク付けする手法である。手順は，次の通りである。

手順 1)　顧客別に購入額の合計を求める。

手順 2)　顧客を購入額が多い順（降順）に並べ替える。

手順3）　顧客を購入額が多い順に10等分しデシルランク1～10を割り当てる。

得られた分析結果に対して，例えば上位ランクの顧客に優待のダイレクトメールを送付するなど，顧客のランクに応じた対応策を検討することが可能になる。

Excelでの処理

手順1）　顧客別に購入額の合計を求める。

ここでは，ピボットテーブル（第5章4.(1)参照）を用いて顧客別購入額を求める。次に，その手順を示す。

まず，ダウンロードした「レストランPOSデータ」ファイルを開き，画面13-1のデータ内にセルポインタを置いた状態で，以下の操作で集計用のピボットテーブルを作成する。

リボン内の［挿入］タブを選択 →［テーブル］グループの［ピボットテーブル］を選択 → ピボットテーブル作成のダイアログボックスが開く → テーブル範囲が正しく認識されていることを確認して → OKボタンをクリック → 新しいワークシートが開いて集計用のピボットテーブルが表示される。

続いて，次の操作で顧客別の購入額を求める。

ピボットテーブル内にセルポインタを置いた状態で，画面右に表示されるフィールドリスト（画面13-2の右側を参照）で，“顧客No”をフィールドリスト下部の行の空欄にドラッグ＆ドロップし，続いて“購入額”を値の空欄にドラッグ＆ドロップする → ピボットテーブルに集計結果（顧客No別の購入額）が出力される（画面13-2の左側を参照）。

手順2）　顧客Noを購入金額が多い順（降順）に並べ替える。

画面13-2のB列内の任意の購入額にセルポインタを置いて，右クリックで表示されるメニューで［並べ替え］→［降順］を選択（画面13-3参照）。

手順3）　顧客を購入額が多い順に10等分し，デシルランク1～10を割り当てるために，次の操作を行う。

①　画面13-4のセル範囲D2：E13の基準表を作成（セル範囲

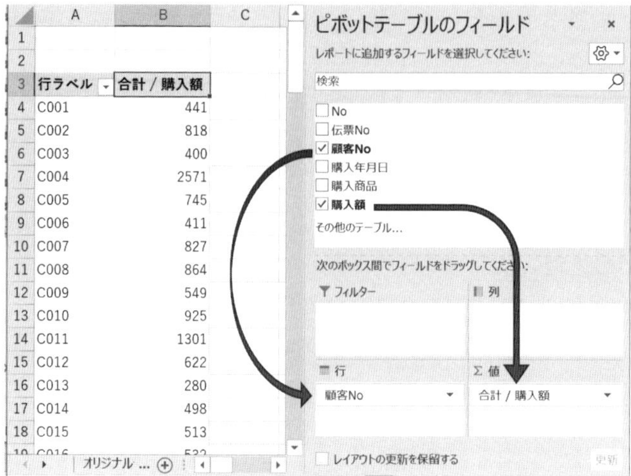

画面 13-2　顧客別購入額集計

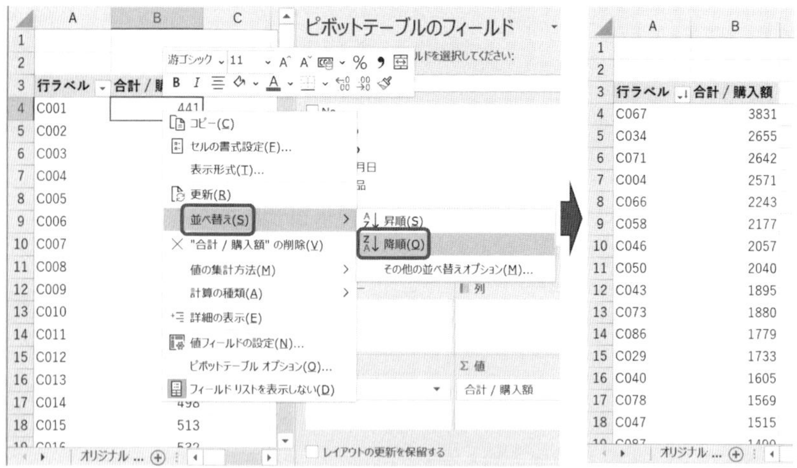

画面 13-3　購入額で降順に並べ替え

D5：D13 の入力については D5 の吹き出しを参照，その他のセルは手入力)。

② 次いで，デシルランクを求めるための表を作成（セル範囲 H3：K3 に見出しを入力，セル範囲 A4：B103 の集計データを I4：J103 に値複写，セル範囲 H4：H103 に 1 ～ 100 の値を入力)。

行ラベル	合計/購入額	区切り	ランク	No	顧客No	合計購入額	デシルランク
C067	3831	1	1	1	A067	3,831	1
C034	2655	11	2	2	A034	2,655	1
C071	2642	21	3	3	A071	2,642	1
C004	2571	31	4	4	A004	2,571	1
C066	2243	41	5	5	A066	2,243	1
C058	2177	51	6	6	A058	2,177	1
C046	2057	61	7	7	A046	2,057	1
C050	2040	71	8	8	A050	2,040	1
C043	1895	81	9	9	A043	1,895	1
C073	1880	91	10	10	A073	1,880	1
C086	1779			11	A086	1,779	2
C029	1733			12	A029	1,733	2
C040	1605			13	A040	1,605	2
C078	1569			14	A078	1,569	2
C047	1515			15	A047	1,515	2
C087	1490			16	A087	1,490	2
C069	1487			17	A069	1,487	2
C098	1485			18	A098	1,485	2
C019	1473			19	A019	1,473	2
C051	1464			20	A051	1,464	2
C045	1458			21	A045	1,458	3

画面 13-4　ランク付け

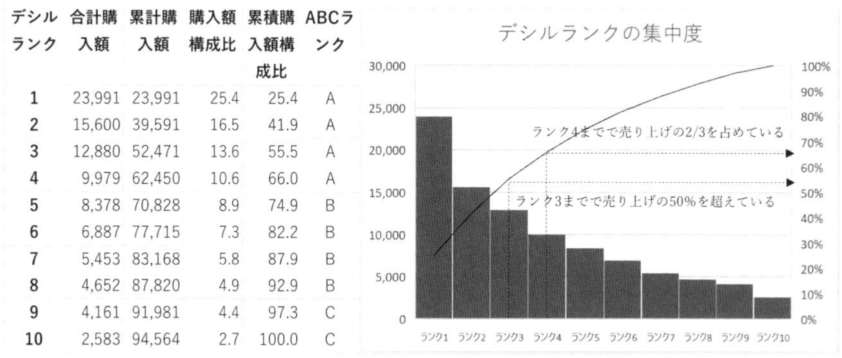

デシルランク	合計購入額	累計購入額	購入額構成比	累積購入額構成比	ABCランク
1	23,991	23,991	25.4	25.4	A
2	15,600	39,591	16.5	41.9	A
3	12,880	52,471	13.6	55.5	A
4	9,979	62,450	10.6	66.0	A
5	8,378	70,828	8.9	74.9	B
6	6,887	77,715	7.3	82.2	B
7	5,453	83,168	5.8	87.9	B
8	4,652	87,820	4.9	92.9	B
9	4,161	91,981	4.4	97.3	C
10	2,583	94,564	2.7	100.0	C

画面 13-5　デシルランクによる集中度（ABC分析）

③　それに基づいてVLOOKUP関数を用いてランクを割り振る（画面13-4のセルK4の吹き出しを参照）。

このデシルランクから各顧客の購入額から見た評価が，明らかになることは勿論であるが，顧客の集中の程度も知ることができる。画面 13-5 はデシル分析の結果から各ランクの合計売上高を求め，ABC 分析（第 9 章 2. 商品や部門の評価についての分析，を参照）を行ったものである。本例では上位 1 割の顧客が売り上げでは 25%以上を占め，3 割の顧客が 5 割以上の売り上げを占めていること，そしてその後累積曲線はデシル 10 まで緩やかに伸びていることが分かる。この結果，顧客の集中度をさらに高めようとの方針が決まれば，上位客の育成が課題となり，そのための具体策を検討することになる。

例題 13-1

「レストラン POS データ」を同文舘出版(株)の Web サイトよりダウンロードし，Excel での処理 の内容を確認しなさい。

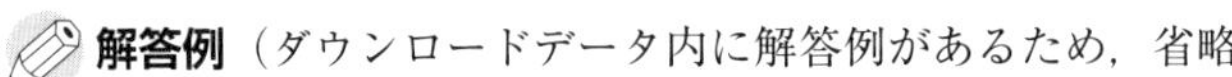

解答例（ダウンロードデータ内に解答例があるため，省略）

課題 13-1

同文舘出版(株)の Web サイトより「コンビニ POS データ」のファイルをダウンロードし，デシル分析を行ってどのような特徴がみられるか検討してみなさい。

また，同ファイルには各顧客の性別も含まれているので，性別で比較した場合，デシル分析にどのような違いがみられるかについても検討してみなさい。

2. RFM 分析

手法の解説

デシル分析では顧客の重要性を購入額（Monetary）の面から評価していたが，RFM 分析は購入額だけでなく購入の頻度（Frequency）と直近の購入日（Recency）も含めて評価する手法である。RFM の各基準をそれぞれ 3 ～ 5 段階に区分し，それを組み合わせて総合的に評価しようとするものである。

ここで，R（Recency：直近の購入日）は以前の購入よりも最近の購入をより重視する指標である。F（Frequency：購入頻度）は一定期間における購入回数であり，回数が多いほど好ましいとみなされる。M（Monetary：購入額）も大きいほど良いと評価される。ただし，それらの分類基準の設定にあたっては，商品の特性や各項目のデータの分布状況などを考慮して設定する必要があ

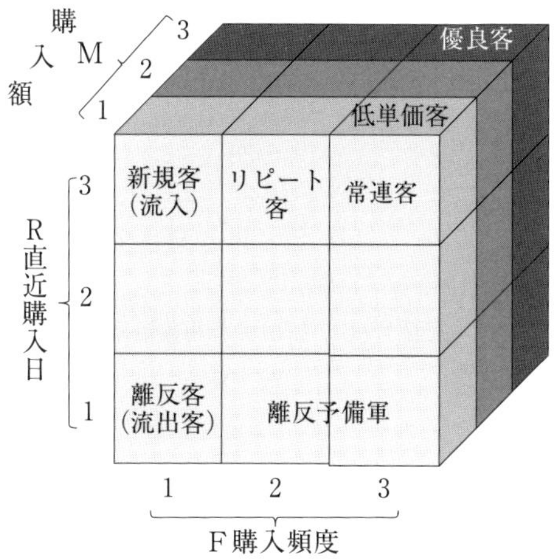

図13-1　RFM分析による顧客の分類例

る。これらの評価により顧客の重要性や特性を把握して，それぞれに応じた効果的な対応を取りやすくなる。

例えば，今，R，F，Mの各基準をそれぞれ3段階で区分（各基準とも1：低評価～3：高評価）したとすると，27の区分ができる（図13-1参照）。R，F，Mのいずれも3に該当する顧客（図13-1の右上奥のブロック）は，最近も含めて頻繁に購入し，購入額も多いことから優良客群とみなせる。他のブロックも同様に特徴を捉えることができよう。ここに属する顧客については今後も継続的な利用が維持されるよう，優遇策を講じることが望ましいであろう。また，RとFは3であるがMは1といった顧客群（常連客だが低単価の顧客：図13-1の右上手前のブロック）については，併せ買いなど購入額の増加に結び付きやすい方策が求められる。一方，R，F，Mのいずれも1に該当する顧客群（図13-1の左下のブロック）は，最近の利用がなく，購入頻度も高くなく，かつ購入額も少なく殆ど収益に結びついていない顧客であり，基本的には積極的な働きかけは控えることになるであろう。

以下にRFM分析の手順を示す。なお，使用データは「レストランPOSデータ」である。

手順1）　顧客別にRFMの集計表を作成

分析にあたっては，顧客ごとに最新の購入日，購入頻度，購入額を集計した集計表が必要になる（画面13-6参照）。

顧客No	最新購入日	購入頻度	購入額
C001	2019/5/24	1	441
C002	2019/5/28	2	818
C003	2019/5/27	1	400
C004	2019/5/28	5	2571
C005	2019/5/26	1	745

画面 13-6　RFM 分析用集計表

画面 13-6 は元のデータ（画面 13-1）と似ているが，次の点で異なる。すなわち，元のデータは顧客の購入商品を単位として 1 行のデータが記録されているのに対して，画面 13-6 では顧客の 1 回の購入を単位として 1 行のデータが記録されている。このように，RFM 分析を行うためには，まずデータを商品単位から伝票単位に変換する必要がある（画面 13-7 参照）。

2	D0677	C001	2019/5/24	5	単品	400
3	D0677	C001	2019/5/24	4	副菜	41

➡

C001	2019/5/24	1	441

画面 13-7　商品単位から伝票単位へのデータの変換（伝票の統合）

手順 2)　RFM の分類基準の設定

集計結果から RFM それぞれの発生状況に基づいて，評価の基準を設定する必要がある。今，購入額の合計が 1,000 円～ 100,000 円の範囲にあったとし，それを 3 区分に分けるとすると，例えば，20,000 円まで，50,000 円まで，50,000 円超に分けるといった具合である。どのような区切りが適切かどうかについては，データの分布特性などの検討が必要になる。

手順 3)　分類基準に基づく評価

今，手順 2）に基づいて次のように分類基準を設定したとする。

表13-1　RFM分類基準の例

購入日	回数	金額	ランク
2019/5/24	1	1	1
2019/5/26	3	1,000	2
2019/5/28	5	2,000	3

これを画面13-6の集計結果に適用すると，次のようになる。例えば，顧客No.2のランクについて確認してみると，R：購入日は，2019/5/28でランク3に該当するが，F：購入回数およびM：購入金額については，いずれもランク2には達していないためランク1に分類されている。

顧客No	最大／購入年月日	合計／購入回数	合計／購入額	R:購入日	F:購入回数	M購入金額
C001	2019/5/24	1	441	1	1	1
C002	2019/5/28	2	818	3	1	1
C003	2019/5/27	1	400	2	1	1
C004	2019/5/28	5	2,571	3	3	3
C005	2019/5/26	1	745	2	1	1

画面13-8　RFM分析表

画面13-8の結果，図13-1に示したような顧客の区分が可能になり，分類に応じた対応を取りやすくなる。

Excelでの処理

ExcelでRFM分析を行うにはピボットテーブルの利用が欠かせないが，先に触れたように画面13-1（購入商品単位のデータ）からは，RFM分析に必要な顧客別伝票単位のデータを直接作成できない。そのため，本節では以下に示すようにピボットテーブルによる集計を基本としつつ，必要に応じてデータの複写やVLOOKUP関数などを併用している。そのため操作が複雑になっていることをお断りしておく。操作方法については，まず操作のプロセスを1画面に収め，それに基づいて本文で説明するようにした。ただし，画面が大きくなったことから1ページに収まりきらず，左右に分割して掲載している（左側：

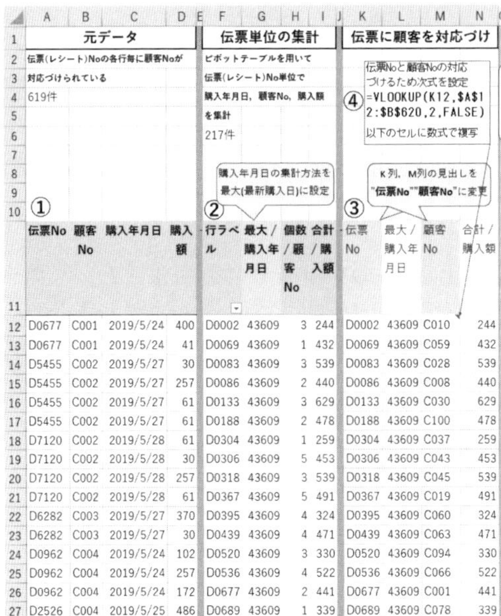

伝票No	顧客No	購入年月日	購入額	行ラベル	最大/購入年月日	個数/顧客No	合計/購入額	伝票No	最大/購入年月日	顧客No	合計/購入額
D0677	C001	2019/5/24	400	D0002	43609	3	244	D0002	43609	C010	244
D0677	C001	2019/5/24	41	D0069	43609	1	432	D0069	43609	C059	432
D5455	C002	2019/5/27	30	D0083	43609	3	539	D0083	43609	C028	539
D5455	C002	2019/5/27	257	D0086	43609	2	440	D0086	43609	C008	440
D5455	C002	2019/5/27	61	D0133	43609	3	629	D0133	43609	C030	629
D5455	C002	2019/5/27	61	D0188	43609	2	478	D0188	43609	C100	478
D7120	C002	2019/5/28	61	D0304	43609	1	259	D0304	43609	C037	259
D7120	C002	2019/5/28	30	D0306	43609	5	453	D0306	43609	C043	453
D7120	C002	2019/5/28	257	D0318	43609	3	539	D0318	43609	C045	539
D7120	C002	2019/5/28	61	D0367	43609	5	491	D0367	43609	C019	491
D6282	C003	2019/5/27	370	D0395	43609	4	324	D0395	43609	C060	324
D6282	C003	2019/5/27	30	D0439	43609	4	471	D0439	43609	C063	471
D0962	C004	2019/5/24	102	D0520	43609	3	330	D0520	43609	C094	330
D0962	C004	2019/5/24	257	D0536	43609	4	522	D0536	43609	C066	522
D0962	C004	2019/5/24	172	D0677	43609	2	441	D0677	43609	C001	441
D2526	C004	2019/5/25	486	D0689	43609	1	339	D0689	43609	C078	339

画面 13-9　RFM 分析のプロセス（画面左）

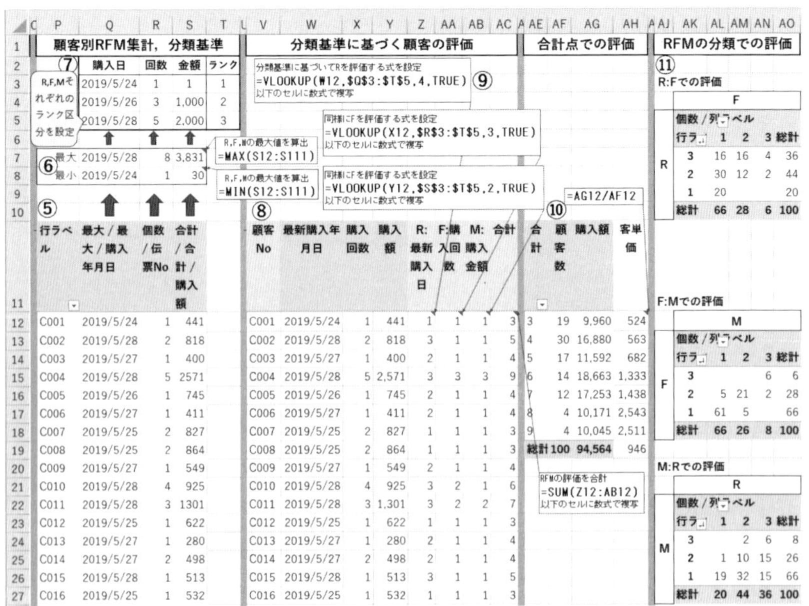

⑦	購入日	回数	金額	ランク
	2019/5/24	1	1	1
	2019/5/26	3	1,000	2
	2019/5/28	5	2,000	3
最大	2019/5/28	8	3,831	
最小	2019/5/24	1	30	

行ラベル	最大/最大/購入年月日	個数/伝票No	合計/合計/購入額	顧客No	最新購入年月日	購入回数	購入額	R:最新購入日	F:購入回数	M:購入金額	合計
C001	2019/5/24	1	441	C001	2019/5/24	1	441	1	1	1	3
C002	2019/5/28	2	818	C002	2019/5/28	2	818	3	1	1	5
C003	2019/5/27	1	400	C003	2019/5/27	1	400	2	1	1	4
C004	2019/5/28	5	2571	C004	2019/5/28	5	2,571	3	3	3	9
C005	2019/5/26	1	745	C005	2019/5/26	1	745	2	1	1	4
C006	2019/5/27	1	411	C006	2019/5/27	1	411	2	1	1	4
C007	2019/5/25	2	827	C007	2019/5/25	2	827	1	1	1	3
C008	2019/5/25	2	864	C008	2019/5/25	2	864	1	1	1	3
C009	2019/5/27	1	549	C009	2019/5/27	1	549	2	1	1	4
C010	2019/5/28	4	925	C010	2019/5/28	4	925	3	2	1	6
C011	2019/5/28	3	1301	C011	2019/5/28	3	1,301	3	2	2	7
C012	2019/5/25	1	622	C012	2019/5/25	1	622	1	1	1	3
C013	2019/5/27	1	280	C013	2019/5/27	1	280	2	1	1	4
C014	2019/5/27	2	498	C014	2019/5/27	2	498	2	1	1	4
C015	2019/5/28	1	513	C015	2019/5/28	1	513	3	1	1	5
C016	2019/5/25	1	532	C016	2019/5/25	1	532	1	1	1	3

合計	顧客数	購入額	客単価
3	19	9,960	524
4	30	16,880	563
5	17	11,592	682
6	14	18,663	1,333
7	12	17,253	1,438
8	4	10,171	2,543
9	4	10,045	2,511
総計	100	94,564	946

R:Fでの評価

R	個数/列ラベル F 行ラベル	1	2	3	総計
	3	16	16	4	36
	2	30	12	2	44
	1	20			20
	総計	66	28	6	100

F:Mでの評価

F	個数/列ラベル M 行ラベル	1	2	3	総計
	3			6	6
	2	5	21	2	28
	1	61	5		66
	総計	66	26	8	100

M:Rでの評価

M	個数/列ラベル R 行ラベル	1	2	3	総計
	3		2	6	8
	2	1	10	15	26
	1	19	32	15	66
	総計	20	44	36	100

画面 13-10　RFM 分析のプロセス（画面右）

画面13-9，右側：画面13-10)。操作の説明にあたっては，画面3-9および画面3-10の丸数字とできるだけ対応させるようにしている。

① 元のデータ（画面13-1を参照）から，メニューのデータを除いたものである。これを基に，次の手順で②の集計表を作成する。
データ内の任意のセルにポインタを置き，［挿入］タブ → ［テーブル］グループの［ピボットテーブル］→ 範囲が正しいことを確認の上［既存のワークシート］を選択 → 場所にセル“F11”を選択入力（ここでは，説明の都合上元のデータの隣に集計結果を出すためにこのようなセル選択をしている)。→ OK ボタンをクリック

② 表示されたピボットテーブルのフィールドリストの行に“伝票No”を，値に“購入年月日”“顧客No”“購入額”をドラッグ&ドロップすると集計結果②が表示される。
最新の購入日を求めるため“購入年月日”の集計方法を“最大値”に変更（購入年月日の任意のセルを右クリック，表示メニューから［値の集計方法］を選択→［最大値］を選択 → 列の見出しがセルC11の“購入年月日”からセルG11の”最大／購入年月日”（データはシリアル値で表示されている）に変化)。

補足）シリアル値とはExcelで日付・時刻を扱うための数値。1900年1月1日を“1”として，それからの経過日数を表わす。1日（24時間）を1として処理される。

③ 得られたピボットテーブルの集計表をコピー（セルポインタをセルF11に置き，［Ctrl］＋［→］，［Ctrl］＋［↓］で集計表全体を範囲指定し，［Ctrl］＋［C］でコピー）し，セルK11を先頭に値複写（セルK11で右クリック → 表示メニューから［貼り付けのオプション：123（値(V))］を選択)。最終行（総計）を消去する。表の見出しセルK11に“伝票No”を，セルM11に“顧客No”を入力。

④ 伝票Noと顧客Noを対応づけるために，セルM12に次式を入力し，以下のセルに数式で複写。
=VLOOKUP（K12, $A$12：$B$620, 2, FALSE）

⑤ 編集したデータに対して，①と同様の操作で［既存のワークシート］で場所：セル“P11”に新しいピボットテーブルを作成する。
　ピボットテーブルのフィールドリストで，行に“顧客No”，値に

“最大／購入年月日”“伝票 No”“購入額”をドラッグ＆ドロップ → これで，RFM 分析用データが完成。

⑥ RFM の各項目のデータの分布を求める（ここでは最大値と最小値を使用，画面 13-10 のセル範囲 Q7：S8 を参照）。関数のコピー操作でエラー表示が出た場合は，購入日（セル範囲 Q7：Q8）は短い日付形式，セル範囲 R7：S8 は標準に設定。

⑦ 分類基準を設定する（ここでは，各指標とも 3 段階のランクを設ける。画面 13-10 のセル範囲 Q2：T5 を参照）。M については購入額が 1 ～ 999 円までがランク 1，1,000 ～ 1,999 円までがランク 2，2,000 円以上がランク 3 としている。R（最新購入日）および F（購入回数）についても同様に設定している。この分類基準表は，各顧客の RFM についてのランクの設定（Z 列～ AB 列）で VLOOKUP 関数の近似一致の利用を前提にしている。

⑧ ⑤のピボットテーブル全体（総計行を除く。ピボットテーブル全体の範囲指定方法は③の説明を参照）をセル V11 を先頭に値複写。⑧のセル V11 ～ Y11 の見出しをそれぞれ“顧客 No”“最新購入年月日”“購入回数”“購入額”に変更。
“最新購入年月日”の表示を短い日付形式に，“購入額”を桁区切りスタイルに変更。

⑨ セル範囲 Z11：AC11 に見出し“R：最新購入日”“F：購入回数”“M：購入金額”“合計”を入力。分類基準（セル範囲 Q2：T5）に基づいて VLOOKUP 関数を用いて各顧客の RFM の評価とその合計を求める（R の評価についてはセル Z12 の吹き出しを参照。F，M についてもセル AA12，セル AB12 の吹き出しを参照）。

⑩ 合計点での評価（セル範囲 AE11：AH19）
⑧の表からピボットテーブルを用いて，①と同様の操作で［既存のワークシート］で場所：セル“AE11”に新しいピボットテーブルを作成する。RFM 評価の合計点（3 ～ 9）毎に顧客数，購入合計額を集計（AH 列には“客単価”を追加）。それによると，総合的な評価が 9，8 の優良な顧客は 100 人中 8 人と限られること，一方総合評価が 3，4 といった貢献度が高くないと思われる顧客が，49 人と約半数を占めていることが分かる。

⑪　RFM の分類による顧客評価

RFM の 3 つの基準を同時に表すには，図 13-1 のような 3 次元の図となるが，ここでは R-F，F-M，M-R のそれぞれ 2 要素の組み合わせで集計している。

手法の解説で用いた「レストラン POS データ」を同文舘出版(株)の Web サイトよりダウンロードし，Excel での処理 の内容を確認しなさい。

解答例（省略）

課題 13-2

同文舘出版(株)の Web サイトより「コンビニ POS データ」のファイルをダウンロードし，RFM 分析を行い，どのような特徴がみられるか検討してみなさい。

また，同ファイルには各顧客の性別も含まれているので，性別で比較した場合，RFM 分析結果にどのような違いがみられるかについても検討してみなさい。

3.　バスケット分析

前項のデシル分析と RFM 分析では顧客の重要性評価に焦点を当てていたが，本項では顧客の商品選択に焦点を当てる。すなわち，本項では顧客が購入時に併せて選択しやすい商品の組み合わせ（関連性，発生しやすいルール）を捉えるための分析手法であるアソシエーション分析を取り上げる。POS データの分析では，バスケット分析や併買分析と呼ばれることが多い。なお，本項では，2 品目の組み合わせを用いてバスケット分析の基本的な方法を紹介する。RFM 分析の場合と同様，本項でも Excel のピボットテーブルに加えて適宜関数などを利用しているため，操作が複雑になっていることをお断りしておく。

手法の解説

A 店のある日の売上は，次のような結果であった。

1,000 件の売上があり，そのうちお弁当の購入が 300 件（A），お茶の購入が 150 件（B），そのうちお弁当とお茶の同時購入が 90 件あった。

以下，お弁当とお茶の同時購入についてアソシエーション分析を試みる。

アソシエーション分析では，次の指標が用いられる（ここではお弁当（原因）→お茶（結果）の順で考える）。

▶前提条件……全取引中お弁当の購入（A）の発生確率：P（A）

▶期待信頼度……全取引中お茶の購入（B）の発生確率：P（B）

▶信頼度……お弁当購入（A）中お茶購入（B）の確率：P（B|A）

▶支持度……全取引中お弁当（A）とお茶（B）の同時購入の発生確率：P(A)× P(B|A)

▶リフト……事前確率（期待信頼度）に対する信頼度の比率：P(B|A)/P(B)

上記の A 店の場合，それぞれ次のように求めることができる。

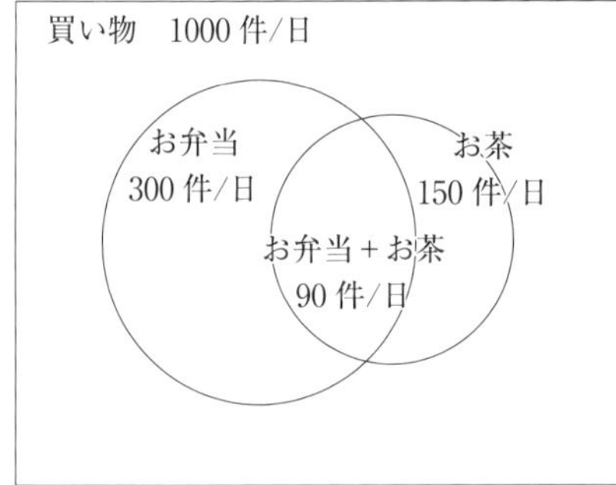

前提条件
　P(A)=300/1000=0.30
期待信頼度（事前確率）
　P(B)=150/1000=0.15
信頼度（コンフィデンス：条件付与確率）
　P(B|A)=90/300＝0.30
支持度（サポート）
　P(A,B)=P(A)×P(B|A)=0.30×0.30=0.09
リフト値（信頼度/期待信頼度）：
　P(B|A)=P(B)×0.30/0.15=2.0

図 13-2　A 店におけるお弁当とお茶の販売状況とアソシエーション分析の指標

バスケット分析の具体的な例を，図 13-3 に示す。用いたデータは，画面 13-1 で示した「レストラン POS データ」である。

手順 1)　アソシエーション分析のためのデータを準備

ここでは，「レストラン POS データ」の先頭から 10 人分のレシートデータを用いる（図 13-3 の①表，以下，①と表記）。

手順 2)　商品（メニュー）単位のレシートデータを同時に購入された商品（メニュー）の関連性を捉えるために伝票単位のデータへ変換（②を参照）

すなわち，①レシートデータでは最初の伝票 D0677 に 5 アラカルトと 4 サイドディッシュが 2 行に渡って記録されているが，②の集計表では

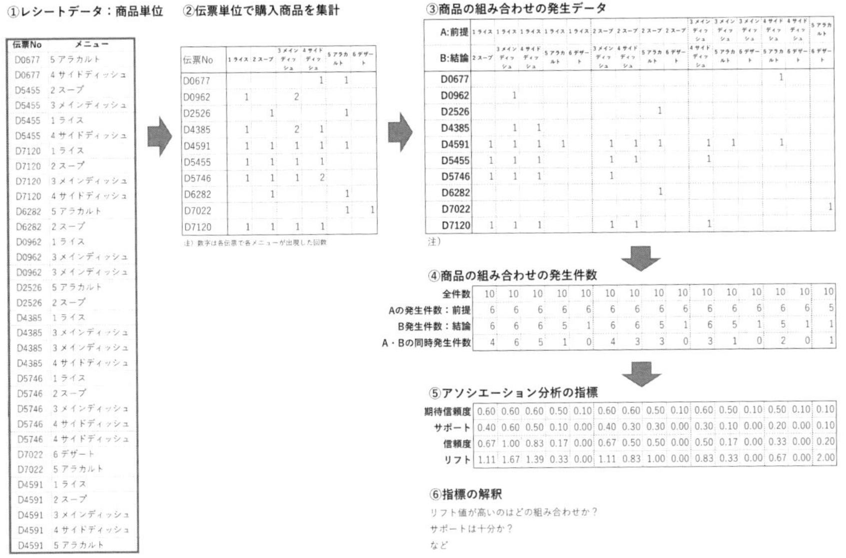

①レシートデータ：商品単位

伝票No	メニュー
D0677	5 アラカルト
D0677	4 サイドディッシュ
D5455	2 スープ
D5455	3 メインディッシュ
D5455	1 ライス
D5455	4 サイドディッシュ
D7120	1 ライス
D7120	2 スープ
D7120	3 メインディッシュ
D7120	4 サイドディッシュ
D6282	5 アラカルト
D6282	2 スープ
D0962	1 ライス
D0962	3 メインディッシュ
D0962	3 メインディッシュ
D2526	5 アラカルト
D2526	2 スープ
D4385	1 ライス
D4385	3 メインディッシュ
D4385	3 メインディッシュ
D4385	4 サイドディッシュ
D5746	1 ライス
D5746	2 スープ
D5746	3 メインディッシュ
D5746	4 サイドディッシュ
D5746	4 サイドディッシュ
D7022	6 デザート
D7022	5 アラカルト
D4591	1 ライス
D4591	2 スープ
D4591	3 メインディッシュ
D4591	4 サイドディッシュ
D4591	5 アラカルト

②伝票単位で購入商品を集計

伝票No	1 ライス	2 スープ	3 メインディッシュ	4 サイドディッシュ	5 アラカルト	6 デザート
D0677				1	1	
D0962	1		2			
D2526		1			1	
D4385	1		2	1		
D4591	1	1	1	1	1	
D5455	1	1	1	1		
D5746	1	1	1	2		
D6282		1			1	
D7022					1	1
D7120	1	1	1	1		

注）数字は各伝票で各メニューが出現した回数

③商品の組み合わせの発生データ

A:前提	1 ライス	1 ライス	1 ライス	1 ライス	1 ライス	2 スープ	2 スープ	2 スープ	2 スープ	3 メインディッシュ	3 メインディッシュ	3 メインディッシュ	4 サイドディッシュ	4 サイドディッシュ	5 アラカルト
B:結論	2 スープ	3 メインディッシュ	4 サイドディッシュ	5 アラカルト	6 デザート	3 メインディッシュ	4 サイドディッシュ	5 アラカルト	6 デザート	4 サイドディッシュ	5 アラカルト	6 デザート	5 アラカルト	6 デザート	6 デザート
D0677													1		
D0962		1													
D2526								1							
D4385		1	1												
D4591	1	1	1	1		1	1	1		1	1		1		
D5455	1	1	1			1	1			1					
D5746	1	1	1			1									
D6282								1							
D7022															1
D7120	1	1	1			1	1			1					

注）

④商品の組み合わせの発生件数

全件数	10	10	10	10	10	10	10	10	10	10	10	10	10	10	10
Aの発生件数：前提	6	6	6	6	6	6	6	6	6	6	6	6	6	6	5
B発生件数：結論	6	6	6	5	1	6	6	5	1	6	5	1	5	1	1
A・Bの同時発生件数	4	6	5	1	0	4	3	3	0	3	1	0	2	0	1

⑤アソシエーション分析の指標

期待信頼度	0.60	0.60	0.60	0.50	0.10	0.60	0.60	0.50	0.10	0.60	0.50	0.10	0.50	0.10	0.10
サポート	0.40	0.60	0.50	0.10	0.00	0.40	0.30	0.30	0.00	0.30	0.10	0.00	0.20	0.00	0.10
信頼度	0.67	1.00	0.83	0.17	0.00	0.67	0.50	0.50	0.00	0.50	0.17	0.00	0.33	0.00	0.20
リフト	1.11	1.67	1.39	0.33	0.00	1.11	0.83	1.00	0.00	0.83	0.33	0.00	0.67	0.00	2.00

⑥指標の解釈

リフト値が高いのはどの組み合わせか？
サポートは十分か？
など

図 13-3　バスケット分析

伝票 D0677 の 1 行にそれらが集約されている。他の伝票についても同様である。

手順 3)　伝票毎に商品（メニュー）の組み合わせをリストアップ（③表）

本例では，商品（メニュー）は 6 つに分類（1 ライス，2 スープ，3 メインディッシュ，4 サイドディッシュ，5 アラカルト，6 デザート）されている。今，2 つの商品（メニュー）の組み合わせを考えると，1 ライスと 2 スープ，1 ライスと 3 メインディッシュ，・・・，5 アラカルトと 6 デザートまでの 15 通りとなる（③の表頭を参照）。各伝票について，それぞれの組み合わせを整理してみると，伝票 D0677 では 4 サイドディッシュと 5 アラカルトの組み合わせのみが発生している。次に，伝票 D0962 では 1 ライスと 3 メインディッシュが発生していることが分かる。以下，同様に 2 つの商品（メニュー）の組み合わせを整理したのが，③表である。

手順 4)　各組み合わせの発生回数を集計（④表）

これは，図 13-2 の弁図に対応するものである。1 ライスと 2 スープの組み合わせでは，全取引の 10 件中，1 ライス（A）の注文が 6 回，2 スープ（B）も6回あったことを示し（②表を参照），ライスとスープを合わせて注文したのは4回（③表を参照）あったことを示している。以下，同様に全ての組み合わせに対する件数を求めている。

手順5）　アソシエーション分析に必要な指標の算出（⑤表）

④表の発生件数を基に，期待信頼度，サポート，信頼度そして最後に期待信頼度に対する信頼度の比率であるリフトを算出。

手順6）　求めた結果の解釈

まず，リフト値を見ると，5アラカルトと6デザートの組み合わせのリフト値が2.00と一番高くなっている。ただし，これは，期待信頼度が0.1と低く全体としてそれほど多く発生する組み合わせではないことから，重要性は高くないと考えられる。これ以外にリフト値が1を超えている組み合わせは3つ（いずれも期待信頼度が0.60と高い）あるが，そのうち1ライスと3メインディッシュの組み合わせでは，期待信頼度の高さに加えて，1ライスを注文した全てで3メインディッシュも注文されていること（信頼度100％）からリフト値が1.67と高くなっており，重要な組み合わせであると考えられる。

このような分析結果からは，結びつきの強い組み合わせでお勧め（レコメンド）したり，あらかじめ商品をセットにして販売したり，関連商品として陳列を工夫するなどいろいろな対応が考えられるであろう。

Excelでの処理

上記の処理をExcelで行うには，手順2）伝票単位の集計についてはピボットテーブルで求めることができるが，その後の処理については，アソシエーション分析に必要な表や式の設定が必要になる。以下ではその一例を紹介する。

画面13-11は図13-3をExcelで作成したものである。

図13-3の②表については，Excelでは画面13-11の①，②に示すようにピボットテーブルで作成することができる。

図13-3の③表については，Excelでは直接作成する機能を持たないため，ユーザーが必要な表を作成する必要がある。本例では，15通りの2商品（メニュー）の組み合わせの見出しを入力（セル範囲T1：AH2，ここでT1：AH1は前提を，T2：AH2は結論を示す）したうえで，伝票毎に各組み合わせについて発生の有無を，例えば次の式で求めることができる。

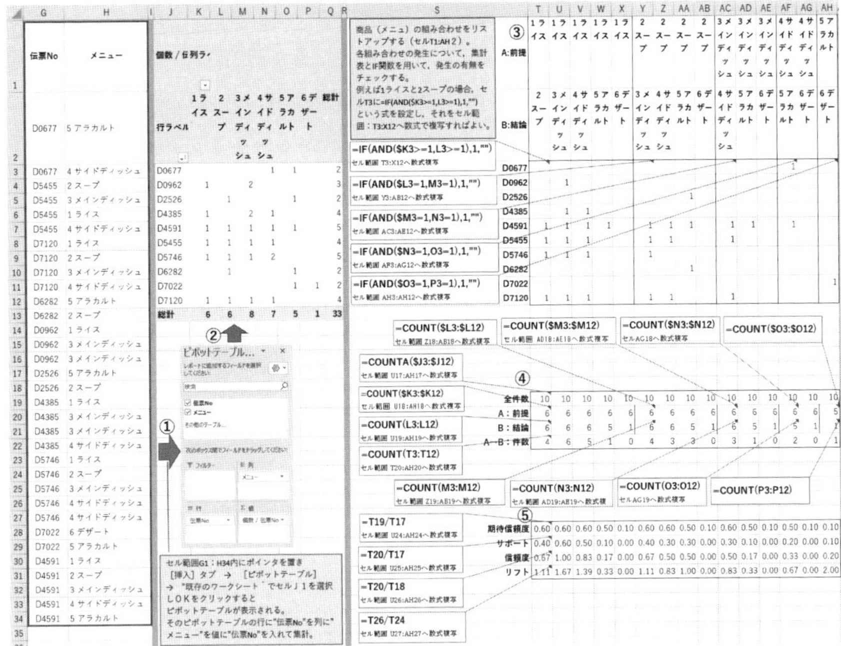

画面 13-11　バスケット分析

セル T3：=IF（AND（$K3＞=1, L3＞=1), 1, ""）

▶この式では，同じで伝票 No で 1 ライスと 2 スープのいずれにも注文があれば（AND（$K3＞=1, L3＞=1)）その組み合わせが発生したことを示す 1 を入力し，そうでなければ空白としている。

▶ここで，＞=1 としているのは商品（メニュー）によっては一度に複数を購入することもあるためである。

▶また，$K3, L3 と 1 ライスについては絶対参照（列固定）にし，2 スープについては相対参照としているのは，セル T3 の式を 1 ライスで始まる全ての組み合わせの伝票に複写するためである。

▶なお，複写にあたっては，貼り付けのオプションで数式（F）を利用するのが便利である。その手順を次に示す。

セル T3 を右クリック→コピーを選択→セル範囲 T3：X12 を選択→右クリック→貼り付けのオプション：数式（F）を選択

▶他の組み合わせ（2 スープで始まる組み合わせ，3 メインディッシュで始まる組み合わせ・・・）についても同様である。

画面13-11の④表についても，見出しを入力（セル範囲S19：S22）後，各組み合わせについて，アソシエーション分析の指標算出に必要な購入の回数をカウントする式を設定している。

- ▶ “全件数”については，セルT19に伝票数をカウントするための式“=COUNTA（$J3：$J12)”を入力して，セル範囲U19：AH19に“貼り付けのオプション”の数式（F）で複写する。
- ▶ “A：前提”については，T1：AH1の前提に応じて発生回数をカウントする必要がある。例えば，1ライスが原因である組み合わせの先頭セルT20に1ライスの購入回数をカウントするための式“=COUNT（$K3：$K12)”を入力して，セル範囲U20：X20に“貼り付けのオプション”の数式（F）で複写する。次に，2スープが原因となっている組み合わせの先頭セルY19に式“=COUNT（$L3：$L12)”を入力し，セル範囲Z20：AB20に複写する。以下同様に前提となるメニュー毎に同様の式の設定と複写を繰り返す。
- ▶ “B：結論”についても，T2：AH2の結論に応じて発生回数をカウントする必要がある。まず，セルT21に2スープの購入回数をカウントする式“=COUNT（L3：L12)”を入力し，セル範囲U21：X21に“貼り付けのオプション”の数式（F）で複写する。以下同様に結論となるメニュー毎に同様の式の設定と複写を繰り返す。
- ▶ “A→B：件数”については，画面13-11の表③から各組み合わせの発生回数をカウントするための式（例えば，1ライスと2スープの組み合わせの場合，セルT22に“=COUNT（T3：T12）”）を入力し，それをセル範囲U22：AH22に複写する。

最後に，図13-3の⑤表に合わせて，アソシエーション分析に必要な指標を求める。

- ▶ “期待信頼度”については，セルT28に式“=T21/T19”を入力し，それをセル範囲U28：AH28に“貼り付けのオプション”の数式（F）で複写する。
- ▶ “サポート”についても，セルT29に式“=T22/T19”を入力し，それをAH29まで複写する。
- ▶ “信頼度”についても，セルT30に式“=T22/T20”を入力し，それを

AH30 まで複写。

▶ “信頼度” についても，セル T31 に式 “=T30/T28” を入力し，それを AH31 まで複写。

「レストラン POS データ」を使って解説の内容を確認しなさい。

解答例（省略）

課題 13-3

「レストラン POS データ」の全データ（顧客 100 人，604 行）を用いてバスケット分析を行い，どのような特徴がみられるか検討してみなさい。

課題 13-4

同文舘出版(株)の Web サイトより「コンビニ POS データ」のファイルをダウンロードし，バスケット分析を行い，どのような特徴がみられるか検討してみなさい。

また，同ファイルには各顧客の性別も含まれているので，性別で比較した場合，バスケット分析結果にどのような違いがみられるかどうかも検討してみなさい。

執筆者紹介（執筆順，2021年12月1日現在）

第1章　寺　島　和　夫（龍谷大学 経営学部 教授）
第2章　西　岡　久　充（龍谷大学 経営学部 准教授）
第3章　文　能　照　之（近畿大学 経営学部 教授）
第4章　小　林　正　樹（愛知文教大学 人文学部 教授）
第5章　小　林　正　樹
第6章　伊　藤　伸　一（京都教育大学 教育学部 准教授）
第7章　栢　木　紀　哉（摂南大学 経営学部 教授）
第8章　西　岡　久　充
第9章　寺　島　和　夫
第10章　栢　木　紀　哉
第11章　日　野　和　則（近畿大学 経営学部 教授）
第12章　野　間　圭　介（龍谷大学 経営学部 教授）
第13章　寺　島　和　夫

本書では，次の2種類のデータをWebから提供しています。
・例題・課題のデータ（「外食チェーンアンケートデータ」，POSデータなど）
・課題の解答例（解答例を示す場合）

これらのデータは同文舘出版（株）のWebサイト〈http://www.dobunkan.co.jp/books/detail/003214〉から入手可能です。また，必要に応じて随時追加する場合があります。

<編著者紹介>

寺島 和夫（てらしま　かずお）

1978 年：大阪工業大学大学院工学研究科修士課程修了 経営工学専攻
現在：龍谷大学経営学部教授
専攻：経営情報，小売業マーケティング
著書：『PC9801 マーケティング・ゲーム』(共著, 日刊工業新聞社, 1987 年)
　　『経営情報処理概論』（共著，同文舘出版，1996 年）
　　『情報化と地域商業」（共著，千倉書房，1997 年）
　　『多言語プログラミング演習』（共著，同文舘出版，2000 年）
　　『Excel による経営データの分析と活用 改訂版』（共著，同文舘出版，2003 年）ほか

2020年4月10日　初版発行
2021年6月25日　初版2刷発行
2022年1月20日　改訂版発行　　略称：ビジネスデータ（改）

ビジネスデータの分析リテラシーと活用
—Excelによる初級・中級データサイエンス—
（改訂版）

編著者　©寺　島　和　夫

発行者　中　島　治　久

発行所　**同文舘出版株式会社**
東京都千代田区神田神保町1−41　〒101−0051
電話　営業（03）3294−1801　編集（03）3294−1803
振替　00100−8−42935　http://www.dobunkan.co.jp

Printed in Japan 2022　　印刷・製本：萩原印刷
装丁：（株）オセロ

ISBN 978-4-495-39060-0